捕 捉 火 花

——"苏秉琦学术思想"研读笔记

郭大顺 著

文物出版社

图书在版编目（CIP）数据

捕捉火花："苏秉琦学术思想"研读笔记／郭大顺
著．--北京：文物出版社，2020.12

ISBN 978-7-5010-6826-5

Ⅰ.①捕⋯　Ⅱ.①郭⋯　Ⅲ.①考古学-研究-中国
Ⅳ.①K870.4

中国版本图书馆 CIP 数据核字（2020）第 193728 号

捕捉火花

—— "苏秉琦学术思想" 研读笔记

著　　者：郭大顺

责任编辑：黄　曲
责任印制：张　丽
封面设计：程星涛

出版发行：文物出版社
社　　址：北京市东直门内北小街 2 号楼
邮　　编：100007
网　　址：http://www.wenwu.com
邮　　箱：web@wenwu.com
经　　销：新华书店
印　　刷：北京京都六环印刷厂
开　　本：710mm×1000mm　1/16
印　　张：15.5
版　　次：2020 年 12 月第 1 版
印　　次：2020 年 12 月第 1 次印刷
书　　号：ISBN 978-7-5010-6826-5
定　　价：98.00 元

2020 年 11 月 5 日于北京（罗端 摄）

目　录

苏秉琦先生与辽宁文物考古工作

　　1983 年 7 月底到 8 月初，苏秉琦先生亲临辽宁，主持了朝阳地区学术座谈会，考察了喀左县东山嘴红山文化祭祀遗址。这是他第一次出关到东北。正如他会后所谈，从全国看辽西，这一地区近期将有大的突破。就是在这次会上，他发表了著名的学术报告"燕山南北地区考古"。

　　辽西本是我国近代考古开展最早的地区之一。20 世纪五六十年代与黄河流域、东南沿海省相比，显得平静。对此，苏先生的看法是，虽然较少大面积发掘，但工作做到了点子上。他把当时从北方草原细石器文化中区分出的红山文化、富河文化和把辽西青铜文化分辨出的夏家店下层文化和夏家店上层文化，概括为"两种新石器文化和两种青铜文化"①，认为这是认识辽西地区古文化的一把钥匙。与此同时，他已在进一步思考燕山南北地区在我国统一多民族国家形成过程中的作用问题。对 20 世纪 70 年代以来辽西地区开展文物普查和大规模发掘中在点和面上取得的成果，他强调，重要的、第一位的是它们各自的年代序列与特征，而不是它们的绝对年代以及它们同有关材料之间的相互关系。他亲手示范，对内蒙古敖汉旗大甸子夏家店下层文化墓地的 800 余座墓和翁牛特旗大南沟后红山文化墓地的近 80 座墓进行解剖，根据这两个墓地墓葬排列有序而无一例打破和叠压关系的特点，认为墓葬排列规律的平面关系，在划分早晚和分期方面，具有与打破关系、叠压关系的立体关系同等重要的意义，而在揭示墓地完整性上，前者更优于后者，从而提出以墓葬排列作为墓地研究的出发点和落脚点的方法②。

---

① 苏秉琦、殷玮璋：《关于考古学文化的区系类型问题》，《文物》1981 年第 5 期。
② 苏秉琦：《关于编写田野考古发掘报告问题》，《辽海文物学刊》1987 年第 1 期。

运用这一方法，我们得以初步分析出这两个墓地分区、分行、头尾排列顺序等规律，这就不仅解决了墓葬间、器物间的早晚先后次序，找到了各自文化发展演变过程，而且还探索到其中所反映的社会结构和社会关系①。通过大南沟、大甸子这两个墓地以及阜新胡头沟、喀左东山嘴等红山文化遗存，建平水泉等夏家店下层文化遗存以及商周之际的魏营子类型遗存等一系列第一手资料的具体分析，苏秉琦先生对燕山南北地区古文化的发展规律提出了深具启示性的见解：

一、从红山文化、夏家店下层文化再到燕文化，覆盖面一致，它们之间的关系，既有连续的一面，其间又有变化，"若断若续"是准确而又形象的表达。从面上看，既有大起大落的摆动，又有相对稳定的地带，这种特殊的文化发展现象与规律，是多种经济类型、多种文化传统在这一地区相互作用的结果，从而使燕山南北地区成为中华民族及其文化形成过程中一个最典型也最复杂的大熔炉。

二、文化发展水平、社会发展阶段与中原地区大致同步，影响也是相互的，某些以后构成中华民族传统的重要文化因素，在这个地区出现较早，延续时间较长，演变序列有头有尾。如龙题材的使用在 6000 年前的红山文化前期，饕餮纹在 4000 年前的夏家店下层文化中已较成熟，一直到战国时期燕文化的瓦当上仍保留了标准的饕餮面②。尤其是这个地区在两次金属文明开始阶段，曾起过领先作用。

这两个特点的提出，使我们对燕山南北、长城地带古文化发展的规律及其在中华民族文化起源、文明起源、统一多民族国家形成中的地位和作用的认识，产生了一次飞跃，这对该地区以后的考古研究，具有长远的指导意义。

基于这样的认识，苏秉琦先生在 1981 年正式提出考古学文化区系类型理论，将全国古文化划分为六大区时，把以燕山南北为重心的北方地区放在六大区之首③。在朝阳学术座谈会上，他把"燕山南北地区考古"作为一

① 郭大顺：《大南沟的一种后红山文化类型》，苏秉琦主编《考古学文化论集（2）》，文物出版社，1989 年。
② 苏秉琦：《中华文明的新曙光》，《东南文化》1988 年第 5 期。
③ 苏秉琦：《建国以来中国考古学的发展——在北京市历史学会、中国历史博物馆举办的"纪念中国共产党成立六十周年报告会"上的讲话》，《史学史研究》1981 年第 4 期。

个学科分支正式提出，认为这是一个大有希望的课题。在这次报告中，苏先生还着重强调了朝阳地区的地位和作用，指出这里是辽西地区的核心部分，又是一个相对稳定地区，从而起到了联结燕山以北和燕山以南，联结辽西与辽东以至整个东北地区及东北亚的枢纽作用①。红山文化—夏家店下层文化—燕文化的衔接点和北方古文化的根可望在这个地区找到。

　　朝阳地区学术座谈会是继上一年在河北省蔚县三关考古工地座谈会之后有关燕山南北地区考古问题的第二次座谈会。由苏秉琦先生亲自倡导的这种小型学术座谈会，参加人数少却具有广泛代表性，不提交论文却带来了各自工作中的最新体会和信息。面对遗址和第一手实物资料，谈的都是共同关心的课题，问题谈得集中、深入，互有启发。实践证明，这种形式的座谈会本身就是一种很好的协作，是有很强生命力的。所以，朝阳会后，辽西地区的考古工作明显加快了步伐。继东山嘴遗址之后，又有牛河梁女神庙、积石冢遗址的发现，五十年来对红山文化及有关新石器文化的认识要重新评价；由于距今 7000 多年前的敖汉兴隆洼遗址、阜新查海遗址的发现，在中原地区先仰韶文化之后不久就提出了先红山文化问题，对于一个基础较薄弱的地区来说，步伐之快，出人意料；还由于赵宝沟等文化类型的确立，提出了"红山诸文化"的问题，文物普查资料的初步整理，从面上反映出诸文化分布规律和区间、区内界限的新线索。面对应接不暇的重大考古新发现和提出的迫切需要回答的新问题，苏秉琦先生及时把握时机，1985 年 9～10 月他到辽宁兴城召集多卷本《中国通史》第二卷《远古时代》编纂工作座谈会并进行工作疗养时，一见面他就讲，这一次我们议论的主题是古文化古城古国。《文物》1986 年第 8 期和《辽海文物学刊》1986 年创刊号发表他的《辽西古文化古城古国——兼谈当前田野考古工作的重点和大课题》，就是在这期间结合辽宁及有关地区最新考古发现进行座谈讨论形成的。其实，文章还没有整理出来，消息已不胫而走，不少省区都在结合当地线索，边实践边理解，说明提出这一课题是非常及时的。我对于苏先生这一提法的理解是，古城古国作为文物保护的重点，1975 年就已提

①　苏秉琦：《燕山南北地区考古——1983 年 7 月在辽宁朝阳召开的燕山南北、长城地带考古座谈会上的讲话（摘要）》，《文物》1983 年第 12 期。

出过，现在把古城古国与古文化联系起来，就赋予了新意：

一、近年在考古学文化区系类型理论指导下，一些地区对考古学文化区和类型的划分趋于更细，文化谱系则逐步健全。如辽宁地区新石器考古文化除辽东辽西的区别以及辽西地区的富河文化与红山文化以西拉木伦河为界外，红山文化本身也有东（老哈河流域）、西（大凌河流域）之别，从锦州到阜新的辽西走廊区也出现分区新线索，这就为古文化与以古城为中心的古国之间的必然联系创造了条件，这一研究方向既是追溯古城古国的背景与渊源，又使考古文化有机而不是生搬硬套地与历史结合，所以古文化古城古国的提出是考古学文化区系类型理论深入的成果。

二、在这篇学术报告整理过程中，曾明确了这样一段文字表述：古文化指原始文化，古城指城乡最初分化意义上的城和镇，而不必专指特定含义的城市，古国指高于部落之上的、稳定的、独立的政治实体。这一段话集中表达了古文化古城古国的提出是探索中国国家形成和文明起源的具体途径。同时，由于历史发展的不平衡性，不同地区和民族，在各个历史发展阶段都有一个古文化与古城古国相结合的问题，因而这一提法不仅对于探讨文明最初起源的历史有指导意义，而且对多民族、多文化地区各个时代的历史考古研究也具有普遍指导意义。

三、这一理论在田野实践中的指导意义在于，由于意识到中心遗址与一般遗址之间可能存在的巨大差别，注意寻找、辨别和发掘各个层次的中心遗址，就成为田野调查、发掘和保护的重点。为此，我们明确了辽西地区下一步的工作目标是：红山文化阶段的牛河梁应属于该文化最高层次的宗教祭祀中心，相应的邑落尚待确定；夏家店下层文化已有多个层次的中心遗址发现，如建平、喀左、敖汉以及英金河流域发现的城堡群中就有大城与小城之分，也包括大甸子这样较高层次的遗址和墓地，应有更高层次的遗址待发现①；与燕国早期都城相应的古文化则需要在燕山南北地区做更多的工作。包括辽东地区在内的各个历史阶段的古民族文化的考古发掘和

① 徐光冀：《赤峰英金河、阴河流域石城遗址》，《中国考古学研究——夏鼐先生考古五十年纪念论文集》，文物出版社，1986年。中国科学院考古研究所辽宁工作队：《敖汉旗大甸子遗址1974年试掘简报》，《考古》1975年第2期。

研究，也由于古文化古城古国与古族的联系，使考古学与民族历史研究结合的方向也进一步明确，从而开拓了民族考古的新阶段。

可见，"古文化古城古国"理论的提出，既是在考古学文化区系类型理论研究深入基础上提出的，也是区系类型理论转化为实践的中心环节，在日趋繁重的文物保护、考古发掘与研究工作中明确了工作重点，特别是把中华文明起源问题郑重地提到学术界面前。

从1986年7月下旬始，海内外新闻界以"中华五千年文明曙光"为主题，对牛河梁女神庙、积石冢的发现进行了持续报道。这一牵动亿万人心的话题因山海关外的辽西山区的考古新发现而重新提出，使人振奋，也使人新奇。更由于这一提法触及了五千年文明起源这一历史考古学界的敏感区，冲击了四千年文明史、文明起源中原中心说以及以城市的形成、文字的出现、金属的发明为文明出现的三要素说等现行观点，在学术界引起的反响是不小的，也有缺乏准备的意外之感。其实，这一观点的形成已经历了多年的思考和酝酿。前述从考古学文化区系类型理论在这一地区的实践所取得的一系列研究成果，特别是对燕山南北地区古文化的地位和作用的新认识，已为这一观点的形成做了铺垫。同时，早在东山嘴遗址发现之初的1983年，苏秉琦先生听到部分发掘资料的介绍后，就一下子抓住了这个发现的本质。他指出，距今四五千年间有分量的材料，从全国看，能拿得出来的为数不多，东山嘴是一个，这比大汶口文化的文字更能说明问题，对研究燕山南北、长城地带古文化，具有"里程碑"的意义。1985年初，在北京召开的中国考古学会第五次年会上，苏先生着重讲了全国四千年前和距今四五千年间有关城市起源的一系列新线索，把探索城市起源的注意力由龙山时期向前提了一个阶段，辽西红山文化坛庙冢的发现就是其中列举的重要内容①。同年秋在辽宁兴城所做的"辽西古文化古城古国"的学术报告中，他提出："喀左东山嘴相当红山文化后期的祭坛遗址、牛河梁的女神庙遗址和附近积石冢群，是我国早到五千年前的、反映原始公社氏族部落制的发展已达到产生基于公社又凌驾于公社之上的高一级的组织形

---

① 苏秉琦：《在中国考古学会第五次年会闭幕式上的讲话》，《中国考古学会通讯》第5期。

式，……与它们相应的生活聚落也会有某种程度的分化。"所以，到1986年提出"中华五千年文明曙光"，可以说是水到渠成。报道所带来的一个积极成果是，大家在具体观点上可不尽一致，但思路趋向开放，在此认识基础上，各地都在寻找和研究当地距今四五千年间到五千年前文明的起源，这也就为当年9月在沈阳召开的中国考古学会第六次年会做了恰如其分的舆论准备，自然也就成为这次会上谈论的主题。

苏先生根据这次学会会上和会后大家的议论和社会上的各种反响，对中华文明起源这一重大课题做了进一步阐述。

第一，文明就是"社会发展到较高阶段，文化发展到较高水平"（引《现代汉语大辞典》）。从文化起源到文明起源，是一个不断发展的过程，是动态的。所以，从不断发展而不是静止的观点去理解文明的起源，应追溯到氏族制度由繁荣转入解体的开始，文明的最初出现也应在这一过程中去寻找。

第二，中华大地文明起源不只中原一个中心，而是多中心。苏先生以不是一支蜡烛而是满天星斗做了形象的比喻。在文化发展水平相近的诸大文化区之间，即以燕山南北长城地带为重心的北方、以山东为中心的东方、以关中（陕西）晋南豫西为中心的中原、以环太湖地区为中心的东南部、以环洞庭湖与四川盆地为中心的西南部和以鄱阳湖—珠江三角洲一线为中轴的南方，都各自经历了自己的文明起源过程，它们时间虽有先有后，但在这六大区范围内又基本是同步或大致同步的。发展水平相近是它们之间发生密切关系的基础，同时这种关系又不是单方面的，而是相互的，这种区间的相互作用、相互吸收成为中国古文化和文明连绵不断的原动力。

第三，在距今五六千年和距今四五千年间，中华大地文明起源的过程有多种形式。一是裂变，如距今6000年前后，统一的仰韶文化在它的前后期中间裂变为半坡类型和庙底沟类型，后者出现玫瑰花图案彩陶和双唇小口尖底瓶，分布面迅速向四方扩张，是文明的火花。大约与此同时，长城以北的前红山文化与红山文化前期之间，兴隆洼—查海文化裂变产生了赵宝沟类型，出现猪头龙、鹿头龙（麟）等刻划神兽图案，反映社会发展到新阶段。二是撞击，典型例子是距今5000年前，源于渭水流域的仰韶文化与源于燕山以北大凌河流域的红山文化，这两支不同文化传统、不同经济类型的文化，各自从自己母体衍生或裂变出的优生支系，一南一北，在河北北部桑干河上游相遇，在大凌河上游重合，产生了以祭坛、女神庙、积石冢为主要内容的文明曙光。三是融合，如距今四五千年间，内蒙古河曲地带仰韶文化晚期小口尖底瓶与当地古文化的蛋形瓮结合产生了最早的袋足器，甲骨文干支中的酉（⚟）、丙（⚟）两个象形字，保留了最晚尖底瓶和最早袋足器的形制特征，从神器到文字，延续到一千多年以后的商代甲骨文中，客观地反映了这一融合过程①。

从 1986 年正式提出"中华五千年文明起源"不到一年时间，由于苏秉琦先生敏捷的思路，使这一重大课题的研究很快向更深层次发展。重视区间关系是这一研究深入的标志之一。他特别强调的区间关系，一是中原与北方这两大文化区系之间的关系，认为这是距今 5000 年前后牵动中国历史发展全局的重大历史事件；一个就是"环渤海考古"的提出。

早在 20 世纪 70 代初，旅顺博物馆在辽东半岛最南端、渤海之滨的郭家村遗址进行了一次试掘，在遗址中属于龙山时代的地层下发现了新的文化层，这对于一向被划为山东龙山文化区的大连地区来说，无疑是一个重要信息。1976 年经正式发掘，在遗址中找到了相当于大汶口文化阶段的遗存以至更早遗存的线索②。苏秉琦先生得知这一消息后，几次听取情况介绍。1977 年在南京召开"长江下游新石器时代文化学术讨论会"时，他把大连的材料与山东烟台地区联系起来分析，认为这两个以渤海海峡相隔、南北相望的半岛古文化特征相近，"考虑到这两个半岛作为我国腹地与我国东北部以及东北亚之间的重要通道，在我国古代的特殊地理位置与特殊作用，不能说它是次要问题。近年在旅大的老铁山下郭家村和长海诸岛的工作，可能是个重要突破点"③。对于下一步的工作，他建议，辽东半岛的工作要

① 苏秉琦：《给青年人的话》，《文物天地》1987 年第 4 期；《华人·中国人·龙的传人——考古寻根记》，《中国建设》1987 年第 9 期。后文在《新华文摘》1987 年第 11 期转载后，以"内容的科学性、语言的准确性和阐述的逻辑性"（《光明日报》1988 年 8 月 17 日）被选为 1988 年度高考语文阅读试题。

② 辽宁省博物馆、旅顺博物馆：《大连市郭家村新石器时代遗址》，《考古学报》1984 年第 3 期。

③ 苏秉琦：《略谈我国东南沿海地区的新石器时代考古——在长江下游新石器时代文化学术讨论会上的一次发言提纲》，《文物》1978 年第 3 期。

以旅大为基点，一到海岛上进行工作，一往鸭绿江推进。1978 年以后，我们按照苏先生的建议，把工作重点移到长海县诸岛，终于在广鹿岛的小珠山遗址发掘到较系统的地层关系和丰富的早期文化遗存，明确了大连地区在相当于龙山时期和大汶口文化阶段之前，存在一种以压印纹和刻划纹筒形罐为主要特征的遗存，它们之间发展序列清楚，反映出强烈的地区特征①。不久，又在黄海沿岸靠近鸭绿江口的丹东市东沟县（今东港市）后洼和岫岩县北沟遗址发掘到相当于大连小珠山下、中层的文化遗存，而其文化内涵更为单纯，在辽东半岛的古文化中更具代表性②。与此同时或先后，山东胶东半岛的烟台白石村、丘家庄以及庙岛群岛的工作，初步理出南部半岛的文化系列和特点③。对此，苏秉琦先生进一步指出，这两个半岛古文化"经济生活相似，在民族文化传统上有渊源关系"，在 1981 年划分区系类型时，正式把胶东—辽东半岛视为一个古文化区④，强调辽东要同辽西区别开来，胶东要同昌潍地区、鲁西南区别开来。同时，他又指出辽西作为燕文化的前身，昌潍、鲁西南分别作为齐鲁文化的前身，它们之间以渤海湾为活动中心相互关系的重要性。从开展考古工作角度看，辽东辽西是一摊，京津冀北是一摊，山东加胶东是一摊，打开东北亚、包括中国的大东北的钥匙和联结整个东南沿海的龙头在这里。至此，一个新的课题已经诞生。所以当 1985～1986 年间苏秉琦先生正式提出"环渤海考古"这一课题的时候，立即得到山东、河北、京津、辽宁等省市的积极响应。1987 年和1988 年，分别在烟台、长岛、临淄召开的环渤海考古座谈会上，苏先生对这一课题的概念做了进一步明确：环渤海既指辽河、滦河、大小凌河、海

---

① 辽宁省博物馆、旅顺博物馆、长海县文化馆：《长海县广鹿岛大长山岛贝丘遗址》，《考古学报》1981 年第 1 期。

② 许玉林：《辽东半岛新石器时代文化初探》，《考古学文化论集（2）》，文物出版社，1989 年。

③ 烟台市博物馆：《山东烟台市白石村遗址调查简报》，《考古》1981 年第 2 期；《山东烟台市郊丘家庄发现新石器时代遗址》，《考古》1963 年第 7 期。北京大学考古实习队、烟台市文管会、长岛县博物馆：《山东长岛县史前遗址》，《史前研究》1983 年第 1 期。

④ 苏秉琦：《在中国考古学会第三次年会闭幕式上的讲话（提纲）》，《中国考古学会通讯》第三期；《关于考古学文化的区系类型问题》，《文物》1981 年第 5 期。

河、黄河等所注入之海，又指辽东、胶东、朝鲜三半岛甚至包括日本列岛在内广大海域及其腹地。所以，它既是以燕山南北长城地带为中心的北方考古这个大课题的延伸、发展，又是我国面向太平洋的重心所在①。这时，先生已在做更深、更广的思考。他一方面在注视着与环太平洋考古的结合问题，一方面把环渤海与环地中海的历史发展进程联系起来，对东、西方这两大人类文明中心进行比较，进而探索东方文明发展的规律、特点和未来。

　　每一个与苏秉琦先生接触过的人，都会被他富有预见和远见的谈话所吸引、所感染，受到启发，回味无穷。近几年苏先生对辽宁省文物保护方面的许多见解，就是我们在工作中常常回顾的又一个方面。东山嘴和牛河梁遗址发现后，他不仅把这两处相距50多千米的遗址联系起来，而且把它们同附近两千年之后喀左的六处商周窖藏铜器坑联系起来，认为应把牛河梁、东山嘴、窖藏铜器坑看作一个古遗址群②，它们各自的范围和它们之间的空地都是重要保护范围。对山海关外绥中渤海湾姜女石秦始皇行宫遗址的发现，他强调这是国家级纪念建筑物，首先不是发掘对象，而是现状保存问题，其保留意义可以与长城相比，要考虑保护历史环境，如何使它传之子孙万代。他建议省内要有长期打算，先建立工作、教学、科研三结合基地，为建立遗址博物馆打基础，并早做规划。正当我们对这两处遗址制定了区域保护方案、在包括金牛山遗址在内的三大遗址建立了工作站，并着手制定文物保护与建设相结合的总体规划的时候，1986年夏，河北省北戴河金山嘴发掘出与姜女石相近的秦宫遗址，先生的思想迅速升华。他认为，从绥中姜女石到北戴河金山嘴距离50余千米，正与辽东半岛和胶东半岛之间的渤海口距离大致相等，它们南北相对，这应该就是《史记》所载秦始皇"择地作东门"的国门所在③。以渤海口为门，以渤海为门厅，以海湾北岸的宫殿群为屏障，以姜女石礁石群为标志，使人一进国门就看到我们民族的形象，这是多么巧妙的构思和雄伟的气魄，这是举世无双的大文

---

① 苏秉琦先生1988年5月在山东临淄召开的"环渤海考古座谈会"的讲话提纲《环渤海考古的理论与实践》；《环渤海考古与青州考古》，《考古》1989年第1期。
② 苏秉琦：《座谈东山嘴遗址——我的一点补充意见》，《文物》1984年第11期。
③ 苏秉琦：《象征中华的辽宁重大文化史迹》，《辽宁画报》1987年第1期。

物。为此，他启发我们，不要局限在一件件小文物上，而是要从一座座、一群群、一片片的大文物去考虑文物保护。1987年他在兴城以"从文化起源到文明起源"为题所做的学术报告中，专门讲了一节"大文物与小文物"的问题。他说，"大文物"的提法，是一个新的概念，长期以来，我们的考古发掘、博物馆陈列收藏、文物店的古董收购，都是把小文物放在第一位，现在强调大文物概念，是因为它们更能代表中华民族、国家、文化的形象，更有吸引力和感染力。所以，文物保护与利用的结合也应体现在以大文物为出发点上，要有文物——大文物——文物事业的不断认识过程作为工作的指导思想。以辽宁的工作看，从碣石到碣石宫，从宫我们看到了国门，从国门我们看到了帝国，从帝国我们看到了中华民族、国家的形象，没有哪一个国家有这样大的气魄。从更大范围看，长城是中华民族的象征，牛河梁是中华文明曙光的象征，碣石宫是中华大帝国的象征，三个大文物配套，这是其他文明古国所无法比拟的。苏秉琦先生对文物保护工作的这些科学的、有远见的见解，不断打开我们的思路。目前，我省与各方面协作，正在着手制定和实施金牛山、牛河梁、姜女石三大遗址博物苑的保护规划①，同时努力摸索一条把考古发掘、文物保护与建设开放相互结合起来的路子。我们深深意识到，这是造福人民、造福国家的大事，是传之子孙后代的大事，只要我们的认识是符合科学的，我们就会有坚定的信念并努力去实现我们的目标。

回顾苏秉琦先生对辽宁文物考古工作的指导过程：是以课题带动工作，使认识不断向新水平递进的过程；也是考古理论与实践结合、在实践中发展和丰富理论的过程；是考古学科向理论化、哲学化迈进的过程。几十年来，先生在苦苦求索，如何把马克思主义理论具体运用到本学科中来，讲出一部活生生、有血有肉的中华民族历史来，而不是简单地以社会发展史代替，从而真正为国家的统一、民族的团结服务，为振兴中华、实现四化服务。现在，我们正从全国各地在理论指导下的考古实践中取得答案，他对辽宁工作的指导所取得的成果就是其中之一。这个答案简言之就是：考古学文化区系类型理论是从宏观上揭示中华民族凝聚在一起的基础结构，

---

① 郭大顺：《辽宁三大遗址博物苑规划设想》，《辽海文物学刊》1989年第1期。

中华文明起源则是从微观上说明中华文化传统丰富多彩、经久不衰、连绵不断的原动力和源泉①。马克思主义唯物辩证法在考古学科具体运用的这些成果，把认识中华历史及其在世界史上的地位与认识中国现在和未来发展及其在世界上的作用联系起来，从而展现出考古事业无限广阔的发展前景。考古学科理论上走向成熟为学科本身带来的生机，凝聚着苏秉琦先生和以他为代表的一代人的心血，体现出一个老科学家对中国共产党领导下的社会主义祖国的一片赤诚之心。1986年苏先生在兴城他77岁生日聚会上的答词，充分表达了他的这一心情，这里全文引用，作为本文的结束。

生日答词

（1986年10月4日于兴城八一疗养院）

七十古来稀，不稀奇。七十七旧俗是大喜，日人称喜寿。人活一年长一岁，没什么可说的。

难能可贵的是，在兴城这个美好的地方，和许多平日难得碰到一起的朋友们相聚，人生百年，能有几回，感到由衷的高兴！

一个人生命是短暂的，一个人能力是渺小的，但我们的事业是将与中华民族永远共存的。

使我感到庆幸、欣慰的是，进入本世纪80年代以来，短短的六七年时间，亲历目睹了我们的学科、事业向前跨进的步伐。举眼前例子说，今年考古学会年会前后这一段时间，由于辽宁省发布的一系列有关红山文化坛、庙、冢的消息材料——简单说，"中华五千年文明曙光"这个提法引起海内外人士的注意，超过我们的预料。这消息虽不像亚运会比赛结束那样引起千家万户的议论纷纷，确实也牵动了亿万中华儿女的心。国际同行朋友们对此消息的重视，我们也是理解的。因为，中华文明也是属于世界人类的，而不仅仅是我们自己的。

回想五年前，为纪念党的六十周年诞辰，北京历史学会在中国历史博物馆礼堂举行学术报告，会上，我的讲话末尾有一句话，大意是：一个具

---

① 苏秉琦：《向建立中国学派的目标攀登》，《庆祝中国社会科学院建院十周年院内通讯特刊》，1987年5月。

有自己特色的、马克思主义的、现代化的中国考古学派已正出现在东方。这里指的是我们这个学科。当时说这话的意思，绝不是为了宣传我们学科的成就，而是颂扬我们党的光辉！也是出于一个中华儿女的赤子之心！

时隔五年，通过我们同行朋友们的辛勤劳动，业已用实践证明了我们中国考古学的新时期已在眼前了。

"中华五千年文明曙光"是个学术问题，可以讨论，中国考古学的新时期已经是我们生活的现实，还有什么可疑的吗？

我提议，为我们这一代人能为振兴中华做出自己的贡献，为全体在座朋友们的健康，干杯！

（原载于《辽海文物学刊》1989 年第 2 期）

苏秉琦的学术遗产与辽河文明的研究

关于考古学文化区系类型理论和中国文明起源的系统论述，是苏秉琦先生留给后人的一份学术遗产，包括辽河流域在内的燕山南北地区考古，是苏秉琦先生形成考古学文化区系类型理论和论述中国文明起源的主要试点，而对辽河文明的研究，又在其中占有突出地位。

一　高度重视西辽河流域

20 世纪 80 年代初考古学文化区系类型理论形成时，苏秉琦先生以西辽河流域于 20 世纪 60 年代发现的两种新石器文化（红山文化与富河文化）与两种青铜文化（夏家店下层文化与夏家店上层文化）和 20 世纪 70 年代大南沟和大甸子这两处墓地的系统材料为依据，把"以燕山南北长城地带为重心的北方"放在六大区系之首，其原因除了这里古文化的发展水平同中原地区大致同步和这一地区是"最复杂、最具典型性的民族大熔炉"的地域特点以外，他已敏锐地感觉到："从（北纬）40°到42°线的这几个地区（指辽西、内蒙古东南、冀北和京津地区）是中华民族脊梁骨，多少历史事件、重要人物都在这里产生，这个地区问题的解决远远超出本地区。"（1981 年 12 月 25 日谈话记录）

与此同时，他已在考虑中华五千年文明起源和从哪里突破的问题。就在 1982 年，他先从刚到喀左东山嘴遗址考察回来的李仰松先生处、后又从河北张家口蔚县三关考古工地现场会上得知东山嘴遗址发现的消息，立刻抓住不放，以为在辽西可能找到证据。当时就指出这比大汶口文化的文字符号重要，并已联系到五帝的记载，说司马迁写传说是人不是神鬼，于是建议并亲自组织下一年在朝阳召开现场会。1983 年 5 月参加郑州中国考古学会年会时登嵩山中岳庙，将这里背山面水、坐北朝南的地理形势与他尚在想象中的东山嘴遗址相联系。7 月在承德等待朝阳开会的安排时，同刘观民和徐光冀的夫人也谈起为什么一定要到东山嘴现场看看，说是去"寻根"。当他终于对东山嘴遗址作了考察之后，心中已有底数，说"四五千年有分量的材料，从全国看，能拿出来的为数不多，长城内外，喀左是一个"。次日于朝阳会上讲话时，在继续论述"同一时代有不同的文化交错存在，不同的群体在这里交错"的区域特点的同时，特别强调了"燕山南北、长城地带为重心的北方地区在我国古代文明缔造史上的特殊地位或作用"，并建议我们在喀左、建平、凌源三县交界处多做工作。当年秋，就在建平和凌源交界的牛河梁发现了积石冢和女神庙遗址，开始了辽河流域文明起源的研究历程。可见，包括辽河流域在内的燕山南北地区考古从考古学文化区系类型研究到文明起源研究，进展快速，是略有先后又几乎是同步进行的。

此后，随着牛河梁遗址接二连三的重要发现，苏秉琦先生的学术思想不断升华。在从 1984 年到 1994 年这十年间连续发表的多次讲话和多篇文章中，他把文明起源的时间，从距今 4000 年追溯到距今 5000 年，地域范围从中原扩大到北方和其他地区，提出"满天星斗"说。他尤其注重在讨论中的理论建设。这方面最具指导意义的，是 1985 年提出的"古文化古城古国"和从 1991 年起提出的"三部曲"（古国—方国—帝国）与"三模式"（原生型、次生型和续生型）的中国国家形成与文明起源的系统论述，并以此为基础提出"重建中国史前史"的号召。在阐述这些观点时，辽河流域的古文化都是重要依据。尤其值得提到的是，他把鲜卑、契丹、满族作为"续生型"国家起源模式提了出来，这就将辽河文明的地位和作用，从五千年古国一直延续到中国最后一个封建王朝的建立，贯穿于中国古史的始终。

二　辽河文明的基本特点

依据对苏秉琦先生观点的理解和新的考古发现，我们可以对"辽河文明"分以下四个方面加以认识：

（一）辽河文明曾先走一步

1991 年在《关于重建中国史前史的思考》一文中，苏秉琦先生以为："旧石器时代晚期，以辽河流域为中心这一片，文化发展走在前列，从而为辽河流域新石器时代文化的前导地位奠定了基础。"证据是：早在距今约 28 万年前的营口金牛山人，其头骨、上肢骨等体质特征就较同时期的北京人为进化；原始"灶"的发现，进一步证明了金牛山人在控制火种技术上的进步性。到距今约 4 万年前的旧石器时代晚期，辽河流域仍然保持着这一先进势头，证据是海城小孤山洞穴遗址发现了带倒钩、"栏"的骨鱼镖和由两面钻孔的骨针，比时间较晚的北京周口店山顶洞遗址的同类器物要进步。进入新石器时代，距今约 8000 年的阜新查海遗址，有表现社会结构已有分化的成行排列的房址和社会分工导致社会分化的产品玉器，以及反映意识形态发达程度的"类龙"形象的出现，已是"文明的起步"阶段。当然，最能反映辽河文明先走一步的，是在辽西山区牛河梁红山文化遗址发现了 5000 年前"坛、庙、冢"三位一体的大规模的宗教礼仪性建筑群和以"龙、凤、人"为主要题材的玉器群，这是辽河流域率先跨入文明社会的主要实证。

（二）辽河文明在中国文明起源与国家形成中具典型性

苏秉琦先生在关于中国文明起源和国家形成的系统论述中，将辽河流域的红山文化—夏家店下层文化—燕秦文化作为古国—方国—帝国"三部曲"的典型代表。在国家起源原生型、次生型、续生型的"三模式"中，将辽河流域的先秦时期作为"原生型"模式并将秦汉以后纳入"续生型"模式中。作为"原生型"国家起源模式的理由是，辽河流域从查海遗址起，在玉器制作的专门化到玉器使用的专一化方面，就已反映出由社会分工到社会分化的变革过程，为继之而起的红山文化社会变革的飞跃准备了条件。而红山文化的发展，虽然大幅度吸收了中原等地区的先进文化因素，但主要是在保持和发展自身特点的基础上跨进古国阶段的。到了方国时代，辽西地区的夏家店下层文化，以连锁式城堡带和星罗棋布的城堡群、彩绘陶礼器为代表，反映礼制已逐步完善，成为"与夏为伍"的强大方国。辽河流域在进入帝国阶段过程中，出现了以辽西走廊绥中姜女石遗址为主体的秦行宫建筑群，其规模、规格都可与秦阿房宫相媲美，却背靠大北方，面向渤海，是秦始皇"择地作东门"的国门所在，对于中华统一多民族国家的形成来说，更具象征性。辽河流域作为"续生型"国家模式的代表，表现为以辽河流域为主要活动舞台的鲜卑、契丹、满族，其建国过程都经历了类似于当地先秦时期的古国—方国—帝国的发展历程，而且是"骑马得天下，统治的是汉族人，继承的是汉文化，汉文化从此也长上翅膀，更有活力了"。其中满族开国史更是中国历史上精彩的一笔。崛起于白山黑水间的满族，从辽东山区走向辽沈大地建国，新宾赫图阿拉城、沈阳故宫的东路到中路的布局，是满族开国史重走"三部曲"的国家起源道路的形象例证。出于渔猎文化开放、不封闭和与大自然天然一体的本性，满族善于总结历代经验，正确处理民族关系，彻底改变了自秦统一以来筑长城、设重防，隔绝北方与中原，使游牧民族与农耕民族对立起来的格局，敢于说长城内外是一家。长城失去作用的同时，中国北部出现明确的疆界。所以，中国最后一个封建王朝，也是中国漫长历史的集大成者。

这里还要提到张光直先生关于中国文明起源的观点。张先生提出，中国文明起源走过与西方以技术发展为主的人改造自然的"断裂性文明"不同的道路，即以人与自然沟通的"通神独占"获得政治权力和财富，称之为"连续性文明"，并把中国以至东方文明追求人与自然的和谐这一"可能代表全世界大部分地区文化连续体的变化法则"称为"一般的法则"，而西方文明的发展道路倒"是个例外"。巧合的是，红山文化就是以规模宏大的祭祀建筑群及其所表现的"通神为礼"作为其进入文明社会特征的。可见，张光直先生的这一观点很值得重视。

（三）辽河流域是古代文化的生长点与交汇带

苏秉琦先生一贯重视考古文化区和区内考古文化自身发展序列的建立，以为这是第一位的。在1983年成都考古汇报会上，他称之为文化的"生长点"。区间比较虽是第二位的，但条件一旦成熟，他又不失时机地提倡文化间的比较，并强调文化交汇在社会发展特别是文明起源中的作用。

辽河流域作为古代文化的生长点与交汇带，首先是与自然地理环境是分不开的。辽河流域的西部是处于蒙古高原向华北平原过渡的丘陵地带，东部则是东北松辽大平原的组成部分，有东北至西南走向的山川和漫长的海岸线。至少在距今万年到四五千年前，辽河流域是暖湿性阔叶林和针叶林混交的森林草原带。这种自然地理环境，既适于文化的成长，又是南北之间与东西之间交流的天然通道。

就新石器时代和青铜时代来说，辽河流域已分区建立起了文化发展序列。辽西地区有查海—兴隆洼等先红山文化，大约与红山文化早期相当或稍早的赵宝沟文化，与红山文化同时的富河文化，晚于红山文化的小河沿文化，青铜时代的夏家店下层文化、魏营子文化和夏家店上层文化等。文化遗存相对较少、文化堆积较薄的下辽河流域和辽东半岛也分别建立起新乐文化、偏堡文化、高台山文化、新乐上层文化（以上为下辽河流域）；小珠山下、中、上层文化，双坨子下、中、上层文化（以上为辽东半岛）以及以曲刃青铜短剑为主要特征的青铜文化等。

同时，辽河流域又属于东北文化区，是东北文化区与北方草原、中原区交汇的前沿地带。不同经济类型和不同文化传统的群体间的交汇，往往会产生意想不到的效果。红山文化"坛庙冢"的出现就是红山文化与仰韶文化北南交汇的产物。青铜时代和早期铁器时代辽河流域诸文化都有普遍接受中原礼制的情况，而且越来越浓厚，这就为燕秦帝国对辽河流域的有效管辖打下基础。十六国时期的慕容鲜卑被历史学家称为是五胡中汉化最深的，考古发现特别是朝阳龙城宫城和宫城南门遗址的发现证明了这一点。契丹族则在大幅吸收汉文化的同时，以从制度和习俗上保持和发展本民族特色而立于当时世界之林。满族在开国史上对待汉文化以及其他民族文化的积极态度和效果已如前述，从而使辽河流域自始至终成为一个民族文化的大熔炉，创造出具有强烈地域特色又包容四方的古代文化。

（四）辽河流域对东北地区和东北亚古代文化的发展有广泛影响

世界的中国考古学，是晚年的苏秉琦先生思考的一个重大课题。四裔地区在中国与世界的比较和关系中，被摆到重点位置考虑，辽河流域自然也是其中重要组成部分。

早在1983年辽宁朝阳会上，苏秉琦先生就提出辽西是"连贯燕山南北这一大地区跟辽东、东北、东北亚广大地区的重要环节"。1988年他在临淄第二次环渤海考古座谈会上，更明确地讲到"环渤海考古"课题的提出"是打开东北亚（包括我国大东北）的钥匙"。1992年，苏秉琦先生在石家庄第四次环渤海考古会上提出"世界的中国考古学"后，1994年他在同日本富山电视台内藤真作社长关于"环渤海—环日本海的考古学"的谈话中，讲到环渤海考古包括了"两个海——渤海就是中国海，东邻就是日本海；三个半岛——辽东半岛、胶东半岛和朝鲜半岛；四方——中国、朝鲜、俄罗斯、日本，题目是一个题目，大家一起面向世界，走向未来"。

受苏秉琦先生这一系列观点的启发，这些年我们加强了辽河流域古文化与东北及东北亚地区古文化关系方面的研究与有关的国际合作，对辽河流域在东北和东北亚地区历史上的地位和作用，不断有新认识。

远在旧石器时代，小孤山旧石器时代洞穴遗址骨针的出土，就意味着古人类已学会缝制皮衣，为走向更寒冷地区、走向新大陆做好了准备。查海遗址玉玦和玉匕形器的组合，也见于日本海的东、西两岸，黑龙江流域也常有具红山文化特征的玉璧类出土，说明新石器时代从辽河流域到东北亚就存在一条"玉器之路"。青铜时代和早期铁器时代，以曲刃青铜短剑为代表的辽河流域古文化和燕文化都影响到朝鲜半岛和日本列岛。辽河流域还是东西文化交流的一个枢纽。商周之际的"北方式青铜器"和夏家店上层文化丰富多彩的草原文化内涵，都有来自于内蒙古中南部甚至更西的成分。公元3到6世纪是中国历史上民族大迁徙、大融合时期，也是东西方文化交流更为活跃的一个时期。这一时期辽河流域先后出现的公孙氏、慕容鲜卑和高句丽建立的政权，作为辽河流域与东北亚地区交流的使者，促成了骑马文化的东传，也是中西亚的先进文化因素如玻璃器、金饰品等向东传播的必经之路，从而直接影响到朝鲜半岛和日本列岛的文明起源进程和国家的建立。此后辽王朝与西方的交往，除了文献记载外，考古发现中也屡见中西亚文化因素，如契丹族喜用的琥珀饰件，其原料就是由遥远的波罗的海经中亚到达辽王朝的，说明这条"草原丝绸之路"延续到10世纪以后仍然畅通。

三　学术目标：中华民族与中国文明的根源

以上对辽河文明的研究有一个不断深化的过程，就学术目标而言，又集中于中国统一多民族国家和中国文明形成两个方面。

20世纪80年代初苏秉琦先生在形成考古学文化区系类型理论过程中，

把燕山南北地区的研究重点放在这一地区在中国统一多民族国家形成过程中的作用问题上。这也符合他一贯强调的考古学文化区系类型理论的最终目的，是"阐明把十亿中国人民凝聚到一起的基础结构，为认识中华，加强全国各族人民的团结做出贡献"。

1981 年在北京市历史学会、中国历史博物馆举办的"纪念中国共产党成立六十周年报告会"上的讲话中，他就指出燕山南北地区特殊重要性在于："夏家店下层文化的小城堡的两种布局（一种是大范围内的星罗棋布，一种是边缘地带的连成一串），则使我们对以后建造的长城的功能的认识得到启发。考古发现还说明，整个长城地带自新石器时代开始就居住着分属不同经济文化类型的、不同民族文化传统的人们。他们互相补充、互相依存，在特定的历史条件下又互相冲突。认识这一情况，对加强国内的民族团结是不无帮助的。"

1983 年朝阳会上，他谈到燕山南北地区的重要性时提出："我国统一的多民族国家形成的一连串问题似乎最集中地反映在这里。不仅秦以前如此，就是以后，从'五胡乱华'到辽、金、元、明、清，许多'重头戏'都是在这个舞台上演出的。"

1987 年绥中姜女石秦宫遗址群发现后，他认为这是中华统一国家的象征，以为"这项由秦始皇创建，到汉武帝完成的纪念性大建筑群，似确具'国门'的性质，是秦汉统一大帝国的象征"。

1983 ~ 1986 年牛河梁遗址发现后，他在提出中华五千年文明起源的同时，已将祭坛、女神庙和积石冢与中国文化起源联系起来加以论述："坛的平面图前部像北京天坛的圜丘，后部像北京天坛的祈年殿方基；庙的彩塑神像的眼球使用玉石质镶嵌与我国传统彩塑技法一致；冢的结构与后世帝王陵墓相似；龙与花的结合会使人自然联想到我们今天的自称'华人'和'龙的传人'。发生在距今五千年前或五六千年间的历史转折，它的光芒所披之广，延续时间之长，是个奇迹。"

1987 年，先生又进一步将从关中经汾水，在晋北与河套连接，向东北经桑干河到辽西，再折回到晋南，形成的形似"Y"的文化带，称为"中华文化总根系中的直根系"。

在这方面，他又特别重视中原地区仰韶文化对辽西地区新石器文化的影响和仰韶文化与红山文化的南北文化交汇，以为"当仰韶与红山一旦进一步结合起来，中华文化史面貌为之一新"。他于 1987 年为《中国建设》所撰写的文章，论述仰韶文化与红山文化的结合部分是第一主题，文章的题目为《华人·龙的传人·中国人——考古寻根记》也很能说明这一点。就影响而言，如果说将辽河流域古文化作为统一多民族国家形成的一个重点尚属区域性，那么放到中华文化起源中来考察就具有全国意义了。由此看来，苏秉琦先生称牛河梁遗址发现的女神头像为"她是红山人的女祖，也就是中华民族的共祖"，就不仅是对女神庙的定位，也是在提醒学界要更多地重视整个辽河文明在中国文化起源和中华文明起源中的地位和作用。

（原载于《中国文物报》2006 年 5 月 19 日）

苏秉琦先生与赤峰考古

1980 年 8 月，苏秉琦先生亲赴赤峰，参加"内蒙古自治区考古学会成立大会"，在会上做了"现阶段内蒙古文物考古工作问题"的学术报告，并观摩了大南沟新石器时代墓葬材料。

虽然这是苏秉琦先生唯一一次到赤峰，但他对赤峰地区考古的关注却一直没有间断。

早在 20 世纪 40 年代前后，苏秉琦先生在整理和编写斗鸡台沟东区墓葬发掘报告时，就十分关注包括赤峰在内的热河、绥东、阜新一带收集的陶鬲标本，在《陕西省宝鸡县斗鸡台发掘所得瓦鬲的研究》《斗鸡台沟东区墓葬》和《瓦鬲的研究》这三篇专著中，都多次引用，尤其是把小库伦收集的两件"花边鬲"（现藏旅顺博物馆）作为与 A 型鬲形制最为接近的类型，列在陶鬲谱系中较为原始的一种，并以此为据，将热河、辽宁作为瓦鬲早期形制在中国北方的分布区。

20 世纪 60 年代初中国科学院考古研究所内蒙古工作队发掘赤峰市郊的药王庙遗址和夏家店遗址，对地层和文化内涵做了重新鉴别，在此基础上提出夏家店下层文化和夏家店上层文化的命名，使这一地区青铜时代文化有大的突破。对赤峰地区考古史上具转折意义的这项研究成果，苏秉琦先生给予格外重视，特意安排刘观民先生到北大考古专业讲座并将赤峰选为学生专题实习地点。随后先生于 1963 年在呼市做"内蒙古考古与内蒙古史几个问题"的学术报告时，将赤峰所在的昭乌达盟作为内蒙古考古三个重点地区之一。20 世纪 70 年代末到 80 年代初苏先生更以两种新石器文化（指红山文化和富河文化）与两种青铜文化（指夏家店下层文化和夏家店上层文化）将赤峰地区考古成果和包括赤峰在内的燕山南北地区考古文化的文化序列、区域特点加以高度概括。

从 20 世纪 80 年代起，苏先生对赤峰地区考古更加关注。先生曾连续三次在中国社会科学院考古研究所设在承德避暑山庄的考古工作站观摩敖汉旗大甸子夏家店下层文化墓地和翁牛特旗大南沟小河沿文化墓地材料，有七次有关大南沟和大甸子材料整理和编写发掘报告的谈话。对这两批较为完整材料发掘报告的编写提出指导性意见。兴隆洼遗址发现后，先生提出对这处保存较为完好的史前聚落要坚持全面揭露的建议，对小山和赵宝沟遗址的新发现，先生提出"赵宝沟文化"的命名。先生对敖汉旗在第二次文物普查时取得的丰硕成果高度赞赏并在多次讲话中将文物普查的"敖汉模式"向全国加以推荐。20 世纪 90 年代赤峰市成立红山文化学会，苏先生受聘担任赤峰红山文化学会总顾问。当年赤峰学院教师到北京拜访先生时，先生对赤峰地区历史考古有系统谈话，并为学校的学刊题词。

苏秉琦先生对赤峰地区考古的关注，特别是在 20 世纪 80 年代以后给予更多关注表明，先生是把赤峰地区作为考古学文化区系类型理论和有关方法论的重要试点来对待的。从 20 世纪 70 年代后期考古学文化区系类型理论酝酿过程起，先生就将燕文化与其以北的红山文化到夏家店下层文化联系起来作为划分"燕山南北地区"考古文化区的基础。20 世纪 80 年代初，苏先生正式提出考古学文化区系类型理论，是以中国文化起源问题、中华民族形成问题、中国社会发展史问题、中国统一多民族国家形成和发展等四大课题作为总体学术目标的。这一学术目标苏先生于 1980 年"内蒙古自治区考古学会成立大会"讲话时，在谈到要将内蒙古文物考古工作摆到全国一盘棋范围内为恢复我国历史本来面貌做出贡献时就已有系统阐述，所以那次赤峰讲话可以视为考古学文化区系类型理论发表的前奏。到 1981 年考古学文化区系类型理论正式发表，以赤峰地区为重点的燕山南北地区赫然列于六大区系之首。

先生在提出考古学文化区系类型理论的同时，多次强调考古方法论要适应形势有所发展并亲自实践。在对大南沟和大甸子墓地材料整理过程中，先生注重运用墓葬分布在墓地分期和探讨社会关系的重要性，认为墓葬规律性的平面分布与地层叠压在分期断代上具有同等意义。在同时进行的陶器类型学研究中，先生提出类型学的历史与逻辑的辩证关系问题。与赤峰地区毗邻的辽宁朝阳地区的东山嘴和牛河梁红山文化遗址发现后，先生将赤峰地区的红山文化与新发现的大凌河流域红山文化视为红山文化的南北两种地方类型，将赤峰地区新确认的几种新石器文化通称为"红山诸文化"，还上升到区、系、类型三个层次加以概括，以反映赤峰地区史前时期的区域特点及其与中原古文化发展的同步性。先生还着重从文化关系方面分析红山诸文化，并举阿鲁科尔沁旗出土的一件绘有来自中原的玫瑰花、中亚大陆的菱形方格纹和红山本土的龙鳞纹三种图案的彩陶罐为例，认为这是"欧亚大陆汇合点进出的火花"，证明赤峰地区曾是"西亚和东亚文化的交汇地带"，将这件以多元文化结合为特征的具标志性的半面绘彩的图案形象地比喻为红山文化的"国徽"。

　　苏秉琦先生于20世纪90年代提出中国文明起源的"三部曲"和"三模式"的系统观点，包括赤峰地区在内的北方地区被视为"原生型"的国家起源模式。在这里先生除将红山文化晚期视为先走一步的古国时代以外，特别重视夏家店下层文化，对于该文化连锁式分布的城堡带的走向，有与两千年后燕秦长城一致甚至有所重叠的现象，先生以为这反映的是"凌驾于若干早期国家之上称霸一方"的大国力量和强烈的防御性，与燕秦帝国时期是一致的，故先生称之为"长城原型"，预言拥有在燕山以北的赤峰和辽西朝阳、阜新地区密集分布的数万处不同级别的遗址和遗址群与成套彩绘陶礼器的夏家店下层文化，应有更高层次中心聚落在等待被发现，并以"与夏为伍"来评价夏家店下层文化的发达水平。先生称古国之后的夏商时代为方国时代而不称王国时代，这可能是原因之一。

　　苏秉琦先生离开我们已十五年了。这十多年来，在前辈考古学家辛勤工作的基础上，在中国社会科学院考古研究所、内蒙古文物考古研究所的指导和亲自参加下，赤峰地区考古不断有新进展。就新石器时代和青铜时代考古来说，先后发现和发掘了魏家窝棚红山文化聚落址、哈拉海沟小河沿文化墓地、三座店和二道井子夏家店下层文化遗址等。在赤峰这块考古沃土上成长起来的赤峰学院历史文化学院也于2006年成立了考古专业，并经教育部批准，于2011年设立考古专业的硕士点。在今后的办学工作中，学院将继续坚定地以苏秉琦学术思想作为赤峰地区考古和学校办专业的指导思想，以推进赤峰地区和学校的考古教学、研究和文物保护工作。

（原载于《中国文物报》2012年1月4日，署名赤峰学院历史文化学院考古教研室）

东南古文化的启示

1965 年秋，我随苏秉琦先生到南方实习，第一次接触到苏州越城、上海崧泽和浙江吴兴邱城等遗址的实物资料。此前，1960 年在中国科学院考古研究所洛阳的工作站整理王湾遗址材料，面对王湾二期（当时称"过渡期"，即由仰韶文化向龙山文化过渡阶段的文化遗存）四组与钵、盘共生又成序列的鼎、豆、小口罐，听苏先生讲"四面八方"时，当时似懂非懂。1964 年夏在济南学习整理山东大汶口墓地材料，134 座墓都以鼎、豆、壶为主要器物组合，可以清楚地划分为三期 9 段，似可与王湾二期对应起来。不久，苏先生《关于仰韶文化的若干问题》发表，提出了在仰韶文化后期，东南沿海地区以鼎、豆为主要特征的古文化，社会经济有了更高的发展，在与中原地区古文化的交流中，对仰韶文化产生了更大影响的重要观点。在南方实习的突出印象是，这一地区三足器、圈足器特别发达，分段清楚，似起源甚早，更加深了对苏先生这一观点的理解。现在，重温 20 世纪 60 年代那一段学习过程，体会又深：

1. 中原与周围地区的古文化，各阶段文化内涵相近，时间也应相对应，不会有大的时间差距。

2. 在中原与邻区文化交流中，影响是相互的，不仅是中原对邻区单方向的影响。

3. 在特定的历史阶段，邻近地区经济文化发展步伐往往先于中原，这时，在与中原文化的交流中，周邻对中原地区的影响就会成为主流。

20 世纪 70 年代初，文物考古界陆续恢复工作，我当时接触较多的是北方早期青铜时代夏家店下层文化的材料，并比较注意该文化与夏、商以及燕文化的关系。对此，苏先生曾告诫说，不急于进行比较，而要把搞清本地区文化发展序列放在第一位，要注意方法论的运用。与此同时，各地学术活动以地区为中心陆续开展起来。1977 年南京"长江下游新石器时代文化学术讨论会"就大汶口—青莲岗文化进行的讨论，十分活跃，与十多年前我实习时相比，无论材料的积累与研究成果，都大大前进了一步。我虽然未能参加那次会，却曾多次听苏先生讲起那次会最重要的收获，不在于给不同观点简单下个结论，而是大家都意识到分区、分块深入工作下去的目标，并迅速取得了成果。他是以此为例启发我们借鉴东南的做法。我的体会：当时考古学文化区系类型理论尚未正式提出，但南京会已在这一理论指导下进行，并且是这一理论形成过程中的一次重要实践；由苏先生倡导的地区性小型学术座谈会是从 1982 年河北张家口蔚县考古工作开始的，就指导思想和效果而言，却都可以追溯到五年前的南京会和次年在庐山的"江南地区印纹陶问题学术讨论会"。所以，东南地区学术活动所反映的成果为以后各地开展类似的学术活动，包括从 1979 年以来"燕山南北长城地带考古"课题的开展，提供了宝贵经验，这在近年辽西古文化特别是红山文化的研究中有更多体会。

近年，对红山文化的新认识是从一批时代不明的玉器鉴定开始的。这批玉器多为采集品，部分有出土地点，但出土情况不明确；当时尚无正式发掘资料，同时代各地新石器时代遗址也缺乏比较材料。于是，良渚文化遗址（如草鞋山、张陵山、圩墩等）丰富的玉器群就成为鉴别红山文化玉器过程中的主要参考材料，尤其是良渚文化早期的玉器中已大量使用规范化的兽面纹图案，开阔了考定红山文化龙形玉器的思路。这两种文化的玉器虽属不同系统，但突出以玉为葬，以玉为礼，却是应特定社会变革的需要而产生的，反映了共同的时代特征。为此，学术界又一次提出在石器时代结束、金属时代到来之前，有一个"玉器时代"的观点。1984 年牛河梁红山文化积石冢被揭开。这类积石冢居于山岗之巅，规模庞大，结构比较复杂，砌石多层叠罗，发掘判断有难度。此时，正值良渚文化墓地的熟土墩陆续被确认，如上海福泉山、浙江反山等，这又一次给我们提供了可供比较的材料。这类墓不同于一般土坑墓葬的做法，把地下建筑与地上建筑相结合，更突出地上建筑，苏先生称为"土筑金字塔"，含义很深。它有别于新石器时代晚期氏族墓地内大小墓之间的差别，而是大墓独立于氏族墓群之外，突出表现墓主人凌驾于氏族成员之上的特殊身份。这种埋葬形制的普遍出现，反映与氏族社会平等关系根本对立的新的社会关系已经制度化。史学界有学者认为，关于中国文明起源的标志，除了金属的发明、文字的出现和城市的形成以外，更重要的是社会关系的变革，等级关系、阶级关系的形成。红山文化积石冢和良渚文化土墩墓都正是这种社会关系变革的典型反映，所以应是文明起源的重要标志。

关于中国文明起源的研究，随着红山文化、良渚文化以及甘肃大地湾等考古新发现，正方兴未艾。初步研究成果表明，中国文明的发展有着自己的传统特点，经历了一个较长的过程，各地区也都有自己文化起源的具体道路，又不断交流影响，相互促进。对此，苏秉琦先生形象地比喻为"满天星斗"。如以环太湖和辽西为例，这两个地区虽相距较远，它们的古文化古国形成过程却有可以比较之处。环太湖地区为：马家浜文化—良渚文化—古吴越文化；辽西地区为：红山文化—夏家店下层文化—燕文化。它们自成体系，具体发展道路不同，前者各阶段上下紧密衔接，后者则若断若续，一浪高于一浪；同时，两个地区又在阶段划分上相近，有共同时代特征。其中，红山文化和良渚文化分别所处的距今五六千年间和距今四五千年间这两个紧相衔接的历史阶段，正是中国文明起源的关键时期，也是诸文化间频繁交汇的一个时期。如果说，红山文化坛（祭坛）、庙（女神庙）、冢（积石冢群）是中原仰韶文化与北方红山文化相撞击产生的文明火花，那么大约同一时期，东南沿海古文化与仰韶文化东西之间相互作用所产生的更高层次的结果尚待进一步揭示；与仰韶文化时期各地古文化竞相发展、相互影响的局面相比，在此基础上出现的龙山时代诸文化，包括良渚文化，则更多地表现为文化的统一性，这种统一性似不仅仅是文化交流所能促成，而应有政治力量在起作用，这可能就是夏朝一代产生的背景。而东南沿海的山东龙山文化与良渚文化，快轮制磨光黑陶的时代特征更为突出、先进，它们在这一文化统一过程中所起的作用不容忽视。

苏秉琦先生把考古学文化划分区系类型视为从宏观上认识中国十亿人口凝聚在一起的基础，并提出从微观上探索中国古文明连续不断、经久不衰的原动力和源泉。我们从东南古文化和辽西古文化的研究成果及其比较中，可以加深对这一理论的理解。

（原载于《东南文化》1988 年第 5 期）

环太湖地区的古国与方国

——重温苏秉琦先生的一段有关论述

1996 年 1 月，正在深圳写作《中国文明起源新探》的苏秉琦先生，为纪念良渚文化发现六十年，应余杭良渚遗址博物馆王云路先生之邀，口述了《良渚文化的历史地位》一文。文中谈到面向海洋的东南地区与面向大陆的西北地区共为中国古文化两大块的基本格局在良渚文化时期已形成时说："这是处于五帝前后段之间，以环太湖流域为中心，已具方国规模的良渚文化在中国文明起源、中华民族和中华文化传统形成过程中所起的重要作用所决定的。"①

同时编写的《中国文明起源新探》一书中又多次论述到方国时代的特征："方国时代的一个主要标志，就是大国下的小国群体。从区系角度分析，太湖流域作为一个大区系，内部又分为若干个小块块，是大区系下的小块块。所以认识到良渚文化已具方国规模，才更有实质意义。"② 苏先生那次在深圳还谈到良渚文化独有的玉琮制作高度规范化所体现的神权垄断，是方国的又一体现。

我根据对苏先生观点的理解，在《论聚落的层次性——红山文化与良渚文化的比较研究》一文中也提到，良渚文化作为方国的代表在考古上的两个方面表现，一是大中心下的多中心，二是聚落布局、墓地和玉器形制

---

① 苏秉琦：《良渚文化的历史地位——纪念良渚遗址发现六十周年》，原载《文明的曙光——良渚文化》，第 20 ~ 21 页，浙江人民出版社，1996 年；后收入《苏秉琦文集》（三），第 257 页，文物出版社，2009 年。

② 苏秉琦：《中国文明起源新探》，第 124 页，商务印书馆（香港）有限公司，1997 年。

的高度规范化，并同处于古国时代的红山文化在遗址布局、玉器形制等方面在制度化前提下又见多种变化所表现的原始性的较多保留相比较，以为良渚文化在最高层次中心聚落下的多中心和诸中心聚落的高度规范化，是比红山文化更为先进的聚落分化形态，是已具"方国"规模和特征的大国中小国群体的体现①。

现在要重点关注的是环太湖地区的古国时代。一般将良渚文化视为古国，即环太湖地区进入文明社会的开始。如果良渚文化已进入方国阶段，那么，环太湖地区的古国时代就应向前追溯。对此，苏先生在《中国文明起源新探》一书中又进一步提出：

"1977 年我在良渚遗址考察时，曾以'古杭州'的概念提示浙江的同行们重视这处遗址的特殊地位，通过这十多年在良渚和环太湖地区的工作，似已显示出，太湖流域的古文化古城古国，已可以由良渚文化上溯到先良渚文化。"②

这就自然将环太湖地区方国时代的探索聚焦到崧泽文化。可喜的是，近年崧泽文化考古材料积累丰硕，十分有助于深入研究该文化在环太湖地区文明起源过程中地位。仅列手头资料：

石器中作为农具的石犁、石镰使用量大且趋向定型、实用③，浙江长兴江家山遗址还发现分体、有拼接组装工序的石犁④；作为权力象征物的石钺制作精致，形制标准，随葬普遍，有的个体甚大。

与马家浜文化比较，崧泽文化的陶器在继承的基础上，在器类及组合、造型、装饰等方面都表现出很大的进步性：已有实用器与明器的功能分化，器物类型分野明确，型式组合趋于稳定，如三凿足的鼎和圈足器发达；豆

---

① 郭大顺：《论聚落的层次性——红山文化与良渚文化的比较研究》，《良渚文化研究——纪念良渚文化发现六十周年国际学术讨论会文集》，第 61～66 页，科学出版社，1999 年。

② 苏秉琦：《中国文明起源新探》，第 116 页，商务印书馆（香港）有限公司，1997 年。

③ 浙江省文物考古研究所编：《浙江考古新纪元》，第 71 页，科学出版社，2009 年。

④ 楼航、梁奕建：《长兴江家山遗址发掘的主要收获》，《纪念良渚遗址发现七十周年学术研讨会文集》（浙江省文物考古研究所学刊）第八辑，第 599 页，彩版三六·3，科学出版社，2006 年。

有钵式和盘式两大类型；出现觚、觯形器、簋形器、尊形器以及澄滤器或其原型。尤其是"鼎豆壶"从此开始成为固定组合。陶器重非实用的装饰性，突出的如：罐壶类折肩、折腹、起棱，豆柄分段分节，或呈均匀的瓦楞状，或粗细相接相间，圈足底缘出花边状装饰；镂孔、刻划纹发达，图案化程度甚高，讲究对称布局，有结构复杂多变化又很具同一性的图案的单独反复出现，表现出强烈的标识性；上海崧泽等遗址已出现刻划或浮雕的兽面纹①。黑陶数量增加，与此相应的是朱绘较前明显多见，不仅见于涂朱黑陶的壶与豆，而且石钺上也见涂朱，且已由涂朱演化到彩绘花纹②。朱绘以其非实用性和神秘性，成为彩陶之后和青铜礼器之前陶礼器化从一般生活用器中分化出来的一个重要标志，自然也是文明起源的一种重要文化因素。与诸史前文化相比，朱绘在崧泽文化不仅出现时间早，而且彩绘图案也出现较早且达到神秘化程度。

玉器为长江下游这一时期的基本组合（璜、环、镯、玦），不过在张家港东山村崧泽文化墓地可见有个体较大的同类器（如玉璜）及形制较为复杂的其他玉器随葬，如带柄玉钺形器模型及小件玉饰③，尤其是海盐仙坛庙崧泽文化晚期已有精致的龙形玉出现④。

在人工构筑的土台上筑墓建屋是从崧泽文化时期开始。这些台型建筑址有由早期出现到晚期规模变大且有成组合讲布局的发展趋势⑤。南河浜所出长宽各在 10 米以上、呈正方向的高土台已被确定为祭台遗迹⑥。聚落内有水井设施的已发现不只一处，如嘉兴的凤桥镇石圹头遗址和大桥镇高墩

①　上海市文物保管委员会：《崧泽——新石器时代遗址发掘报告》，第 80 页图六〇·3，图版六〇，文物出版社，1987 年。梁白泉主编：《吴越文物——中国的灵秀与江南水乡》，第 26 页图版 18，商务印书馆（香港）有限公司，1997 年。

②　上海市文物保管委员会：《崧泽——新石器时代遗址发掘报告》，彩版七·2，文物出版社，1987 年。浙江省文物考古研究所编：《浙江考古新纪元》，第 81 页，科学出版社，2009 年。

③　南京博物院等：《江苏张家港市东山村新石器时代遗址》，《考古》2010 年第 8 期。

④　浙江省文物考古研究所编：《浙江考古新纪元》，第 81 页，科学出版社，2009 年。

⑤　《海盐仙庙台遗址》，浙江省文物考古研究所编《浙江考古新纪元》，第 81 页，科学出版社，2009 年。

⑥　浙江省文物考古研究所：《南河浜——崧泽文化遗址发掘报告》，文物出版社，2005 年。

坟遗址①。

张家港市东山村崧泽文化早中期墓地随葬器物数量多、制作精、成组合，墓坑长达 3 米以上的规模甚大的高等级墓葬频现，且墓葬依规模有明确分区，体现社会结构中已有相当高程度的等级分化，也体现聚落形态中高等级聚落的出现及聚落也已有相当程度的分化②。

与良渚文化前后承袭关系紧密、清晰。除陶器形制的连续演变序列外，海盐仙坛庙遗址有崧泽文化时期筑墓的人工构筑土台一直到良渚文化时期还延续使用的实例。玉石器有同类器的多件随葬，如张家港市东山村 M90 随葬 5 件玉钺③；某些特殊器物摆放位置与良渚文化相同，如桐乡新地里、东山村墓葬东南角出陶缸等埋葬习俗和制度④，都表现出崧泽文化为良渚文化的直接前身。

文化交流频繁，这在崧泽文化高等级遗存中有较多表现。如东山村发掘者从该遗址出土的陶器和玉器等遗物中，分析出太湖东西部之间、太湖地区与西部相邻皖江平原、宁镇地区之间，甚至与黄河中游仰韶文化之间的交流关系⑤。

有学者提出，大汶口文化的陶豆可能受崧泽文化的影响。因为崧泽文化的陶豆比大汶口文化早期的陶豆要发达，而大汶口文化早期的陶豆，形制又特别接近于崧泽文化，如是，则作为大汶口文化陶礼器基本组合成员之一的豆，就有可能是吸收了环太湖流域的因素而变为本文化传统的⑥。说

---

① 曹锦炎：《十年磨一剑——世纪之交的浙江史前考古》（代序），《纪念良渚遗址发现七十周年学术研讨会文集》（浙江省文物考古研究所学刊第八辑），科学出版社，2006 年。

② 南京博物院等：《江苏张家港市东山村新石器时代遗址》，《考古》2010 年第 8 期。

③ 南京博物院等：《江苏张家港市东山村新石器时代遗址》，《考古》2010 年第 8 期，彩版叁·1 与彩版肆·2。

④ 《海盐仙坛庙遗址》，浙江省文物考古研究所编《浙江考古新纪元》，第 80、81 页，科学出版社，2009 年。南京博物院等：《江苏张家港市东山村新石器时代遗址》，《考古》2010 年第 8 期。

⑤ 南京博物院等：《江苏张家港市东山村新石器时代遗址》，《考古》2010 年第 8 期。

⑥ 栾丰实：《大汶口文化与崧泽、良渚文化的关系》，《海岱地区考古研究》，第 149～150 页，山东大学出版社，1997 年。

明文化交流的双向性和先进一方为主的交流趋势在崧泽文化与相邻文化的交流中也有所表现，这应与该文化社会发展阶段走在前列有直接关系。

除了"鼎豆壶"组合以外，还有一些与夏商周三代青铜器和陶器有关的文化因素，如追溯其起源，都可涉及崧泽文化，如陶器中的簋形器、觚形器、觯形器和尊形器；还有石器中已有"风"字形钺和多刃钺的出现等①。

对于崧泽文化不断积累的考古新发现，牟永抗、吴汝祚两位先生从礼制角度加以分析，以为崧泽文化时期礼制有两大变化：一是陶质礼器的增加和开始孕育以玉璧为代表的成组玉礼器，同时还出现了以事神为目的而营造的人工堆筑的祭坛，反映了超越个人祭祀之上的巫术活动的规格和规模；二是礼的功能从单纯的协调人神关系的事以致福的活动，开始转向体现社会地位不同的氏族成员之间人际关系，为良渚文化时期礼制的前奏②。

李伯谦先生则依据苏秉琦先生"古文化古城古国"与"古国—方国—帝国"的观点，直接将崧泽文化及与崧泽文化时间相当的考古文化称为"古国"。他认为，良渚文化、陶寺、河南龙山文化已进入王国阶段，表现为强制性权力的膨胀和暴力的使用，而将凌家滩与仰韶文化晚期的灵宝西坡分别称为"凌家滩古国"与"仰韶古国"。张家港市东山村发现后，他又一次强调：东山村的发现证明"已进入古国阶段"。"良渚文化时期已进入'方国'（王国）阶段。"③

苏秉琦先生是于1985年提出"古文化古城古国"观点的：

"古文化是指原始文化。古城指城乡最初分化意义上的城和镇，而不必专指特定含义的城市。古国指高于部落之上的、稳定的、独立的政治实体。三者应从逻辑的、历史的、发展的关系理解，它们联系起来的新概念是：与社会分工、社会关系分化相应的、区别于一般村落的遗址、墓地在原始社会后期、距今四五千年间或五千年前的若干个地点已找到了线索。再明

---

① 据朱乃诚先生在浙江嘉兴"中国考古学会第十四次年会"小组会上的发言。
② 牟永抗、吴汝祚：《良渚文化的礼制》，《苏秉琦与中国当代考古学》，第678页，科学出版社，2001年。
③ 李伯谦：《文明探源与三代考古论集》，第55~59页，文物出版社，2011年；又见《古代文明研究通讯》总44期，2010年3月和《历史研究》2010年第6期。

确一点说，现在提出把'古文化古城古国'作为当前考古工作的重点与大课题，目的是把原始文化（或史前文化）和中国古城古国联系起来的那一部分加以突出，这将会有利于本学科比较顺利的发展。"①

从这段有关"古文化古城古国"的概括和其他有关论述中，可以了解苏秉琦先生在中国文明起源讨论初始阶段有关"古国"概念和内涵的一些基本思路：

一是从中国考古的实际情况出发，即面对当时各地发现的一批距今四五千年、属于新石器时代晚期的中心遗址和高等级遗迹与遗物，如辽宁牛河梁、山西陶寺、甘肃秦安大地湾、浙江良渚、江汉平原城址群等，对它们代表什么社会发展阶段，不论放在原始社会末期还是文明社会初期，都有个如何定位的问题。对此，苏先生提出的"古文化古城古国"概念，极具针对性。

二是把文明起源视为一个发展过程即由氏族到国家的发展过程来对待——即原始文化与古城、古国三者具有逻辑的、历史的和发展的联系。

三是重视在这一发展过程中的突变——把原始社会和古城古国联系起来的那一部分加以突出，这又集中于距今四五千年或五千年前这一阶段。突变的表现：出现既区别于一般村落，又不必专指如夏商青铜时代及以后的城市的、高于部落之上的、稳定的、独立的政治实体。

四是重视突变的原因，特别是不同区域不同考古文化间交流的推动作用。这从苏先生20世纪60年代对仰韶文化社会变革和80年代对红山文化社会变革的论述中可见。其中，有关各区域间不同考古文化间文化交流在社会变革中的作用的论述最多。除将牛河梁规模宏大的以女神庙为中心包括祭坛和积石冢群的三位一体的宗教祭祀建筑群的出现，视为红山文化与仰韶文化南北之间从接触到碰撞产生的成果并描述了这一南北交流的路线、交汇点以外②；还提出了仰韶文化前后期之间的突变，是与包括环太湖地区

① 苏秉琦：《辽西古文化古城古国——试论当前考古工作重点和大课题》，原载《文物》1986年第8期；后收入《苏秉琦文集》（三），第1~6页，文物出版社，2009年。
② 苏秉琦：《中华文明的新曙光》，原载《东南文化》1988年第5期；后收入《苏秉琦文集》（三），第47~54页，文物出版社，2009年。

在内的东南沿海地区的影响有直接关系的。

这一时期东南沿海地区对中原文化影响加强主要指的是，仰韶文化前后期之间的突变，有靠近东方的豫西地区大于其以西的关中地区的现象，其主要标志是鼎、豆、壶类器物突然出现且连续演变并迅速替代了当地仰韶文化特有的小口尖底瓶和彩陶器，占据了主要地位。造成中原地区这一文化突变的原因，苏先生当时就依据大汶口文化和刘林、大墩子墓地的发现，将视线转向了东方和东南方：

"值得注意的是，在它们的前期，我们很难分辨两者的哪一方对另一方的影响更多一些，两者在文化面貌上的差异是比较大的；而在它们的后期，则显然像是东边对中原的影响要多一些。例如，在东边发现的那种彩陶是很个别的；而在中原所发现的鼎、豆等显然是受东边影响之下产生的东西，不仅已占有相当的比重，而且具有极其相似的型式变化序列，从而大大地缩小了两者在文化面貌上的差异。"[1]

对于东南沿海地区大汶口等文化的鼎、豆等文化因素向中原的传播，这场在东方影响下使中原文化面貌产生重大改变并影响后世的历史事件的意义，苏先生于 1977 年在南京举行的"长江下游新石器时代文化学术讨论会"上，将其提高到东南沿海地区在中国社会历史与民族文化诸特征形成过程中的重要作用的高度，并特别提出：

"它们在这一期间对我国其余人口密集的广大地区的影响、作用是显而易见的。如流行全国广大地区的以'鼎豆壶'组合而成的礼器、祭器就是渊源于这一地区。"[2]

在这里，苏先生于强调"鼎豆壶"组合在东方大汶口等文化影响中原地区仰韶文化所起的"突变"作用时，已经注意到它们与中国传统礼器之间的关系[3]，这已进入文明起源研究领域。

---

[1]　苏秉琦：《关于仰韶文化的若干问题》，《考古学报》1965 年第 1 期。

[2]　苏秉琦：《略谈我国东南沿海地区的新石器时代考古——在"长江下游新石器时代文化学术讨论会"上的一次发言提纲》，原载《文物》1978 年第 3 期；后收入《苏秉琦文集》（二），第 219～221 页，文物出版社，2009 年。

[3]　苏秉琦：《中华文明的新曙光》，原载《东南文化》1988 年第 5 期；后收入《苏秉琦文集》（三），第 47～54 页，文物出版社，2009 年。

　　"古文化古城古国"提出的又一重要意义在于："把古文化古城古国联系起来，以解决当前考古工作如何抓住重点的问题。换句话说，这个提法是把考古学区系类型的理论转化为实践的中心环节。"而实践的重点，就是要在田野工作中注意提高寻找高层次甚至更高层次遗址的意识。

　　苏秉琦先生20世纪80年代有关古文化古城古国的一系列论述，对今天文明起源研究仍有很大启迪。就环太湖地区来说，似可从这一地区史前文化很强的连续发展过程中辨别其突变点和突变阶段，主要是马家浜文化与崧泽文化之间或崧泽文化不同阶段之间；从崧泽文化与周边地区文化交流及其对外的影响，特别是对后世中国传统礼制的形成等具全局意义的持续影响，探究其推动力可能来自于走在前列的崧泽文化自身的社会变革；尤其是寻找高层次甚至最高层次的崧泽文化聚落址，从已发现的崧泽文化诸遗址规格和东山村等地的墓地分化程度看，从崧泽文化已发现的土台建筑址和随葬品所体现的较高程度的礼仪化色彩看，崧泽文化时期聚落分化程度也已达到相当程度，已具备出现最高层次聚落的条件。所以，将寻找崧泽文化高层次甚至最高层次的中心聚落作为下一步工作目标，将会大大推进环太湖地区文明起源特别是古国时代的研究。

　　（原载于《中国考古学会第十四次年会论文集》，文物出版社，2012年）

苏秉琦先生谈"岭南考古开题"

1996 年 1 月 9 日至 2 月 19 日，苏秉琦先生应香港商务印书馆陈万雄总编辑的邀请，赴深圳写作《中国文明起源新探》（以下简称《新探》）一书，我有幸陪同。期间，广东省和深圳市文博部门的同志多次前往看望，邀请先生到广东省博物馆、广州市南越王墓博物馆和深圳市博物馆参观并观摩考古标本。这次南方之行，总使他回忆起 1963 年和 1975 ~ 1976 年在广东工作的那些日子，所以经常谈到南方考古的内容。

离开深圳返京的前一天，他还明确提出"岭南考古开题"的设想："南中国占大半个中国，而岭南考古又同一般的南方有所区别。它向南连着南海诸岛，还可扩大到印度支那半岛，是真正的南方。"他并举客家人在南方的落户和近代华侨既在南洋扎根又形成广义的华人文化圈的事实为例，来比喻这一区域古代文化发展过程中当地文化与外来文化的特殊关系和由此形成的自身区域特色。他还讲到这一设想的目的："南中国一半人口，使用一种图案：圆点，同心圆，方块，雷纹。基本图案统一南中国，是在很短时间内实现的，背景是什么，岭南考古就是追这个根。"

苏秉琦先生较早论述岭南考古是 1977 年 10 月在南京召开的"长江下游新石器时代文化学术讨论会"闭幕式上的一次讲话。一年之后，他的这篇讲话稿提纲（以下简称《提纲》）与另两篇关于岭南考古的文章即《石峡文化初论》（以下简称《初论》）、《关于"几何形印纹陶"——"江南地区印纹陶问题学术讨论会"论文学习笔记》（以下简称《笔记》）于同一年内连续在《文物》和《文物集刊》上发表。那是"文化大革命"刚刚结束，正常工作正在恢复，百废待兴的时期，包括社会科学在内的理论界的思想解放还在酝酿中。以创建具有中国特色的、现代化的中国考古学为奋斗目标的考古学文化区系类型理论却已接近成熟。在这样的学术背景下,苏秉琦先生比较集中地对岭南地区考古加以论述,说明他已把岭南作为他建立考古学文化区系类型理论的一个重要试点,也是他探索中华统一多民族国家形成的一个重要试点。"以鄱阳湖—珠江三角洲为中轴的南方"作为他所划分的六大考古文化区系之一,就是在这一研究过程中逐步形成的。从鄱阳湖经赣江到广东北江地区作为东南地区几何形印纹陶分布的核心与枢纽,特征鲜明、有发展演变线索的石峡文化作为探索岭南地区从原始社会到秦汉以前社会文化发展的一把钥匙,则成为确立这一区系的主要依据。

分区是区域考古研究的基础。苏秉琦先生较早察觉到广东地区考古文化的复杂性,从而认识到分区对于认识广东地区考古文化的重要性。尽管二十多年前这方面的材料零散而不足,他仍然"在整理石峡遗址材料的同时,有重点地、尽可能全面地将历年工作成果和馆藏有关资料检查一遍,把它们联系起来"(《初论》),对广东地区考古文化的分区加以初步概括:

"在广东省内的不同地区间又有较大差异。例如:在石峡中、上文化层以及附近曲江境内几处同类遗址(龙归葡萄山、周田月岭、马坝肖屋山等)中均出有原始型石戈(无栏)和靴式青铜钺(现在只在石峡一处发现);汕头地区饶平则出有与中原商代铜戈颇为相似的石(或玉)戈,还出过近似原始型的铜戈;在梅县、惠阳出的石戈形制相当特殊;至于西江流域几座墓葬中的青铜兵器,主要是一种带有地方色彩的矛。值得注意的是,在珠江三角洲地区,迄今还没有发现早到战国以前的青铜器。这说明广东境内几个大的地区之间,这一时期的文化发展是相当复杂的。"(《初论》)

虽然此后广东地区的考古分区又不断有了一些新的认识,但苏先生是在正式提出考古学文化区系类型理论之前就对广东地区的考古文化加以分区,是充分意识到分区在广东地区考古文化研究中的迫切性。这次在深圳,他又多次讲到广东考古文化"分块"问题:"广东东西南北中,区别明显。西江流域、潮汕地区、南珠江三角洲,北就是石峡,集中到中即韩江流域的梅县是中心,它正好在客家人南移路线上,这里是四方的交通中心。"

史前文化作为区域文化的源头,是考古学文化区系类型理论的立足点,所以岭南地区的史前文化也是先生特别关注的课题。20 世纪 70 年代中期,当他先从捎来的口信和书信上、后在考古工地接触到石峡遗址的发掘材料时，兴奋之情溢于言表，"突出的是，它不同于我们过去所接触过的岭南地区的考古材料，让人感到新鲜、重要"。（《初论》）于是于1975年秋冬之际赴广东，同石峡遗址的发掘者杨式挺、朱非素等一起，对这批资料进行了整理，并做了大量包括绘图在内的笔记。从南方返京的隔年，先生在积极建议公布石峡遗址发掘材料的同时，撰写了论文，这就是《石峡文化初论》与石峡遗址发掘简报同时在《文物》1978年第3期上发表的背景。在这篇文章和当年他所撰写的其他有关文章中，先生主要通过石峡文化及其与周边其他文化的比较，对岭南先秦时期考古文化的分区、分期、文化特征、发展过程、社会发展阶段以及文化关系进行了较全面的阐述，而又十分强调石峡文化的自身特征，并从考古文化的动态发展过程，将石峡文化的特征归纳为三点：

1. 印纹陶，它不仅是石峡遗址下层整个时期的特征之一，还可以追溯到更早的时期。

2. 石器中的有肩石锛、镬类，也可以追溯到更早的时期；亚腰（两侧呈缓凹弧线）斧、钺类石器比较普遍，出现时间较早，发展过程比较清楚。

3. 陶器中的鼎以平底盘式为主，盘类器圈足与三足共用（《初论》）。

这次在深圳，他对石峡文化仍然是如数家珍，将其文化特征简略地概括为：石峡文化的陶器组合是"盘鼎盘，豆盘豆，盘上以盘作盖，鼎反过来也像盘，盖反过来也是盘，平底鼎反过来也是盘"。认为："这同北方无关，有自己特征，东南亚也有，但已有了质的变化。与长江流域也不是一回事。"并多次提到形成这一地方特征与适应当地自然环境的生产技术发展有关："使用大批近似现代十字镐的石器，适于在红土壤开山深挖用。"

区域文化平行互动，是考古学文化区系类型理论的精髓所在。岭南地区在中国文化起源与文明起源过程中，具有同样的地位和作用。

关于区域文化之间的比较，在20世纪70年代末到80年代初各个区域的考古工作蓬勃开展、资料大量积累的时候，苏秉琦先生曾告诫说："它们之间的互相影响、作用应该重视，但总是第二位的。第一位的还是它们各自如何发展的。"（《提纲》）当各区域考古文化序列初步建立起来以后，先生又不失时机地引导大家重视区域之间的比较和相互关系。对从江西北部到广东北部这一区域，先生亲手示范，从普遍存在的几何形印纹陶入手，将这一区域从距今 6000 年左右到距今 4000 年左右的考古文化分为三个发展阶段，并比较了几何印纹陶在东南地区和中原地区出现时间的相似性和东南地区远优于中原地区的连续性。在此基础上，他明确表达了岭南古文化与中原古文化同步发展的观点："从江西北部到广东北部地区，从原始社会到阶级社会的过渡，同我国其他文化最发达地区相比，可以说步调是大体一致的。"（《笔记》）"突出的是约当春秋战国之际和战国时代，江西北部从初见铁制工具，到铁器推广应用到制作生活器皿、兵器的同时，几何形印纹陶则简化到以'米'字纹为主，方格纹变为细小方格以至类似布纹。这一现象，一则反映这一地区当时社会经济文化发展水平同中原不相上下，再则说明东南几省恰在这时期几乎全部流行'几何形印纹陶'。我们不妨说，远溯到从新石器晚期或原始公社氏族制刚刚开始解体过程的时候起，在各个不同的社会发展阶段，南北之间不断发展的经济文化交流，互相影响、互相渗透的情况，到这时候（战国时代）更前进了一步，已为此后秦汉时代实现的政治上的统一多民族国家奠定了基础。"（《笔记》）

　　与此同时，他已敏锐地分辨出某些重要文化因素在岭南地区出现可能较早，从而表现出某种先进性："韶关地区和汕头地区出土的石戈，从最原始的无阑戈到有阑戈，其发生发展的过程是中原所没有见到的。"（《关于考古学文化的区系类型问题》）

　　这次在深圳，他又反复强调：岭南与中原，时代平行，性质不一样。周人对"南国"有认识，首先看到岭南人不是野蛮人，与中原文化相互补充，一下子就可联系起来。先生尤其强调石峡文化的作用："石峡虽小，干系甚大。""它如一扇窗口，向北看着中原，向南看到岭南，是一片新天地。只是中原，影响没那么大，有了石峡，才敢讲岭南'更加郁郁葱葱'。"

　　探索统一多民族国家的形成，是提出考古学文化区系类型理论的主要目的之一。关于秦对岭南的统一过程，苏秉琦先生特别重视广州出土的 700 多座汉墓所反映的汉文化南下与当地文化的关系。他曾经以这批材料为例分析："广州附近发掘的大批秦、汉时期的墓葬材料，连续约四百年，而从考古学文化面貌上反映出的突出转折点是在两汉之际。我们看到，前半段的面貌是以土著文化因素为主（如瓿壶），但渗进了一部分中原因素（如钱币、印章）；后半段的文化因素则基本与中原类似，只是还保留了若干当地传统的因素（如干栏式陶仓明器）。这种现象或可说明，秦人开创的统一事业，大约经过了好几百年的时间才真正巩固下来。"以为这是考古工作者"去思考一般史学工作者不易注意的问题"。（《建国以来中国考古学的发展——在北京市历史学会、中国历史博物馆举办的"纪念中国共产党成立六十周年报告会"上的讲话》）这次在深圳，先生又多次谈到这方面的内容："总的趋势是以当地文化为主和汉文化的地方化。其中前半段，即武帝及武帝以前，是北人地方化，传统是当地历史文化，具西汉特点，但是地方化的西汉特点，不是中原明器，仓房是广州人的仓楼。武帝后地方人汉化，表现如干栏式仓房。南越王国是地方化国家，官是汉朝封的，政治文化是地方自己创造的。诸越之间大同小异，民族文化并不一样。"还进一步强调了地方文化在统一过程中的作用。

　　对岭南地区文明起源的论述，是苏秉琦先生在《石峡文化初论》一文中最精彩的一部分。他从石峡文化与前石峡文化在遗址分布地理位置从上游的水源地移到干流的岗丘，石铲等由笨重到轻便锐利所反映的生产工具加工技术的进步的比较中，分析出"生产技术的发展中既可以看到这种社会经济形态存在的条件，又可以从石峡文化早期阶段的随葬品出现差异中，看到人与人之间的平等关系在发生变化，反映出原始公社制解体过程的开始"。到石峡文化前期，农用工具多样化，专用木工工具与多种型号的石镞以及玉、石类饰品的出现，出现全轮制小型陶钵和陶器印纹的多样化，以及随葬多种木工专用工具的主人在墓制与随葬品方面，均比同时期其他墓葬为突出等，说明"手工业至少已部分地从农业中分化出来，成为独立的生产部门。而这种掌握一定专门技术的手工业者在氏族中享有比其他成员更突出的地位。随着分工与交换的发展，出现私有制、财富分配及社会关系的不平等"。再到石峡文化后期，社会、经济变化更为显著，外来形制的陶器、专用兵器和琮一类特殊用途的器物出现，墓葬形制与随葬品种类分化更加明显，形成集中随葬大量兵器与生产工具以及象征墓主人具有特殊地位的钺与琮及其他贵重物品的墓，与只随葬少量生产工具和陶器而无任何兵器及贵重物品的墓之间显著的等级分化，出现了类似阶级社会的"士""庶"之分："生产手段与财富集中于少数人之手，与暴力手段的垄断相结合，这是阶级社会的特征。社会分裂为剥削者与被剥削者、压迫者与被压

迫者的条件已初步具备，原始社会到了最后阶段。"（《初论》）

关于中国文明起源的讨论，是从 20 世纪 80 年代中期开展起来的。此前的酝酿过程虽有辽西地区的东山嘴与牛河梁、甘肃省的大地湾、晋南的陶寺、浙江的良渚等史前遗址的考古新发现为契机，但苏秉琦先生对石峡文化社会发展阶段的论述，大概是这一时期有关文明起源论述最早、也是较系统的一次。关于中国文明起源的讨论，苏秉琦先生从一开始就反对在文明的概念上兜圈子，也不赞成为文明起源预设什么标准，而是倡导从实际考古材料入手进行分析，得出有根有据令人信服的观点。同时，他又主张把文明起源作为一个动态的发展过程看待。先生对石峡文化社会发展阶段既细致入微又高度概括的分析，就是一个范例。这次在深圳写作《中国文明起源新探》一书谈到"阶级产生于分工"时，他又多次举石峡为例，以为石峡的现象具普遍意义："前述距今四五千年的石峡文化，以属于军事首领、祭司和工匠的墓葬出现为标志，氏族制度在瓦解。不过这三类人出现有一过程，不是齐步走，是有先有后的，具有锛、斧、镶等成套木工工具的墓出现较早，说明百工、工匠是最先分化出来的。'阶级起源于分工'，文明起源应从社会分工说起。"（《新探》）

"秦汉设郡的地方大都是古国的所在"，这是苏秉琦先生对中国文明起源系统论述（即"古文化古城古国"、"古国—方国—帝国"三部曲和"原生型、次生型、续生型"三模式）中的一个引人注目的新鲜观点，这在《中国文明起源新探》一书中有很多发挥。岭南是先生阐述这一观点时所列举的典型例证之一：

"岭南有自己的夏商周，是秦统一的基础。南越不是后来产生的，秦汉设郡以前是古国和方国。东江、西江都有有古城的大遗址。春秋战国看到的国家都很早，包括秦汉设郡的地方。印度支那半岛也一样。"

这里需要特别提到的是，苏秉琦先生在 1985 年提出"古文化古城古国"时，曾一再强调是把它作为考古学文化区系类型理论转化为田野考古实践的一个中心环节来对待的。此后各地在寻找史前古国时已不断有这方面的体会，即秦汉设郡的大遗址（古城）有可能就是当地古国的所在，这对在岭南地区寻找早期古国会有所启示。可喜的是，新近在东江流域博罗横岭山发掘青铜时代墓群时，发掘者已注意到运用苏先生的这一观点思考岭南古国的存在（国家文物局编：《2000 中国重要考古发现》）。

《中国文明起源新探》一书，以"双接轨"为结束语，其中接轨之一就是中国考古学与世界的接轨。"世界的中国考古学"，是苏先生晚年学术思想升华的一个重要标志。这是他在 1992 年河北石家庄召开的第四次"环渤海考古会"上正式提出的。其实，早在 1977 年"长江下游新石器时代文化学术讨论会"上的那次发言中，他就论述过岭南地区与南洋诸岛的关系，这可以说是苏秉琦先生从世界范围思考中国考古学较早的一次。当时他提出："那里（韶关地区）的工作不仅仅从我国全局来看是重要的，它像位于南岭山脉中间、可以透视南北的一个窗口，沟通南北的一个门户，还为我们探索我国古代与印度支那半岛甚至南太平洋地区的关系问题找到一把钥匙。"（《提纲》）"在南方地区，有段石器的分布地域可以延伸到南太平洋、新西兰；而几何印纹陶的分布地域则遍及整个东南亚地区。"（《关于考古学文化的区系类型问题》）这次在深圳，可能是临近海洋的环境触发了他的灵感，使他的思维也有如大海那般开阔：

"中国东半部史前文化与东亚、东南亚乃至环太平洋文化圈的广泛联系突出表现为，有段石锛以及作为饕餮纹祖型的夸张、突出眼睛部位的神人兽面纹的艺术风格等因素，与环太平洋诸文化中同类因素可能有源流关系。从岭南到南太平洋诸岛，海流、季候风有规律性变化，海岛是基地，独木舟就可飘过去，一年可往返一次，交流的机会很多，直到新西兰岛。中国中、西南地区与印度次大陆的关系以岭南到云贵高原的有肩石器（斧、铲）为典型，有肩石器的分布到印度河为界，在那里与印欧语系诸文化因素衔接。"（《新探》）

以上可见，苏秉琦先生在他学术生涯的终极提出"岭南考古开题"，既是"以鄱阳湖—珠江三角洲为中轴的南方"区系研究的继续，更是从"世界的中国考古学"角度提出的一个新课题。走向世界的中国考古学，是 21 世纪中国考古学的发展方向，广东和南方各地同行们近年来在这方面取得的丰硕成果，已展现出岭南地区在其中所占有的举足轻重的地位，我想，这也是苏秉琦先生所殷切期望的。

（原载于广东省文物考古研究所等编《华南考古》第一辑，文物出版社，2004 年）

一首诗与半部史

——记苏秉琦先生关于中国文明起源的一段研究历程

从 20 世纪 80 年代中期起，随着考古学文化区系类型理论指导下各地区考古发现和研究的迅速开展，特别是随着辽宁西部山区东山嘴、牛河梁红山文化祭坛、女神庙、积石冢和龙形玉以及甘肃秦安大地湾坐落在"坞壁式"聚落中心的"殿堂式"大房子、良渚文化土筑大墓墓地和玉器群等的发现与报道，一场关于中国文明起源的讨论在学术界掀起。当时，讨论较多地集中在文明起源的标准和进入文明社会的具体时间上，苏秉琦先生则主张不必在概念上过多纠缠。

那么，他此时在思考什么问题呢？

1985 年 11 月，苏秉琦先生在山西省侯马举行的"晋文化讨论会"上，以一首《晋文化颂》的四句诗为纲做"晋文化问题"的学术报告：

华山玫瑰燕山龙，

大青山下斝与瓮。

汾河湾旁磬和鼓，

夏商周及晋文公。

这首诗从字面上看，是以对当时从中原到北方地区与文明起源有关的考古发现，分为距今 5000 年前、距今 5000 年后、距今 4000 年后这三个大的时期所做的系统而形象的概括，以此作为晋文化形成的历史背景，其实际所要表达的含义是，以北方与中原经晋中南的文化关系为重点，将辽西、三北（冀北、晋北、陕北和内蒙古中南部）、晋中南和中原连成一线，以突出晋文化的枢纽地位。原来他正在思考的问题，是从区间考古文化的相互关系进一步探索中国文明的起源，这已涉及文明起源的动力和机制问题了。

一年以后，他在辽宁省兴城所做的"文化与文明"的学术报告中，主要从中原与北方史前文化及其相互关系中，归纳出文明起源的三种形式：裂变、碰撞与融合。

对这首诗含义的更深层次的解释，体现在 1986 年底苏先生应《中国建设》编辑之邀所撰写的《华人·龙的传人·中国人——考古寻根记》（以下简称《寻根记》）一文中。这篇文章从题目上就可以看出，是从考古学上追溯中华文化的根，而通篇内容则基本是以这四句诗为纲，进行考古与历史有机结合的尝试，以达到逐步复原五帝时代历史的目的。

这是一篇不到 2000 字的短文，却凝聚了先生多年在思考的问题。1978年，在他的建议下，河北省文物研究所与吉林大学合作，于桑干河上游的蔚县壶流河流域选点发掘，在三关等遗址发现了仰韶文化庙底沟类型彩陶与红山文化彩陶共出的现象。先生对此十分重视，两件标本被送到北京，他揣摩了很长一段时间。1982 年蔚县三关考古工地座谈会上，先生称张家口是中原与北方古文化接触的"三岔口"，又是北方与中原文化交流的双向通路。会上得知东山嘴红山文化祭坛遗址的发现，他已预感到辽西是一个解决长城地带古文化关系问题很有希望的地区。次年由辽宁朝阳考古座谈会促成的牛河梁女神庙、积石冢和玉雕龙的发现，更使他兴奋不已。1985年秋他在辽宁兴城做"辽西古文化古城古国"的讲演，以为红山文化的社会发展已产生了"基于公社又凌驾于公社之上的高一级的社会组织形式"。所以，《寻根记》文章一开头，先生就开门见山地把一向被认为是中原文化区衍生支系的北方文化区与中原文化区并立，与中原文化区一起，共同作为寻找中华古文化渊源的依据：源于渭河流域的仰韶文化与源于大凌河流域的红山文化，是中国古文化的两个重要区系，它们都有自己的根（祖先）、自己的标志。仰韶文化的标志是玫瑰花，而红山文化的标志是龙或龙鳞纹。它们产生的时间同步，条件相似，"这件事实本身就意味着文明的曙光已经出现在东亚大陆了"。

当然，苏秉琦先生更为重视的，是仰韶文化与红山文化的结合。在1985 年秋的侯马"晋文化讨论会"上，他首次提出红山文化坛庙冢就是仰韶文化庙底沟类型与红山文化"碰撞"的结果，即"华山玫瑰燕山龙"。在《寻根记》一文的第一节里，先生根据蔚县三关的发现，指出这两支文化的对接点就在桑干河上游，其后果是产生了以龙纹和花结合的图案彩陶为主要特征的新的文化群体："红山文化的祭坛、女神庙和积石冢群等可以看作是以龙和华（花）为象征的两个不同文化传统的共同体结合到一起，从而迸发出文明'火花'。"在这篇文章里，先生称红山文化中与玉雕猪龙共存的勾云形玉佩为"玉雕玫瑰"，就是以为它是南北两支文化结合在红山文化玉器上的反映。以后他对这一南北结合的后果有更深的思考，认为这与中华传统文化的初现有直接关系："坛的平面图前部像北京天坛的圜丘，后部像北京天坛的祈年殿方基；庙的彩塑神像的眼球使用玉石质镶填与我国传统彩塑技法一致；冢的结构与后世帝王陵墓相似；龙与花的结合会使人自然联想到我们今天的自称'华人'和'龙的传人'。"（《象征中华的辽宁重大文化史迹》）所以，"当仰韶与红山一旦进一步结合起来，中国文化史面貌为之一新"（《纪念仰韶村遗址发现六十五周年》代序言）。

　　第二节从鬲的起源讲起。这是一个使考古学者长期感到困惑的问题。安特生曾提出是三个小口尖底瓶的下部合并组成三袋足器，但只是一种推测。苏秉琦先生从20世纪40年代研究瓦鬲时起，就一直注视着从考古学上找到三袋足器起源的实证。1982年和1984年，他终于在河北蔚县筛子绫罗龙山文化遗址较早单位和内蒙古河曲地区的准格尔旗仰韶文化末期到龙山文化遗址里找到了有关标本：一是末期小口尖底瓶与早期三袋足器——尖圆底腹斝，细部变化一致，即内壁都有纵折皱，外壁形状相似，且底部都有实心乳突，说明它们曾交错共存；一是河套地区的土著文化有蛋形瓮向三足蛋形瓮演变的完整演变序列，由此先生形成了"距今五千年后，源于仰韶文化的尖底瓶与源于河曲地区的蛋形瓮结合，诱发了三袋足器的诞生"的观点，从而以为三袋足器这一"中华古文化的标准化石"的起源，不在中原，而在内蒙古河曲地区，即"大青山下斝与瓮"。他又联想到甲骨文中属干支系列的"丙"和"酉"字，它们分别作"∇""⅄"和"⅄"，就是这两种器物的象形字。"这三个象形字的创造者只能是模仿他们亲眼看到、生活中实际使用的器物形态。因此，甲骨文虽出自晚期商代人们之手，它们却为我们留下中国文字初创时期的物证。"这就以逻辑推理的方法，把鬲的起源与文字的起源，也就是与文明起源的具体进程联系起来。"这项线索的重要意义是：把源于中原的仰韶文化更加明确无误地同青铜时代的鬲类器挂起了钩。"也引起了整个中原直至长江中下游发生了大规模、大幅度文化面貌的转变，出现鬹鬲袋足器、篮纹陶、朱绘陶、方格纹陶等新因素，即龙山时代已经到来，而内蒙古河套地区则为中原地区距今5000年之后这一巨变的"风源"所在。所以，先生将这一节的标题起作"历史的转折"。

陶寺遗址被普遍认为是中原文明起源最重要的证据，并多与古史传说的陶唐氏遗迹相联系。苏秉琦先生则更重视陶寺遗址的多源性。在文章第三节中，先生称陶寺人"使用的具有明显特征的器物群，包括源于仰韶文化小口尖底瓶的鬹，到真正鬲出现前的完整序列，源于红山文化的朱绘龙纹陶盆，源于长江下游太湖地区良渚文化的一种'∠'形石推刀，反映它们的文化面貌已具备从燕山以北到长江以南广大地域的综合体性质"。并将这一由四周向中原汇聚的考古现象，与文献记载的尧舜禹以晋南为活动中心、舜继帝位要"之中国"的轨迹相对应，即后人解释的"帝王所都为中，故曰中国"。以为这时所形成的"中国"，是观念形态的中国，即"共识的中国"，此后夏、商、周三代有"普天之下，莫非王土；率土之滨，莫非王臣"的政治理想，那是"理想的中国"，又经各诸侯国的"逐鹿中原"，到秦统一时才最终把理想变为现实，实现了"现实的中国"。而晋南作为南北古文化交汇的枢纽，处于"逐鹿中原"这个大政治旋涡的边缘，社会生活比较稳定，经济文化比较发达，且保留了远自7000年前到距今2000年前的文化传统，从而为秦的统一事业起过"铺垫"的作用。所以，文章称晋南为中华民族化总根系中的"直根"，并以此作为全文的结束语。以后，先生又将从关中经汾水，在晋北与河套连接，向东北经桑干河到辽西，再折回到晋南形成的"Y"形的文化带，称为"中华文化总根系中的直根系"。

在这里，苏秉琦先生是把探索中国文明起源与寻找中华文化的根和中华一统的形成三者结合起来进行研究的。而根本目的，在于从考古学上复原五帝时代的历史。"当我们提出，从华山脚下延伸到大凌河流域和河套地区，再南下到晋南，这一古文化活动交流的路线时，我们并没有引《五帝本纪》，但却与《史记》记载相同，我们是从考古学角度提出自己的观点，再去对照历史传说，就可以相互印证，这不是生搬硬套的比附，而是有机的结合。多少年来梦寐以求的历史与考古的结合终于找到了一条理想的通路。"（《文化与文明》）

《寻根记》一文先在《中国建设》1987年第9期刊登，同年由《新华文摘》第11期转载后，立即被选为1988年高等学校入学考试语文阅读题，一时有200多万莘莘学子在同时阅读一篇考古文章。有专文分析，意外地选择这样一篇考古文章作为高考语文阅读题的原因，在于它"内容的科学性，语言的准确性和阐述的逻辑性"（《光明日报》1988年8月17日）。显然，社会已对考古学科取得的这一新成果给予了相当程度的认可。

复原五帝时代的历史，是几代历史考古学家不懈追求的理想，却又因疑古与信古之争而成为一个十分敏感的领域。苏秉琦先生从他几十年的学术生涯中体会到，复原五帝时代的历史，最终要靠考古学，对此，考古工作者不能因为忙于整理考古材料而有所淡忘，而要时刻意识到这是义不容辞的社会责任。苏先生自己则已将这种强烈的使命感贯注到反复的实践—理论—再实践—再认识过程中，研究成果虽有些出人意料，却有根有据。此后，苏秉琦先生又多次对史前考古与古史有关五帝时代的记载做过简略但有说服力的比照分析。主要有：《史记》从五帝本纪开始，以前的历史只字不提，可能说明五帝实有其人其事，而三皇的说法应属后人对荒远古代的一种推想；以黄帝、颛顼、帝喾、尧、舜为五帝，可能是这几个人的事迹比较可信，但不是千古一系，情况比较复杂；五帝时代的下限是龙山时代，而上限应不早于仰韶时代后期；五帝时代可分为两大阶段，黄帝至尧以前是第一阶段，尧及其以后是第二阶段。仰韶时代与龙山时代之间确实有一个明显的变化，可能使文献记载与考古学文化相对照。"华山一个根，泰山一个根，北方一个根，三个根在陶寺结合，这就是五帝时代的中国。"（《现阶段的烟台考古》，1987年）

中国文明探源从20世纪80年代中期开展以来，已经历了二十余年，直至跨进21世纪，势头仍持续不衰，这当然是因为寻找中华五千年文明史的实证和五帝时代代表人物的踪迹，是牵动亿万中华儿女人心的大事，引起社会关注并积极向学术界反馈，成为这场讨论的一个推动力，其实，这也同考古发现和研究成果不断为讨论注入新的活力有很大关系。特别是苏秉琦先生，在他学术生涯的最后几年，连续提出了"重建中国史前史"的号召和中国国家起源"三部曲"（古国—方国—帝国）与"三模式"（原生型、次生型与续生型）的系统观点，在学术界和社会上都引起很大的反响，也使他始终处于这一讨论的前沿。

今天回顾苏秉琦先生研究中国文明起源的这段历程，重温苏先生的观点，我们不能回避这样一个问题，那就是，如何在苏秉琦先生研究成果的基础上，明确方向，将中国文明起源的研究和复原五帝时代的历史，向更广阔的范围和更深的层次推进。

（原载于《中国文物报》2004 年 10 月 8 日）

从"三岔口"到"Y"形文化带

——重温苏秉琦先生关于中华文化与文明起源的一段论述

"三岔口"和"Y"形文化带,是苏秉琦先生对中原与北方这南北两大文化区从史前到商周时期古文化发展及其间相互关系的形象比喻,也是苏先生在论述从考古学文化区系类型到中国文化起源和文明起源的一个重点所在。

一

"三岔口"指的是河北省西北部张家口地区在北方地区商以前古文化发展中的位置和作用:"所谓'三岔口',指的是它东北方的辽西地区,红山文化—夏家店下层文化为一方;它西南方的'仰韶文化(庙底沟类型)—夏商文化'为一方;它西方的'河套地区新石器文化—青铜文化'为另一方。"① 三方的文化因素在张家口地区"碰头"。

这一概念是1982年苏秉琦先生在河北省蔚县三关考古工地举行的考古座谈会上形成的。1984年在呼和浩特市召开的考古座谈会上,苏先生又对这一概念做了较为系统的阐述。

当时的形势是,苏先生关于考古学文化区系类型的文章刚刚发表,这一理论所要达到的"为探索十亿中国人、56个民族是如何凝聚在一起的"的学术目标,在全国考古工作者的响应下,正在从理论和实践上迅速深入。

---

① 苏秉琦:《谈"晋文化"考古》,《文物与考古论集》,第48页,文物出版社,1986年。

苏先生则将以燕山南北长城地带为重心的北方地区作为突破口。在苏先生的建议下，从 1978 年起，吉林大学与河北省文物研究所合作，选择河北省西北部张家口地区的桑干河上游进行发掘，发现北方文化因素与中原文化因素在这里共存，达到预想效果。与此同时，在燕山南北长城地带的各个区域也都有出人意料的考古发现，如辽西和内蒙古东南地区，在提出两种新石器文化（红山文化和富河文化）与两种青铜文化（夏家店下层文化和夏家店上层文化）的基础上，又在普查中发现密集而有规律分布的夏家店下层文化遗址群，特别是在敖汉旗大甸子发掘到该文化随葬彩绘陶器的集中分布的大型墓地，夏家店下层文化还在燕文化分布中心的燕山以南地区多次出现，该文化与其他青铜文化间既有先后也有交错的情况，可能破解燕文化形成之谜。与此同时，内蒙古中南部的新石器文化和青铜文化也表现出多样性，更有青铜出现较早的迹象。于是在苏先生的倡议下，在三关遗址的考古现场召开研讨会。参会的学者，都是在燕山南北长城地带第一线工作或研究课题与这一地带关系密切的人员，大家边看标本边议论，不提交论文，却因为有共同的课题，而有深入的讨论，并带着会议取得的收获，回到各自的工地指导工作。

就是在这次会上，苏先生在观摩了三关遗址出土的仰韶文化和红山文化彩陶和筛子绫罗遗址出土的龙山文化袋足器标本后说：

"经过初步排比，相当六千年前后遗迹中，至少我们可以初步判断含有红山文化、庙底沟类型仰韶文化和以安阳后冈下层为代表的仰韶文化等几种特征因素交汇在一起。"实例是"龙鳞纹与花卉图案彩陶的共生现象"。"在筛子绫罗早期单位中发现的一些特殊现象，袋足器的主体（腹）类似尖底器，有些袋足里壁有纵折绉（这是小口尖底瓶末期制作痕迹的一种特征）。这类遗迹中袋足器是常见物，发展演化幅度不超过从鬲类到鬶式鬲范围。对我们探索燕北地区夏家店下层文化鬲鬲类器渊源总算找到一种可能来路。"[①]

由此他提出张家口地区是辽西、中原与河套三个地区三种不同渊源古

---

① 苏秉琦：《燕山南北长城地带考古工作的新进展——1984 年 8 月在内蒙古西部地区原始文化座谈会上的报告提纲》，《内蒙古文物考古》第 4 期。

文化的交汇点的概念:"其一,源于陕西华山脚下的成熟阶段的庙底沟类型两种特征因素——双唇小口尖底瓶和玫瑰花图案彩陶,在这里延续到它们的后期阶段中止了。其平面分布的东北向范围也到此止步。其二,源于辽西(老哈河与大凌河流域)的'红山文化—夏家店下层文化'的特征因素——鳞纹图案彩陶——彩绘罍、甂类陶器等,从东北向西南,经过冀西北部,延伸到太行山脚下的拒马河、滹沱河流域(石家庄一带)。其三,源于河套一带的蛋形瓮、三足蛋形瓮等,自西而东分布延伸,大致到此为止。"① 结论是:"张家口是中原与北方古文化接触的'三岔口',又是北方与中原文化交流的双向通道。"②

"三岔口"概念的提出,是"燕山南北长城地带考古"课题研究的开始。此后不久,在辽宁西部山区东山嘴与牛河梁发现了红山文化"坛庙冢"遗址群,在内蒙古中南部地区鉴别出更为典型的原始型三袋足器起源系列,这意味着从"三岔口"分别向东部和西部延伸,已可以找到与这一文化交汇的后果和来源有关的线索。北方地区取得的这些研究成果,促成了对中原文化形成和发展研究的新思路。在1985年11月于山西省侯马举行的"晋文化讨论会"上,苏秉琦先生提出晋文化的性质不仅仅是中原文化的一部分,还是中原文化与北方文化交流的枢纽,这就将辽西、冀北与晋北,通过晋中南与中原联系起来,于是一条反映古文化移动路线和相互关系的"Y"形文化带显示出来。

在这次侯马晋文化会上,苏先生还以一首《晋文化颂》为这条"Y"形文化带做了形象的注解:

　　华山玫瑰燕山龙,

　　大青山下斝与瓮。

　　汾河湾旁磬和鼓,

　　夏商周及晋文公。

这首诗将当时从中原到北方地区与文明起源有关的考古发现,分为距

① 苏秉琦:《谈"晋文化"考古》,《文物与考古论集》,第48页,文物出版社,1986年。

② 苏秉琦:《蔚县三关考古工地座谈会讲话要点》,《华人·龙的传人·中国人——考古寻根记》,第8页,辽宁大学出版社,1989年。

今5000年前、距今5000年后、距今4000年后这三个大的时期，揭示出一条从中原经太行山北上，与从大凌河越燕山南下，在张家口地区桑干河上游相遇，又北上到辽西，再折回到桑干河上游与内蒙古中南部古文化会合，再南下到达晋南陶寺的文化移动路线。按苏先生的原意，这首诗的落脚点是晋文化渊源，核心部分则是燕山南北地区的新发现①。

可见，"Y"形文化带可以视为"三岔口"的延伸和发展，但又远非如此，前者与后者比较，不仅是地域的扩大，尤其在内容上有很大深入，那就是从考古学上寻找中华文化与文明的起源。所以，这两个概念虽然是1982年到1986年这几年间提出的，但今天重温仍具指导意义。

二

探索中国文化起源和文明起源，寻找史前考古与古史传说的结合点，是几代历史考古学家为之奋斗的目标。苏秉琦先生立足考古实践，更寻求理论上的突破。他不局限于在一贯被视为中华民族摇篮的中原地区进行这一课题的研究，而是将这一重大课题的重点，放在了中原以外地区，特别是燕山南北长城地带为重心的北方地区以及北方地区与中原地区的关系上。

这又可以从几个层次理解。

一是从考古学文化区系类型观点看，北方文化区与中原文化区是平行发展的两个区系，而并非前者为后者的"衍生"支系。这是首次提出被视为边疆地区的北方与中原地区文化发展同步性的观点。这一观点当然是建立在中原和北方各自年代序列清晰、相互有所对应的基础上的。更重要的是，根据考古学文化区系类型理论，各大考古文化区诸考古文化的发展大都是同步或大致同步的，影响是相互的。但同步并不等于对等，它们的发展又是有先有后的，影响也不是对等的，而是有主有次的。某些先进文化因素最初在中原以外地区出现并对中原产生影响的现象屡见不鲜。中原地

---

① 苏秉琦：《谈"晋文化"考古》，《文物与考古论集》，第48页，文物出版社，1986年；《晋文化问题——在晋文化研究会上的发言（要点）》，《华人·龙的传人·中国人——考古寻根记》，第17～21页，辽宁大学出版社，1989年；《中华文明的新曙光》，《东南文化》1988年第5期。

区与周围地区文化交流的关系，不是像光和热那样由中原向四周放射，而是如车辐聚于车毂那样由四周向中原汇聚。北方地区与中原地区的关系更是如此。以后他又提出，在中国文明起源过程中，北方地区的某些地域如西辽河流域甚至"先走一步"①。这些观点都和传统史学一向认为"黄河是中华民族的摇篮"的论点有着明显差异。

二是把文化交汇视为文明起源的一个原动力。生产力发展是社会发展的动力，也并非单一，在不同的阶段和地区，又可能各有特点和侧重，在考古学上的表现形式也会各有不同和各有自身规律。就"Y"形文化带看，由南北交汇到西北与东南交汇，大致可以分作两个阶段和两种形式：红山文化与仰韶文化的交汇在先（距今五六千年间），交汇的形式是"碰撞"，后果是象征中华五千年文明的红山文化"坛庙冢"在辽西地区的出现；源于仰韶文化的小口尖底瓶与源于河曲地区的蛋形瓮结合在后（距今 5000 年前后），交汇的形式是"融合"，后果是诱发三袋足器的诞生，并促成西北与东南更大范围的交汇和龙山时代的出现。先后两个阶段的文化交汇方向有所变化，共同促成了各地文明的形成②。

三是中华文化的起源。此为从"三岔口"和"Y"形文化带这一概念的核心，这在距今 5000 年前后的两大阶段都有典型的表现：距今 5000 年前的仰韶文化晚期与红山文化的南北交汇，促使中华文化的传统初现：牛河梁红山文化遗址"坛的平面图前部像北京天坛的圜丘，后部像北京天坛的祈年殿方基；庙的彩塑神像的眼球使用玉石质镶嵌与我国传统彩塑技法一致；冢的结构与后世帝王陵墓相似；龙与花的结合会使人自然联想到我们今天的自称'华人'和'龙的传人'。发生在距今五千年前或五六千年间的历史转折，它的光芒所披之广，延续时间之长是个奇迹"③。距今 5000 年后的河套文化与中原文化的西北与东南交汇出现的龙山时代则为三代文化奠了基。它们都包含了中华文化中的精华，其出现也都与文化的交汇有关。所以，苏秉琦先生高度评价这一"Y"形文化带在中华文化起源史上的地

---

① 苏秉琦：《关于重建中国史前史的思考》，《考古》1991 年第 12 期。

② 苏秉琦：《文化与文明——1986 年 10 月 5 日在辽宁兴城座谈会上的讲话》，《辽海文物学刊》1990 年第 1 期。

③ 苏秉琦：《象征中华的辽宁重大文化史迹》，《辽宁画报》1987 年第 1 期。

位，称之为"中华文化史上最活跃的熔炉和文明曙光升起最早最光亮的地区，是中华文化总根系中的直根系"①。

四是史前考古与古史传说的结合。以上诸考古文化的中心所在、移动路线和相互关系，与古史传说的五帝时代诸代表人物的活动轨迹，有着惊人的相似性。对这一考古现象在短短几年内被揭示出来，苏先生并不掩饰他的兴奋之情：其时、地、文化面貌与传统史学《五帝本纪》所记"五帝三王"时"诸侯相侵伐"，继之"尧舜禅让"，再后是"逐鹿中原"等一系列大事件发生发展的社会背景相符合②。"当我们提出，从华山脚下延伸到大凌河流域和河套地区，再南下到晋南，这一古文化活动交流的路线时，我们并没有引《五帝本纪》，但却与《史记》记载相同，我们是从考古学角度提出自己的观点，再去对照历史传说，就可以相互印证，这不是生搬硬套的比附，而是有机的结合。多少年来梦寐以求的历史与考古的结合终于找到了一条理想的通路。"③

以上在学科理论指导下立足于考古实践得出的研究成果一再提醒我们，研究中国的文化起源与文明起源，如果有意无意地忽略中原以外地区，特别是很容易被忽略的北方地区，将会使这一重大课题的进展受到影响甚至停滞不前。苏先生将中华文化起源与文明起源的重点，放在了北方地区及北方地区与中原地区的关系上，使长期成为中国古史上的一些疑点迎刃而解，是拨正了研究这一类重大课题的方向。在此基础上，苏先生以为，实现考古与古史传说有机结合的时机已经成熟。于是在 20 世纪 90 年代初，苏秉琦先生三次著文，提出"重建中国史前史"的号召。

三

"三岔口"和"Y"形文化带这两个概念都涉及内蒙古中南部地区。重

① 苏秉琦：《华人·龙的传人·中国人——考古寻根记》，《中国建设》1987 年第 9 期；《中国文明起源新探》，第 124～127 页，生活·读书·新知三联书店，1999 年。
② 苏秉琦：《写在〈中国文明曙光〉放映之前》，《中国文物报》1989 年 5 月 12 日。
③ 苏秉琦：《文化与文明——1986 年 10 月 5 日在辽宁兴城座谈会上的讲话》，《辽海文物学刊》1990 年第 1 期。

点是三袋足器的起源以及内蒙古中南部与辽西文化区的关系。

三袋足器从龙山文化到战国时期，一直是中国从中原到四周地区古文化最具代表性的文化因素，但它的起源，却是困惑了考古学家几十年的一个难题。安特生提出过三个小口尖底瓶的下部合并组成三袋足器，但只是一种推测。20世纪40年代，苏秉琦先生在整理斗鸡台发掘材料时就在寻找瓦鬲起源的答案，以为："瓦鬲的发生，大约是出于陕豫之间的一种古文化，其年代则约当仰韶期的彩陶文化衰落后、龙山期的黑陶文化未繁盛前的一段期间。应在距今四五千年间的仰韶文化与龙山文化间。"①他曾在中原地区寻找未果，却最终于20世纪80年代初在冀西北的龙山文化早期遗址里找到了结构近似于晚期小口尖底瓶的原始型三袋足器的实例。于是，1983年在《苏秉琦考古论述选集》出版之际，苏先生在为《陕西省宝鸡县斗鸡台发掘所得瓦鬲的研究》一文所写的《补记》中，已用实例再次追溯鬲的起源："有的地方确有从仰韶文化小口尖底瓶的后裔底部构成新型的袋足斝类器，尔后再由它转化为鬲形器的例子。"②次年他在内蒙古河曲地区找到更为确凿的证据，即小口尖底瓶晚期形式与早期鬲相衔接的标本。

冀西北的有关标本出土于张家口蔚县筛子绫罗龙山文化遗址。这处遗址中出土的袋足器的主体（腹）类似尖底器，有些袋足里壁有纵折绉，这是小口尖底瓶末期制作痕迹的一种特征，这已如前述。

内蒙古自治区河曲地区的标本出自准格尔旗阿善三期遗存，共两类，一类是末期小口尖底瓶与早期三袋足器——尖圆底腹斝，它们的细部变化一致，不仅如筛子绫罗遗址那样外壁形状相似，共存的袋足与小口尖底瓶也都是"器里壁都有纵折绉"，且它们的底部都有实心乳突，说明它们曾交错共存；另一类是在河套地区的土著文化中，特有的一种蛋形瓮有向三足蛋形瓮演变的完整演变序列。前后两类又可分别进行比较：具乳突尖底瓶底与绳纹类似前者的乳突尖底斝，篮纹实心乳突圜底斝与篮纹三袋足瓮。就晚期小口尖底瓶多见且具完整的发展序列来看，河套东北一角的准格尔旗这一小块古文化整体特征因素组合与中原相同，而就蛋形瓮的多见且变

---

① 苏秉琦：《苏秉琦考古学论述选集》，第153页，文物出版社，1984年。
② 苏秉琦：《苏秉琦考古学论述选集》，第95页，文物出版社，1984年。

化快、序列完整来看，则是只见于准格尔旗这一小块古文化，而不见于中原地区①。

经过如此逻辑严密的排比，苏秉琦先生以为终于从考古学上找到了三袋足器起源的证据：

"在河套地区东北一角的袋足器很可能是从蛋形瓮发展到三空足瓮与斝。""源于关中的尖底瓶（仰韶文化主要特征器物之一）与源于河套地区土著文化的蛋形瓮结合，诱发三袋足器的诞生。"即以一个小口尖底瓶的底部作器底，三个尖底瓶的下部作为三个袋形足，底足结合而成了鬲的雏形——斝、斝鬲和有关的三足瓮。因此，苏先生的结论是："三袋足器的起源，不在中原，而在内蒙古河曲地区。"②

瓦鬲作为一种在中国从史前到战国时期普遍使用的炊器，分布范围广，延续时间长，尤其是鬲的形制特异，多变化，是中国古文化的特有之物。所以苏先生特别重视鬲在中国古文化中的地位和它所反映的历史文化，以为瓦鬲是"中华古文化的一种代表化石"。并由鬲的起源和发展演变，寻找中国古文化的起源与发展演变，"对于追溯中华古文化的始源与流变更具有特别的意义"。在《陕西省宝鸡县斗鸡台发掘所得瓦鬲的研究》的"补记"中，他在区别周式鬲与商式鬲之后，结合考古学文化区系类型理论，又分出与商式鬲有关的燕式鬲和制作方法特殊的楚式鬲，并以为"对这种中国古文化的'代表性化石'所做的系统研究，将有助于探索中华民族统一多民族国家的形成等重大学术课题"③。

所以当瓦鬲起源的确凿证据从冀西北到内蒙古河曲地区被找到时，苏秉琦先生必然更加强调这项研究成果的学术价值，特别是在中华文化与文明起源过程中的意义，对此，他是从以下两个方面加以论述的。

一是仰韶文化与青铜文化的直接联系。20世纪50年代庙底沟二期文化

---

① 苏秉琦：《谈"晋文化"考古》，《文物与考古论集》，第49、50页，文物出版社，1986年。

② 苏秉琦：《谈"晋文化"考古》，《文物与考古论集》，第49、50页，文物出版社，1986年；《晋文化问题——在晋文化研究会上的发言（要点）》，《华人·龙的传人·中国人——考古寻根记》，第17~21页，辽宁大学出版社，1989年。

③ 苏秉琦：《苏秉琦考古学论述选集》，第95~96页，文物出版社，1984年。

发现后，多以为已解决了仰韶文化与龙山文化的先后继承问题，但中原地区从仰韶文化晚期到龙山文化早期的变化，所受东方的影响较大，是跳跃式的突变为主的形式，其间的连续演变关系尚不清晰①。而仰韶文化最具特征性的文化因素——小口尖底瓶演变为夏商周三代文化的典型文化因素——鬲，则为其间的文化承袭关系，提供了更有说服力的直接资料。

"这项线索的重要意义是：把源于中原的仰韶文化更加明确无误地同青铜时代的鬲类器挂起了钩，而这一关键性的转折是发生在属于北方文化区系的河套，两种渊源似乎并不相同的文化的结合或接触条件下产生的奇迹给人以启迪。至于在此之后整个中原，甚至南到长江中下游发生的大规模、大幅度文化面貌转变，更发人深思。"②

二是由鬲的起源联系到文字的起源。甲骨文中有"丙"和"酉"字，它们分别作"▽""⅄"和"⎎"，它们"代表了中国上古时代的三个时期（七千至五千年间，四千至五千年间和四千至两千年间）的特征器皿"。"这两个象形字的创造者只能是模仿他们亲眼看到、生活中实际使用的器物形态。因此，甲骨文实物虽出自晚期商代人们之手，它们却为我们留下中国文字初创时期的物证。"③ 值得注意的是，"丙"和"酉"这两个字都并非一般文字，而是属于与祭祀礼仪有关的"干支"系列，这同小口尖底瓶所具有的祭祀功能正相吻合，从而把鬲的起源与文字的起源，也就是与文明起源的具体进程联系起来。

至于内蒙古中南部与辽西这两个地区间的关系。它们都是以燕山南北长城地带为重心的北方区系中的一部分，是渊源有所不同而东西密切联系的两个文化区。辽西区属于东北渔猎文化区及其前沿，在具有强烈的文化独立性的同时，又有大幅度吸收相邻文化先进因素的优势，从而文明发达较早。而内蒙古中南部农牧文化交错共存，似中原文化区的亚区，但农牧交汇也产生文明火花，三袋足器起源即是。在中国文明起源过程中，东部

---

① 参见郭大顺：《大汶口文化陶器礼制化进程及其意义》，山东大学中国考古研究中心编《东方考古》第一辑，科学出版社，2004 年

② 苏秉琦：《晋文化问题——在晋文化研究会上的发言（要点）》，《华人·龙的传人·中国人——考古寻根记》，第 18 页，辽宁大学出版社，1989 年。

③ 苏秉琦：《华人·龙的传人·中国人——考古寻根记》，《中国建设》1987 年第 9 期。

的高潮在先，以红山文化的发达为标志。西部的高潮在后，以三袋足器的起源为标志。虽然当时南北之间是交汇的主线，但东西交流渠道也是畅通的。

新石器时代中期，辽西地区有查海—兴隆洼文化的发达，并向燕山以南发展，内蒙古中南部尚未发现可以与之相比较的材料。两个地区的关系从红山文化时期起有所显示。红山文化彩陶中，以仰韶文化的影响为主，也有来自西部的因素，如棋盘格状的几何图案；同时，红山文化也影响到内蒙古中南部地区，据研究，庙子沟文化出现的筒形罐和敞口折腹盆，就有来自红山文化的因素。此后西部对东部的影响加大，辽西地区小河沿文化的筒形罐，虽然继承了当地筒形罐的传统，且发展演变序列清晰，但小河沿文化的筒形罐上的饰纹，一反东北地区特有的压印"之"字纹等，而改变为风格和传统完全不同的绳纹。在陶器上装饰绳纹，在中原地区到内蒙古中南部地区发生较早，发达时间长，庙子沟文化的筒形罐全部装饰绳纹，故可认为，小河沿文化的筒形罐，也有来自西部庙子沟文化的影响。双耳侈口罐在小河沿文化出现时间较晚，发现数量也较少，而在庙子沟文化，这种双耳侈口罐及双耳罐等相关器物发现甚多，可以认为，这是小河沿文化接受了来自西部庙子沟文化的因素。至于敞口折腹盆，由于辽西地区在红山文化时期已出现，小河沿文化的折腹盆，数量多且发展演变序列清晰，可能与庙子沟文化的同类器是并行发展的关系①。

总之，距今5000年前后，东西方的交汇是较为频繁的，大约5000年前以相互影响以主，距今5000年之后，则西部对东部的影响加大。

这种西部对东部影响加大的趋势，从此一直未断而是有所加强，这同西部文化的发达和东部具有吸收先进文化因素的优势有关。内蒙古中南部石城址和三袋足器出现较辽西早一步。夏家店下层文化发达的三袋足器应就来源于内蒙古中南部地区。此后辽西地区魏营子时期的花边鬲、北方式青铜器以及夏家店上层文化中的大量草原文化因素都有来自西部的影响。值得注意的是，来自西部的这些文化因素，都成为辽西地区这几种青铜文

---

① 参见内蒙古文物考古研究所魏坚编著：《庙子沟与大坝沟——新石器时代遗址发掘报告》（上），第542页，中国大百科全书出版社，2007年。

化的主要文化成分，可见在燕山南北长城地带的西部与东部关系之密切以及西部对东部文化影响之深。

以上说明，内蒙古中南部作为三袋足器的起源地，在中国文明起源和发展的关键时期，曾同时影响中原地区和东北南部地区。所以，苏秉琦先生以"中原五千年前后一次巨变的风源"① 来评价内蒙古中南部地区在那一重要历史时期的地位和作用。

（原载于《内蒙古考古文物》2006 年第 2 期）

---

① 苏秉琦：《环渤海考古的理论与实践（提纲)》，《华人·龙的传人·中国人——考古寻根记》，第 63 页，辽宁大学出版社，1989 年。

关于"三北"文化区与石峁遗址的思考

20 世纪 90 年代，有学者根据冀北、晋北、陕北和内蒙古中南部即"三北"地区龙山文化的一致性，提出将这一地区视为一个考古学文化区的观点[1]。后又有关于"三北"地区文化共同性和差异性的论述[2]。近年石峁人型石城址及邻近石城址群的发现，引起学术界对"三北"文化区的进一步关注。因为石城、陶斝鬲、玉牙璋和浮雕神像石构件等，作为石峁石城址群的代表性文化因素，其形成背景及其在中国历史文化形成时期的地位和作用，都涉及对其所在的文化区的认识。

一

较早关注这一地区文化共同性及其在中国历史文化形成时期重要作用的是苏秉琦先生。早在 20 世纪七八十年代，苏先生就提出"三北"文化区的概念，并论证这一区域的文化特征、演变、地区差异及与中原等地区的关系，特别是从瓦鬲的起源强调了"三北"地区在中华文化和文明起源过程中的重要地位。

（一）"三北"文化区概念的提出

1980 年在赤峰召开的内蒙古自治区考古学会成立大会上，苏先生在讲话时将内蒙古西部的伊盟与内蒙古东南部相区别，而同邻境的、邻近的冀、晋、陕地区相联系[3]，后又称其为一个"共同体"，其"范围包括内蒙古

---

① 许永杰、卜工：《三北地区龙山文化研究》，《辽海文物学刊》1992 年第 1 期。
② 杨建华、蒋刚：《公元前 2 千纪的晋陕高原与燕山南北》，科学出版社，2008 年。
③ 苏秉琦：《现阶段内蒙古文物考古工作问题——在内蒙古自治区考古学会成立大会上的讲话（摘要）》，《内蒙古文物考古》1981 年创刊号。

'河曲地带',河北、山西和陕西三省北部地区"①。

1986年8月4日,苏先生在甘肃兰州大地湾会讲话时,第一次以"三北"文化区的概念将这三省一区加以概括:是广义的"中国北方"与"狭义的'中国北方'(也就是我们行政区域概念的所谓'三北')连在一体的"②。

俞伟超先生在1984年呼和浩特会上响应苏先生观点并大致描述了这一文化区的范围:"自太行山以西、子午岭以东、晋南和关中以北、大青山以南的包括内蒙古西部在内的一大片地区,至少在新石器时代至青铜时代,终于可以确定为是一个相对独立的文化区。"③

(二)"三北"文化区的区域文化特征、地区差异及与中原地区的比较

苏先生在将内蒙古西部的伊盟与邻境的、邻近的冀、晋、陕地区连成一片的同时就已提醒,在把握这一地区的文化特征时要关注该地区文化的多样性:"内蒙古西部的伊盟与邻近的冀、晋、陕地区都有发达的新石器和青铜器文化,据已有的材料线索,它的多样性可能要比昭盟情况更复杂一些。"④

此后,苏先生以河套地区史前文化特征及演变为例,将该地区的文化多样性具体化:"现已发现两种含彩陶的新石器时代遗址和两种不含彩陶的晚期新石器时代遗址邻近并有交错的现象。"⑤

他又将该地区文化多样化的重点放在晚期新石器文化、青铜文化及其地域差异上:"后者(两种不含彩陶的晚期新石器文化)代表性遗址,一在伊盟准格尔旗,典型陶器组合是鬲、盆、高领罐;一在伊盟的伊金霍洛旗,代表性的陶器组合是斝、鬲、豆、双耳罐等。鬲的特征是在扁平錾着壁处加铆钉状小泥饼,还有铜锥同出。晚期还出有青铜刀和早期商式鬲共生。"⑥

---

① 苏秉琦:《燕山南北·长城地带考古工作的新进展——1984年8月在内蒙古西部地区原始文化座谈会上的报告提纲》,《内蒙古文物考古》1986年第4期。

② 苏秉琦:《"大地湾会"讲话(提要)》,《苏秉琦文集》(三),第64页,文物出版社,2009年。

③ 俞伟超:《内蒙古西部地区原始文化座谈会发言辑录》,《内蒙古文物考古》1986年第4期。

④ 苏秉琦:《现阶段内蒙古文物考古工作问题——在内蒙古自治区考古学会成立大会上的讲话(摘要)》,《内蒙古文物考古》1981年创刊号。

⑤ 苏秉琦、殷玮璋:《关于考古学文化的区系类型问题》,《文物》1981年第5期。

⑥ 苏秉琦、殷玮璋:《关于考古学文化的区系类型问题》,《文物》1981年第5期。

同样，对于这一地区与中原文化的关系，即既有典型中原文化，又有区域文化的交错共存现象，苏先生也强调要更注重其间的区别："对该地区的文化遗存虽然要注意它与中原同时期文化有类似的一面，但对其独特的一面应给予更多的重视，不能简单地把该地的文化理解为从中原传过去的。"①　并举著名的"鄂尔多斯青铜器"为例："北方青铜文化与中原青铜文化不一样，夏、商、周是铸鼎，以铸酒器、礼器和兵器为主；北方，从辽河到河套地区所谓'鄂尔多斯'诸青铜文化却是以铸武器、工具、饰牌等为多，两种青铜文化的特征明显不同。"②

（三）瓦鬲的起源地

对于"三北"文化区的重要性，苏先生除了强调这一地区有中原与北方两大文化区系的交错共生以外，更为看重的，是瓦鬲的起源。

瓦鬲作为从龙山文化到战国时期普遍使用的炊器，分布范围广，延续时间长，是中国从中原到四邻地区古文化最具代表性的文化因素。尤其是鬲的形制较为复杂，多变化。苏先生继他早年发掘宝鸡斗鸡台墓葬时将周式鬲（B/C 型）与商式鬲（A/D 型）加以区别之后，于 20 世纪 80 年代初又分析出与商式鬲有关的燕式鬲和制作方法特殊的楚式鬲。由此，苏先生将瓦鬲作为探索包括中华民族统一多民族国家形成在内的中国古文化起源与发展演变等重大学术课题的标志之一，称瓦鬲是"中国古文化中的一种具代表性的'化石'"③。

但瓦鬲的起源，却是困惑了考古学家几十年的一个难题。20 世纪 40 年代，苏秉琦先生在整理斗鸡台发掘材料时就在寻找瓦鬲起源的答案。当时推测："瓦鬲的发生，大约是出于陕豫之间的一种古文化，其年代则约当仰韶期的彩陶文化衰落后、龙山期的黑陶文化未繁盛前的一段期间。"④　即应在距今四五千年间的仰韶文化与龙山文化间。此后苏先生在中原地区寻找多

---

① 苏秉琦、殷玮璋：《关于考古学文化的区系类型问题》，《文物》1981 年第 5 期。
② 苏秉琦：《关于陶寺发掘报告编写及有关问题》，《苏秉琦文集》（三），第 15 页，文物出版社，2009 年。
③ 苏秉琦：《陕西省宝鸡县斗鸡台发掘所得瓦鬲的研究》，《苏秉琦考古学论述选集》，第 95 页，文物出版社，1984 年。
④ 苏秉琦：《瓦鬲的研究》，《苏秉琦考古学论述选集》，第 153 页，文物出版社，1984 年。

年未果，却于 20 世纪 80 年代初在冀西北蔚县筛子绫罗与河套地区准格尔旗的龙山文化早期遗存里相继找到有关标本。

先是在筛子绫罗遗址发现结构近似于晚期小口尖底瓶的原始型三袋足器："袋足器的主体（腹）类似尖底器，有些袋足里壁有纵折绉（这是小口尖底瓶末期制作痕迹的一种特征）。"[①] 还提到末期小口尖底瓶与早期尖底腹斝的底部都有实心乳突，"说明它们曾交错共存"[②]。

随后在河套地区准格尔旗的有关标本中辨认出尖底瓶变斝的具体过程："一个大尖底瓶截去上半部，尖底周再加三个小尖底瓶，就成为斝。换句话说，斝的腹部是一个大尖底瓶的一腹和底，三个足就是三个小尖底瓶，即四个尖底瓶拼成一个尖底腹斝，三足的做法与这时期尖底瓶底的制法一模一样。"[③]

同时先生还认为，由末期小口尖底瓶到早期尖底腹斝的演化过程，与这一地区同时期多见的蛋形瓮有关，因为在河套地区的土著文化中，特有的一种蛋形瓮有向三足蛋形瓮演变的完整演变序列，从而对三袋足器的起源可能起到"诱发"作用，"源于关中的尖底瓶（仰韶文化主要特征器物之一）与源于河套地区土著文化的蛋形瓮结合，诱发三袋足器的诞生"[④]。并将中原文化与"三北"文化结合的这一成果，列为中华文明起源诸形式中文化"熔合"的典型[⑤]。

由此，苏先生得出"从这里与呼市的标本中看到，尖底瓶未消失，袋足器（斝）已出现。斝的袋足与尖底瓶的底部做法一致，说明最早的袋足

---

① 苏秉琦：《燕山南北·长城地带考古工作的新进展——1984 年 8 月在内蒙古西部地区原始文化座谈会上的报告提纲》，《内蒙古文物考古》1986 年第 4 期。

② 苏秉琦：《燕山南北·长城地带考古工作的新进展——1984 年 8 月在内蒙古西部地区原始文化座谈会上的报告提纲》，《内蒙古文物考古》1986 年第 4 期

③ 苏秉琦：《关于陶寺发掘报告编写及有关问题》，《苏秉琦文集》（三），第 15 页，文物出版社，2009 年。

④ 苏秉琦：《晋文化问题——在晋文化研究会上的发言（要点）》，《华人·龙的传人·中国人——考古寻根记》，第 17~21 页，辽宁大学出版社，1989 年。

⑤ 苏秉琦：《文化与文明——1986 年 10 月 5 日在辽宁兴城座谈会上的讲话》，《辽海文物学刊》1990 年第 1 期。

器可能是由尖底瓶演变而来"的结论①。

早年安特生曾提出三个小口尖底瓶的下部合并组成三袋足器，但只是一种推测。现在终于在三北地区从冀北到河套地区连续找到"从仰韶文化小口尖底瓶的后裔底部构成新型的袋足鬶类器，尔后再由它转化为鬲形器的例子"②，从而证明"三袋足器的起源，不在中原，而在内蒙古河曲地区"③。

由于瓦鬲在中华古文化起源和形成发展中的特殊重要地位，所以在明确了瓦鬲起源地之后，苏先生更加强调的是"三北"地区在中华文化与文明起源过程中的重要作用和地位。对此，他是从以下两个方面加以论述的：一是将仰韶文化与青铜文化直接联系起来，二是提出"三北"地区是龙山时代巨变的"风源"所在。

20世纪50年代后期庙底沟二期文化发现后，多以为已解决了仰韶文化与龙山文化的先后继承问题，但中原地区从仰韶文化晚期到龙山文化早期的变化，所受东方的影响较大，是跳跃式的突变为主的形式，其间的连续演变关系尚不清晰④。而仰韶文化最具特征性的文化因素——小口尖底瓶演变为夏商周三代文化的典型文化因素——鬶鬲，则是其间文化承袭关系更有说服力的证据。三袋足器发生的这项线索的重要意义是："把源于中原的仰韶文化更加明确无误地同青铜时代的鬲类器挂起了钩，而这一关键性的转折是发生在属于北方文化区系的河套，两种渊源似乎并不相同的文化的结合或接触条件下产生的奇迹给人以启迪。"⑤

---

① 苏秉琦：《"蔚县三官考古工地座谈会"讲话要点》，《苏秉琦文集》（二），第311页，文物出版社，2009年。

② 苏秉琦：《陕西省宝鸡县斗鸡台发掘所得瓦鬲的研究·补序》，《苏秉琦考古学论述选集》，第95页，文物出版社，1984年。

③ 苏秉琦：《谈"晋文化"考古》，《文物与考古论集》，第49、50页，文物出版社，1986年；《晋文化问题——在晋文化研究会上的发言（要点）》，《华人·龙的传人·中国人——考古寻根记》，第17～21页，辽宁大学出版社，1989年。

④ 李济：《黑陶文化在中国上古史中所占的地位》，《台湾大学考古人类学刊》第二一、二二期合刊，1963年。郭大顺：《大汶口文化陶器礼制化进程及其意义》，山东大学中国考古研究中心编《东方考古》第一辑，科学出版社，2004年。

⑤ 苏秉琦：《晋文化问题——在晋文化研究会上的发言（要点）》，《华人·龙的传人·中国人——考古寻根记》，第18页，辽宁大学出版社，1989年。

在此所说给人的"启迪"，指的是"渊源似乎并不相同的文化的结合"，往往会产生意想不到的成果甚至创造"奇迹"，这在中华文明起源时期尤其如此。典型实例一个是以渔猎为本的红山文化与以农耕为主的仰韶文化的北南碰撞产生的"坛庙冢"组合；一个就是在"三北"地区农牧文化的交错交流中产生最早的三袋足器，进而影响到大半个中国，且这一影响有很大突然性，苏先生称其为一次"巨变"，这就是龙山时代的出现，而"三北"地区是龙山时代出现的"风源"所在：

"从 50 年代仰韶文化中心区内连续发现仰韶文化遗存上边叠压的所谓'二期'，新出现的斝类袋足器、篮纹陶、朱绘陶、方格纹陶等，一下子就在黄河中下游，远至长江中下游流行起来，背后的动力是什么？这究竟意味着什么？发人深思。"[1]

"中西部内蒙古的金三角是凉城—岱海—包头—准格尔。是鄂尔多斯青铜文化的摇篮，是中原仰韶与北方红山结合的花朵。是中原五千年前后一次巨变的风源（篮纹陶，彩或朱绘陶，袋足器，……突然出现，令人难解之谜的谜底）。"[2]

二

对于"三北"文化区在中华文化与文明起源过程中的重要性，我们还可从"三北"地区与东邻的辽西区的比较中得到进一步认识。

三北区与辽西区，从西向东紧相连接，是"以燕山南北长城地带为重心的北方"区系中渊源有所不同而密切联系的两个文化区。辽西区属于东北渔猎文化区及其前沿，具有在保持文化独立性的同时，大幅度吸收相邻文化先进因素的优势；而西邻的"三北"地区，如前述，既有当地特色文化，又有典型的中原文化分布，为农牧文化交错共存地带，是以农牧文化的交汇为动力产生文明火花的。在中国文明起源过程中，东部发达在先，

---

① 苏秉琦：《纪念仰韶村遗址发现六十五周年（代序言）》，《苏秉琦文集》（三），第 46 页，文物出版社，2009 年。

② 苏秉琦：《环渤海考古的理论与实践——在"第二次环渤海考古专题系列座谈会"上的讲话（提纲）》，《苏秉琦文集》（三），第 133 页，文物出版社，2009 年。

在红山文化晚期达到高潮；西部发达在后，三袋足器的起源是重要标志。虽然当时三北区与辽西区都以同中原地区的南北之间交汇为主线，在交流形式上又各有不同，但彼此之间的东西交流渠道也是畅通的。而且经常是西部对东部的影响较大，延续时间较长①。

可举新石器时代晚期和青铜时代为例：

新石器时代中期，辽西地区的查海—兴隆洼文化兴起，三北地区的张家口坝上已发现大约同时期的有关材料。两个地区的关系从新石器时代晚期起渐为频繁。红山文化的彩陶，以吸收南部仰韶文化的因素为主，也有来自西部的影响，如棋盘格状的几何图案；同时，红山文化也影响到内蒙古中南部地区。据研究，庙子沟文化出现的筒形罐和敞口折腹盆，就有来自红山文化的因素。

西部对东部的影响在此后不断加大。辽西地区小河沿文化的筒形罐，虽然继承了当地筒形罐的传统，且发展演变序列清晰，但小河沿文化的筒形罐上的饰纹，一反东北地区特有的压印"之"字纹等，而改变为风格和传统完全不同的绳纹。在陶器上装饰绳纹，在中原地区到三北地区发生都较早，发达时间长，内蒙古中南部庙子沟文化的筒形罐全部装饰绳纹，故可认为，小河沿文化的筒形罐，有来自西部庙子沟文化的影响。双耳侈口罐在小河沿文化出现时间较晚，发现数量也较少，而在庙子沟文化，这种双耳侈口罐及双耳罐等相关器物发现多，有序列，可以认为，这是小河沿文化接受了来自西部庙子沟文化的因素②。

到青铜时代，西部对东部有影响加大的趋势，以三袋足器在夏家店下层文化突然出现最说明问题。东北地区是以筒形罐为陶器的主要器类的，就目前所知，从新石器时代中期到晚期，延续近四千年，辽东地区延续时

---

① 郭大顺：《东北文化区的提出及其意义》，吉林大学边疆考古研究中心编《边疆考古研究》（二），科学出版社，2002 年；又见《郭大顺考古文集》（下册），第 68 页，辽宁人民出版社，2017 年。

② 内蒙古文物考古研究所魏坚编著：《庙子沟与大坝沟——新石器时代遗址发掘报告》（上），第 542 页，中国大百科全书出版社出版，2003 年。崔璇：《新石器时代至商周之际河套地区与燕山南北的文化联系》，《内蒙古东部区考古学文化研究文集》，海洋出版社，1991 年。魏坚、曹建恩：《庙子沟文化筒形罐及相关问题》，《青果集——吉林大学考古专业成立二十周年考古论文集》，知识出版社，1993 年。

间更长。但辽西区到夏家店下层文化时（2000BC）筒形罐突然消失，代之而起的就是三袋足器，其来源与作为瓦鬲起源地的"三北"地区有直接关系。因为夏家店下层文化的三袋足器，以具自身特点的盂形鬲最为多见，其做法为当地的盂形器下加带实足根的三袋足而成①，其制法和特征与"三北"地区的三袋足器相同，但"三北"地区三袋足器出现较辽西早一步。所以苏秉琦先生说，"三北"地区发达的三袋足器"对我们探索燕北地区夏家店下层文化斝鬲类器渊源总算找到一种可能来路"②。

此后辽西地区商周之际前后的魏营子文化的花边鬲和北方式青铜器，以及西周到春秋时期的夏家店上层文化中的大量草原文化因素，都有来自西部的强烈影响③。

三

近年在晋北和陕北的黄河两岸陆续调查和发掘的史前石城址群，特别是石峁大型石城的发掘，引起对"三北"文化区及其重要性的再次关注。

从已知发现和研究成果得知，这批石城分布在晋北、内蒙古河套地区和陕北地区，石城出现早，延续时间长。据说这一地区在仰韶文化晚期就已有石城线索露头，内蒙古岱海地区的老虎山石城址（公元前 2500～前2300 年）和陕北的吴堡后寨子峁时代都近于龙山文化早期，而以龙山时代到夏时期的石城较为多见，一直延续到商代晚期。尤其是陕西省考古研究院对陕北榆林地区神木县石峁大型石城址的发掘不断取得新成果。石峁古城年代在龙山晚期到夏代早期之间，面积达 400 多万平方米，选择高台筑宫城（皇城台，内有成组建筑基址，周边砌筑高达数十米的阶梯状石墙），外围以拥有完善城防设备（城门、墩台、马面和角台等）的两重城墙，出土斝、

---

① 刘观民：《试析夏家店下层文化的陶鬲》，《中国考古学研究——夏鼐先生考古五十年纪念论文集》，第 94～100 页，文物出版社，1986 年。

② 苏秉琦：《燕山南北·长城地带考古工作的新进展——1984 年 8 月在内蒙古西部地区原始文化座谈会上的报告提纲》，《内蒙古文物考古》第 4 期。

③ 韩嘉谷：《花边鬲寻迹》，《内蒙古东部区考古学文化研究文集》，第 41～52 页，海洋出版社，1991 年。

双鋬鬲、折肩瓶式壶等陶器和牙璋、斧钺为主的玉器，在皇城台大夯土台基的南墙底层垒砌雕有神像的石构件，所雕人与兽组合的浮雕图案，其风格和基本特征与此后的商代青铜器所铸花纹酷似。尤其是具有浓厚通神巫术功能的双虎夹一人题材，更为商到周初从殷墟到南方青铜重器上的特殊图案①。

以石峁为代表的石城群虽然还无法同文献记载的部族活动相对照，但其产生必有深厚的历史文化背景。过去将其归为客省庄二期文化或陕西龙山文化，是作为中原文化区系或亚区系来对待的，现多将研究视野转向北方区系即"三北"文化区。由于"三北"文化区已有三袋足器的起源地和龙山时代出现的"风源"所在的研究成果，所以在这个文化区出现以石峁大型石城址为代表的石城群并不意外。当然，石城群作为"三北"文化区发达水平的集中体现，无疑大大增加了该区系在中华文化与文明起源中地位和作用的分量，从而提出了许多要重新思考和讨论的问题。

石峁与陶寺这两个都城级古城址的关系就是讨论较多的一个课题。陶寺是晋南以至中原地区龙山时代规格最高的城址，多以为与陶唐氏尧都有关。在其北同一黄河流域段发现大约同一时期、规格相近甚至有所超越的石峁古城，自然会进行相互比较并关心它们之间的关系问题。特别是有诸多迹象表明，在彼此的文化互动中，并非通常以为的以处于中原地区的晋南陶寺对处于"三北"地区的石峁影响为主，而是石峁在陶器（双鋬鬲等）、石器（细石器）和葬俗（瓮棺与石棺葬）等诸多方面对陶寺的影响较大②。并进而提出"三北"文化有南下的趋势。

其实，早在20世纪80年代初冀北的蔚县筛子绫罗的原始三袋足器标本被分析出来之后不久，苏先生在观摩陶寺墓地资料时就讲到，陶寺某些文化因素可能受到"三北"地区古文化的影响："在陶寺没见到尖底腹斝与尖底瓶衔接的迹象，但在北方衔接起来了。这些发人深思的例证，告诉我们，对于陶寺的一些文化因素，若在本地（指晋南）庙底沟二期文化中找不到根源，就应到北方去找。"③ 因为"在北方所发生的这一过程，大约比陶寺

---

① 孙周勇、邵晶、邸楠：《石峁遗址的考古发现与研究综述》，《中原文物》2020年第1期。
② 王晓毅：《龙山时代河套与晋南的文化融合》，《中原文物》2017年第1期。
③ 苏秉琦：《关于陶寺发掘报告编写及有关问题》，《苏秉琦文集》（三），第16页，文物出版社，2009年。

（含有斝类器文化层）早几百年"①。此后在论述晋南古文化时又几次明确提到陶寺具有四周向中原汇聚形成多元文化因素的"综合体"性质，其中的斝鬲就来自"三北"地区②。至于"三北"文化的南下趋势，苏先生多年前就提出三袋足器的演变过程"多半是从北而南，通过晋中，达到晋南以及整个中原地区"③。而将这一发生于"三北"地区的历史文化现象评价为引发中原距今5000年前后一次巨变即龙山时代出现的"风源"所在，似更为切中要害。

　　讨论较多的还有玉器。一般以为，距今5000年前后东部出现辽西区红山文化和环太湖地区良渚文化这两个"原生型"玉文化中心，并以由东向西的传播为总趋势，中原和西北地区的玉器是以受东部影响为主发展的，所以是史前玉器形成的"次生型"④。"三北"文化区南缘的芦山峁、新华遗址所出牙璧、琮、多孔刀以及鹰首笄形器等玉器受东方和东南方以至江汉地区影响明显，都是"次生型"的实例。石峁古城址由于玉器的收集和出土量大，埋藏性质有所不同，特别是玉璋不仅数量多，而且有的形制可能较早，于是出现玉璋的传播是由西向东还是由东向西的讨论。不过龙山时代前后的玉器，从制作到造型均较红山文化与良渚文化有多方面创新，如平薄切片、镂孔、镶嵌以及扉牙、细镂花边、减地阳纹等制玉工艺，以牙璋、牙璧、圭和"介"字形帽花边为代表的造型，以神人面、兽面纹为主题花纹和纹饰分层、分主次等。这些创新大都始于东部的山东龙山文化，有的甚至可早到大汶口文化晚期。"三北"地区的南缘及西北地区这一时期玉器的增多正是东部玉器西传加强的结果。晋南下靳、清凉寺、陶寺等遗址玉器，不仅牙璧、多孔刀、斧钺，还有造型较为复杂的简化兽面牌饰等，共出有多件石俎刀，多为来自东方和东南方的影响，起到东玉西传中间渠

①　苏秉琦：《关于陶寺发掘报告编写及有关问题》，《苏秉琦文集》（三），第16页，文物出版社，2009年。

②　苏秉琦：《华人·龙的传人·中国人——考古寻根记》，《中国建设》1987年第9期。

③　苏秉琦：《谈"晋文化"考古》，《文物与考古论集》，文物出版社，1986年。

④　黄翠梅：《中国新石器时代玉器文化谱系》，北京大学古代文明研究中心编《古代文明研究通讯》总第七期，2000年12月。又据邓淑苹：《辽河、黄河流域新石器时代古玉玉料的初步观察》。黄文修改稿中将西北区作为"次生型"（《钱宪和教授、罗焕记教授荣退研讨会论文集》，台湾大学地质科学系，2000年6月7日。）

道的作用①。当然，"三北"区玉器也逐渐形成自身特点，如多用当地玉料制作，石峁城址出土和收集的玉牙璋，不仅数量多达上百件，而且多数体甚薄，有的竟薄如蝉翼。制玉技术达到新的水平。

　　最后要提到的是，在辽西区工作的学者都关心"三北"文化区与域外文化的关系。因为从新石器时代中期起，辽西区一直有与中西亚相近的文化内容出现，如祭祀建筑与墓葬喜积石，人体雕像多见，查海—兴隆洼时期的房屋无门道（推测出入口可能在屋顶），居室葬，红山文化时期棋盘格式分布的三角几何纹彩陶图案等，都可以在中西亚找到可比较的实例②。西邻的"三北"地区正好是其间的媒介和通道。石峁古城虽然年代稍晚，但所出人头石雕以及绿松石珠、铸铜石范、黄牛等都是与西部比较和交流的线索③。对此，苏先生最初提出"三北"概念时，就曾将其与"广义"的大三北即西北、北方和东北放在一起论述，而称为"广义"的大三北，理由是："它们的古文化都与国境以外邻近地区关系密切"④。可见，从世界史的角度看中国、看中国北方的研究，随着"三北"地区工作的进一步开展，必将展现更加广阔的前景。

　　[本文是在2013年西安"中国考古学会第十一次年会"论文（未提交）基础上的修改稿]

---

① 据薛新民研究：相当于庙底沟二期晚期始的薄平长方形钺及其与多孔石刀的组合来自对东方和东南方（主要为北阴阳营文化和薛家岗文化）同类器和组合的仿制。套于手臂的环璧理念来自东南（大汶口文化和良渚文化），多片联缀和多件重叠则为自身创造；清凉寺第三期牙璧来自东方，琮来自东南，还有红山文化因素（勾云形玉和方璧），动物头饰近石家河文化；清凉寺三期或更晚，在从西部取得玉料的同时，玉器由清凉寺西传，如短体素面玉琮、近方形的四牙璧和多孔玉石刀。见薛新民：《玉汇清凉寺》，成都金沙遗址博物馆等编《夏商时期玉文化国际学术研讨会文集》，第2～10页，科学出版社，2017年。
② 郭大顺：《从世界史角度研究红山文化》，《郭大顺考古文集》（上册），第31～36页，辽宁人民出版社，2017年。
③ 郭物：《从石峁遗址的石人看龙山时代中国北方同欧亚草原的交流》，《中国文物报》2013年8月2日。李旻：《重返夏墟——社会记忆与经典的发生》，《考古学报》2017年第3期。
④ 苏秉琦：《"大地湾会"讲话（提要）》，《苏秉琦文集》（三），第64页。文物出版社，2009年。

考古追寻五帝踪迹

——苏秉琦主编《中国通史·远古时代》学习笔记

司马迁撰《史记》，以《五帝本纪》开篇，于是中国五千年文明史就有了从五帝说起的通例，五帝之首的黄帝也被历代尊为"人文初祖"。但是，现代史学却把五帝时代作为历史传说对待，原因是没有实物证据。这样，中国文明史就只能从4000年前的夏代算起，这比与中国并列为世界四大文明古国的两河流域、埃及晚了近1500年，比印度也晚了近千年。看来从考古学上追寻五帝踪迹已不仅是摆在中国考古学家面前的首要任务，而且也成了一件牵动着海内外亿万炎黄子孙心弦的大事。20世纪80年代以来，中国考古学在正确学科理论指导下，在考古与历史传说的结合方面，正在迈出可喜而坚实的步伐。对近年一些重大考古发现，如红山文化、良渚文化、大汶口文化和陶寺文化的研究，都出现了与古史传说相联系的趋势。在这方面，系统而有说服力的，可以苏秉琦主编的《中国通史·远古时代》为代表。

五帝时代相当于考古学上的哪个阶段？

大量考古发现证明，从仰韶时代中后期开始，各地古文化在文化面貌、社会发展阶段以及相互关系上都在发生着一个质的变化。就仰韶文化本身来说，与半坡类型一分为二的庙底沟类型，作为一支新生势力，发展快、分布广、影响大，相邻诸考古文化所受到的仰韶文化影响，如彩陶，差不多都是指的庙底沟类型。与此同时，彩陶花纹和酉瓶（小口尖底瓶）形式的演变已到由成熟走向退化的起点，出现了甘肃省秦安大地湾仰韶文化晚期遗址，位于坞壁中心、面积达400余平方米、分前堂后室左右侧室的原始殿堂和华县泉护村随葬磨光陶鸮尊的具有特殊地位人物的墓葬，近年又报道了豫西仰韶文化晚期熟土台基和夯土城墙的发现。仰韶文化分布区以外，这种变化似有更为典型的实例：山东省大汶口文化从它的中期起墓葬分化更为显著，不仅贫富分化增大，而且出现了多座随葬象牙雕刻器（琮、梳）、石钺和十多件成组陶礼器的社会地位显赫人物的墓葬；长城以北的辽西地区红山文化更出现了规模宏大、按规划布局的祭坛、女神庙、积石冢三位一体的祭祀中心和成批成套的玉礼器。这一时期，诸考古学文化间的交汇趋向频繁，其中仰韶文化与红山文化之间的南北文化从接触到相互撞击，仰韶文化与大汶口文化之间的东西交错分布和相互结合，所起的作用最大。《史记·五帝本纪》："神农氏衰，诸侯相侵伐"，正是这一新时期开始及其时代特点的概括性写照。所以，五帝时代肇始在仰韶时代后期之始，距今在 5000 年前。

　　五帝时代的下限因与夏代相衔接，这就涉及考古学上的夏文化，对此争论多年，今已有进展。由于对先商文化的辨认，认识到它与被认为是夏文化的二里头文化或上溯到当地晚期龙山文化之间，虽有不少共同点，但那更像是两个文化系统之间"你中有我，我中有你"的关系，它们各自的文化特性是极其鲜明的，简言之，后者以鼎为主要炊器，这与先商文化以鬲为主要炊器泾渭分明，所以，主张二里头文化和有关的晚期龙山文化是夏文化似有更多依据，那么早于二里头文化的龙山时代，主要是龙山时代的早期，就应是五帝时代的下限。所以，五帝时代在考古学上大体相当于仰韶时代后期到龙山时代，年代从距今 5500 年前到距今 4500 年左右。

　　从文献记载分析，五帝时代又可分为前后两大阶段。前段可以黄帝为代表，记载黄帝有众多发明创造，而以对炎帝、蚩尤的战争最为著名，结果是"三战然后得其志"，"诸侯咸服"，实现了部落间的大统一。五帝前期的又一重要人物颛顼则是一位宗教领袖，他"命重黎绝地天通"，实行宗教改革，使他几与黄帝齐名，可见宗教革命在文明初始阶段社会变革中的巨大作用，掌握神权的宗教人物自然受到格外崇敬。尧、舜是五帝后期的代表，当时黄河流域已进入洪水期，"帝尧之时，洪水滔天"，治水成了主要任务，随之加强了管理机构。据《尧典》，当时已有了由四岳、十二牧组成的贵族议事会，有了以司空为首包括司徒、后稷、士、工（百工）、虞、秩宗、典乐、纳言等部门官员的行政组织，有刑法和军队，并有显赫的战功，这已经是一个有相当规模的国家机构了。

在考古学上对这两个阶段的分界有明显的反映，那就是由仰韶时代向龙山时代的过渡，时间大致以距今 5000 年为界。这一过渡时期最显著的特点，是在一个很大范围内的诸考古文化面貌几乎同时在发生着又一次大变化，主要表现为大量新的文化因素涌现。如彩陶逐步为黑灰陶所代替，出现了以彩绘陶为主要内容的礼器；陶器纹饰相应大量施用篮纹和方格纹；酉瓶逐渐消失而代之以三袋足的鬶鬲，被称为中华文化的标准化石——鬲开始出现；铜器传布；大型邑落和版筑夯土城墙纷纷建造。各地古文化的关系，由前一阶段的个性化为主、频繁交汇趋向于最初文化共同体的形成，一个新时代——龙山时代来临了。以土筑祭坛、王权与神权相结合的玉殓葬为重要特征的环太湖地区的良渚文化，以庙堂礼乐器石磬、鼍鼓、成组漆木器、彩绘盘龙纹陶盘等成组彩绘陶器为组合的晋南陶寺文化，是这一新阶段的两个主要文化中心和典型代表，邯郸、洛阳、武功并发现距今四五千年间的洪水遗迹。所以，五帝时代前后期的划分，在考古学上正好分别与仰韶时代后期（距今 5500～5000 年）和龙山时代早期（距今 5000～4500 年）相当。

如果说以上关于五帝时代的上下限和两阶段的划分，与考古学上的对应比较容易取得共识的话，那么，五帝时代诸代表人物的活动地域与诸考古文化分布区域如何结合就成为追寻五帝踪迹至关紧要的了。对此，苏秉琦先生曾特别强调过 20 世纪 80 年代考古工作两项成果，我理解就是指这两项成果与这一结合的关系极大。这两项考古成果：一是经过山西省境连接中原与北方两大文化区系（仰韶与红山）文化遗存的研究；二是辽西红山文化坛庙冢遗址群的新发现。他并且在《华人·龙的传人·中国人——考古寻根记》等多篇文章中反复论证，辽西红山文化坛庙冢是以花（仰韶文化）和龙（红山文化）为象征的两个不同文化传统的共同体相结合迸发出的文明火花，是 5000 年前的古文化古城古国，即反映原始公社氏族部落的发展已达到产生基于公社又凌驾于公社之上的高一级的组织形式，说明在由氏族向国家过渡的历史性转变过程中，辽西地区曾先走一步。晋南陶寺文化则汇集了源于红山文化的朱绘龙纹陶盘、源于大汶口文化的背壶和源于良渚文化的"∠"形石推刀；始于内蒙古河套地区的酉瓶与蛋形瓮结合产生最早的三袋足器"原始鬶"，也在陶寺完成了由鬶鬲到鬲过渡的完整发展序列。这种不是由中原向四周放射，而是由西北、东南诸古文化向中原汇集的文化多源性的发展总趋势，正与文献所载万邦林立的尧舜时代，各邦"诉讼""朝贺"，由四面八方"之中国"，与后人解释"帝王所都为'中'，故曰'中国'"相吻合。由此可见，从考古学最新发现和研究成果所揭示出的五帝时代的景象是，五帝前期的重心在燕山南北长城地带，红山文化是这一时期的主要代表之一，牛河梁坛庙冢遗址群是目前所知最高层次的文化中心，仰韶文化与红山文化的南北结合的文化关系为影响全局的重大事件；五帝后期重心由北向南转移，以晋南龙山时代早中期的陶寺文化为主要代表，陶寺遗址是最高层次的文化中心之一，文化关系表现为由四方向中原聚集产生的文化综合体性质。所以主张陶寺文化是陶唐氏是顺理成章的，而五帝前期长城以北的红山文化在同时期诸考古文化中较为发达和影响较大，则证明文献所记五帝前期代表人物在北方地区活动的可信性。据载，黄帝族"迁徙往来无常处"，这是北方游牧民族的特点，黄帝战蚩尤于涿鹿之野，地在今河北省北部张家口地区的桑干河流域。周武王封黄帝之后裔于蓟，地也在今燕山南麓长城脚下。冀州因是五帝活动地域而被列为九州之首，其地域包括了辽宁省西部地区在内。《禹贡》记冀州"厥土曰白壤"，指的就是燕山南北地区的白沙质土，而不是黄土地带土质较紧密的黄土。所以，提出五帝前期的活动重心在北方的燕山南北长城地带，从文献记载的分析到考古发现的研究，都正在得到越来越多的证据。

综上所述，只要走出根深蒂固的中华大一统观念这个怪圈，放眼各大考古文化区与中原同步或大致同步发展并相互影响，尤其是重视北方古文化和南北文化结合的作用，那么眼睛就会为之一亮，原来长期以来扑朔迷离的五帝传说在考古学上已经可以理出头绪。不仅如此，从考古学上看到的五帝时代，在多次的文化组合和重组过程中，出现了跨入文明时代与文化趋向一统两者并行并相互促进、民族文化传统在不断取得共识过程中已初具规模的辉煌局面。所以，五帝时代作为中华文明史的第一章，既反映出它是中国古史上内容最为丰富多彩和最富有生气的时代之一，也表明这个时代发生的许多重大历史事件都是对中华文化具有奠基意义的一种广阔而深邃的文化认同。

（原载于《文化的馈赠——汉学研究国际会议论文集·考古学卷》，北京大学出版社，2000 年）

《考古追寻五帝踪迹》绪论

1994 年由白寿彝先生总主编的多卷本《中国通史》第二卷《远古时代》出版。这本书是由苏秉琦先生主编，张忠培先生和严文明先生共同执笔编写的。当时我写了一篇学习笔记，题目叫《考古追寻五帝踪迹》①。现结合考古与历史的整合的主题，续写一点。

目前史前考古成果与古史传说五帝时代之间的整合，到底进展到了一个什么程度？在这一问题上，怀疑五帝时代存在的学者以为这是一个敏感领域，有鉴于以往简单的比附造成不必要的混乱，认为还是以谨慎为好，甚至有等待类似于殷墟那样可以直接对号的文字发现的想法。不过，随着史前考古发现和研究的进展，特别是中国文明起源研究的进展，考古与古史传说中五帝时代记载之间，有越来越接近的趋势。可以这样说，近二十多年来中国史前考古发现和研究的一项主要成果，就是证实了中国历史上确有一个五帝时代。

现在的问题是，如何准确地找到考古与历史的整合点，或者说，它们之间的距离还很大，如何找到彼此接近的渠道，显然，这里涉及一个方法论问题。《中国通史》第二卷《远古时代》一书在史前考古与五帝时代的整合方面，做了一些有益的尝试，特别是以考古资料和研究成果为主对文献进行分析和研究，对两者的整合很有启示作用。其中又以两个方面最值得提出，一是从史前考古的成果看五帝时代的时空框架，一是从史前考古的

① 郭大顺：《考古追寻五帝踪迹——苏秉琦主编〈中国通史·远古时代〉学习笔记》，北京大学中国传统文化研究中心编《文化的馈赠——汉学研究国际会议论文集（考古学卷）》，第 122~124 页，北京大学出版社，2000 年。

成果看五帝时代的时代特点。

关于五帝时代的上、下限，多卷本《中国通史》在正文中是把五帝时代放在龙山时代叙述的，但在"序言"里提法有所不同，是以考古学上大的时代划分和阶段变化为依据，将五帝时代的上、下限都做了具体的分析和界定：

"五帝的时代究竟相当于考古学上的哪个时代，假如这个判断（指二里头文化更像是夏文化——郭注）没有大错，那么五帝时代的下限应是龙山时代。"

"五帝时代之始，战争连绵不断。这种情况只有在社会财富有所积累，社会分化日趋尖锐的情况下才能发生。从考古学文化来看，这是仰韶后期即相当于公元前 3500 年以后的事，所以五帝的时代上限应不早于仰韶时代后期。"①

不过，"序言"对五帝时代的时间框架所做的考古学分析，又以对五帝时代的分期最切中要害：

"按照古史传说，五帝的时代又可分为两大阶段，黄帝至尧以前是第一阶段，尧及其以后是第二阶段。先秦儒家言必称尧舜，《尚书》就是从《尧典》开始编纂的。墨家常是虞夏商周连称，把尧舜的历史同三代相联系而与以前的历史相区别。问题是这两个阶段能否同考古学文化相对照。仰韶时代与龙山时代之间确实有一个明显的变化，无论从农业和手工业的发展，社会的分工与分化，还是从文化区系的重新组合等各方面都看得出来。"②

依照以上分析，关于五帝时代时间框架的考古与历史整合的结果为：五帝时代可以分为前后期，即以黄帝为代表的前期和以尧舜禹为代表的后期。大约以距今 5000 年为界的仰韶时代晚期到龙山时代（早期），与五帝时代的前后期有相互对应关系。

至于五帝时代主要代表人物的活动地域和时代特点，那就要复杂得多。不过，苏秉琦先生在另外一篇文章中对此有一段很概括的话。他说："华山

① 苏秉琦主编：《中国通史·远古时代》序言，第 18 页，上海人民出版社，1994 年。
② 苏秉琦主编：《中国通史·远古时代》序言，第 19 页，上海人民出版社，1994 年。

一个根，泰山一个根，北方一个根，三个根在陶寺结合，这就是五帝时代的中国。"① 这段话可以从几个层次理解：

一是说中原地区是五帝时代诸代表人物活动的主要地域，特别是在"前五帝时代"和五帝时代前期以华山周边为中心（"华山一个根"），五帝时代后期以晋南（陶寺）为中心。但不限于中原。

二是说五帝时代诸代表人物有多个活动地域，每个地域又有不止一种考古学文化以及它们所代表的部落集团，各区域考古学文化与中原有同步发展相互影响的一面，但所起的作用又不是对等的，而是有主有次的。其中起作用较大的，除中原地区以外，还有东南沿海地区（"泰山一个根"，泛指山东地区的大汶口文化和环太湖地区的良渚文化）和以辽西为主的燕山南北地区（"北方一个根"，主要指红山文化），分布在这三大区域的主要考古学文化可能与五帝时代诸代表人物有更密切的关系。

三是说诸地域各考古学文化之间，并不是孤立存在的，而是相互有所交流，而且这种交流是非常频繁的。交流形式也是多样的，有文化因素的吸收，有资源的交换，有人群的移动，还有战争这种特殊的交流形式等。其中，仰韶文化与大汶口文化东西之间的交流，仰韶文化与红山文化南北之间的交流，为五帝时代（主要是五帝时代前期）的主导交流态势。以红山文化为例，它作为东北渔猎文化区的一个组成部分，是以饰压印"之"字形纹的筒形陶罐为主要考古学文化特征的，却吸收了中原仰韶文化的彩陶等先进文化因素，从而使文化面貌产生重大变化，并促成了红山文化的最终形成。该文化晚期在辽西山区出现的规模宏大的祭坛、女神庙和积石冢群及以龙凤等动物形题材为主要造型的玉器，也是以与仰韶文化的频繁交流作为原动力之一的。《史记·五帝本纪》："神农氏衰，诸侯相侵伐"，就极为概略地记录了"前五帝时代"和五帝时代前期这两个阶段的更替和后一时期各大区域诸代表性部落集团的频繁交汇。

这里需要特别指出的一点是，各区域诸文化交汇的趋势。在仰韶文化前期，也就是"前五帝时代"，是以中原向周围的扩散为主的，仰韶文化庙

---

① 苏秉琦：《现阶段烟台考古——在第一次环渤海考古座谈会上的讲话》（1987年），《华人·龙的传人·中国人——考古寻根记》，第45页，辽宁大学出版社，1994年。

底沟类型的影响在它的主要分布区之外，还影响到很大的区域就足以说明这一点。但是到了仰韶文化的后期，也就是五帝时代前期，交流的方向发生逆转，东方大汶口文化由于社会变革较快等原因，加大了对仰韶文化的影响，使靠近东方的豫西仰韶文化率先改变面貌，作为仰韶文化主要特征的彩陶简化，小口尖底瓶减少，而来自东方的"鼎豆壶"占据了主要位置并逐渐取而代之。这尤以王湾遗址的早期到中期的变化最具代表性①。北方的红山文化和小河沿文化（后红山文化），也越过燕山，到达华北平原中部，并影响到中原。晋南陶寺文化的早期大墓里，随葬的陶礼器，有七八种具有大汶口文化的特点，几乎成了陶寺墓地陶礼器的主流②；陶寺墓葬还随葬有来自更远的环太湖流域良渚文化特有的石俎刀和玉琮；陶盘上所饰鳞纹的彩绘龙纹，外缘方、内孔圆的玉璧和折腹的陶盆等，则与北方的红山文化和后红山文化有关，表现出陶寺墓地多元性的文化特征。这说明，从五帝时代后期起，诸区域考古学文化之间的交流，是以四周向中原汇聚为主导趋势的。《孟子·万章上》记载，舜继尧位，"夫然后之中国，践天子位焉"，是说以舜为代表人物的部族，原不在中原，他继帝位，要"到"中原来，就是这种交流大趋势的反映。

值得注意的是，与五帝时代主要代表人物有关的这三个大区诸考古学文化之间，无论经济类型和文化传统都各不相同。简言之，中原是以粟作农业和彩陶、小口尖底瓶为主要文化特征的，东南沿海地区是以稻作农业和鼎豆壶为主要文化特征的，而辽西地区已如前述，是以渔猎经济和筒形陶罐为主要文化特征的，但它们却能向一起汇聚，必有共同基础——通神为礼即是。红山文化和良渚文化都有发达的通神玉器和祭祀遗址，就是仰韶文化，其彩陶和小口尖底瓶，有的也不是一般生活用具，而是巫者专用

①　北京大学考古文博学院：《洛阳王湾：田野考古发掘报告》，北京大学出版社，2002年。郭大顺：《大汶口文化陶器礼器化进程及其意义》，山东大学东方考古研究中心编《东方考古》第一集，第93～107页，科学出版社，2004年。

②　高炜、张岱海：《汾河湾旁磬和鼓——苏秉琦先生关于陶寺考古的论述》，《苏秉琦与当代中国考古学》，第666页，科学出版社，2001年。

的神器①，说明这三大区诸考古学文化有着共同的思想观念和走向文明的共同道路，那就是张光直先生所说，除了生产力的发展，通神独占取得政治权力是一个主要内容②，这又与古史传说中颛顼帝"绝地天通"的记载相吻合。所以，古史所记颛顼的宗教改革，首先不是一个人甚至一个部族的活动问题，而是五帝时代的一个重要时代特点。

再一点要特别提出的是，无论东方影响中原的"鼎豆壶"，还是北方影响中原的"坛庙冢"、龙纹和玉器，都在商周及其以后，长期成为中国传统礼器的主要载体。这表明，与中原地区一样，东方的大汶口文化、东南沿海地区的良渚文化和辽西地区的红山文化，在五帝时代都绝不是配角。除了陶寺文化与陶唐氏尧有关几成共识以外，仰韶文化为神农氏华族，红山文化的时空框架与黄帝的记载有吻合之处，大汶口文化与有虞氏有关，良渚文化可能是先夏文化，都是不可忽视的观点③。

总之，五帝时代诸部落集团的活动轨迹，有一个从五帝时代前期各区域诸考古学文化以发展个性为主并频繁交汇，到五帝时代后期由四周向中原汇聚走向最初文化共同体的过程。其间的一个影响中华文化和文明起源全局的重大历史抉择是，虽然各区域诸考古学文化之间的文化传统和经济

① 苏秉琦先生以为："小口尖底瓶未必都是汲水器，甲骨文中的'酉'字有的就是尖底瓶的象形，由它组成的会意字如'尊''奠'，其中所装的不应是日常饮用的水，甚至不是日常饮用的酒，而应是礼仪、祭祀用酒。尖底瓶应是一种祭器或礼器，正所谓'无酒不成礼'。半坡那种绘有人面鱼纹之类的彩陶，反映的已不再是图腾崇拜，已超越了图腾崇拜阶段，有些彩陶应属'神职'人员专用器皿。"（《关于重建中国史前史的思考》，《考古》1991 年第 12 期）。张光直先生也从仰韶文化彩陶等因素中归纳出巫觋人物特质与作业的阴阳两性、特殊宇宙观、迷幻境界、动物为助手、再生等 7 项特征（《仰韶文化的巫觋资料》，《中国考古学论文集》，第 136 ~ 150 页，生活·读书·新知三联书店，1999 年）。
② 张光直：《中国古代史在世界史上的重要性》，《考古学专题六讲》，文物出版社，1986 年。
③ 苏秉琦：《关于仰韶文化的若干问题》，《考古学报》1965 年第 1 期；《论西辽河古文化》，《华人·龙的传人·中国人——考古寻根记》，第 130 页，辽宁大学出版社，1994 年。刘敦愿：《美术考古与古代文明》，第 487 ~ 497 页，台北允晨文化出版，1994 年。陈剩勇：《东南地区：夏文化的萌生与崛起——从中国新石器时代晚期主要文化圈的比较研究探寻夏文化》，《东南文化》1991 年第 1 期。郭大顺：《追寻五帝》，商务印书馆（香港）有限公司，2000 年。

类型各不相同，却并未分道扬镳，而是向一起聚集，首先在"文化认同"基础上实现了"认同的中国"。中原大地由于它特定的地理和人文优势，对四周具有很大的吸引力，表现在文化发展趋势上是巨大的凝聚力，史前时期如此，以后很多历史时期也是如此。中国历史之所以从不间断，中原地区的这种巨大的凝聚力起到关键作用。

五帝时代，是中国跨入文明社会的时代，也是开始走向文化一统的时代，还是中华传统初现的时代。这个时代，既为夏商周三代奠定基础，也为中华文化、中华文明的形成奠了基，所以，这是中国历史上最伟大的一个时代，是需要史学家大书特书的一个时代。只要我们态度积极，方法得当，史前考古与五帝时代历史的整合定会不断有所进展，并在不长的时期内取得突破。

（原载于《中原文物》2006 年第 3 期）

大文物：一个新概念的形成

——记苏秉琦先生关于大遗址保护的几次谈话

"文物——大文物——一个新概念的形成"，这是 1986 年 10 月苏秉琦先生在辽宁省兴城"文化与文明"讲话提纲中的一个标题。他在谈到近年由大遗址为主提出的一系列学术课题之后说，长期以来，我们的考古发掘、博物馆收藏、文物店的古董收购，都是把一件件文物放在第一位，现在我们要从一座座、一群群、一片片的"大文物"去考虑文物保护问题，因为大文物的概念更能代表中华民族和国家、中华文化的形象，更有吸引力和感染力，文物保护与利用的结合也应体现在以大文物为出发点上，要有文物——大文物——文物事业的不断认识过程作为工作的指导思想。关于"大文物"概念的形成过程，可以联想到"古文化古城古国"的提出。1985 年 10 月，也是在兴城，苏秉琦先生做"辽西古文化古城古国——试论当前考古工作重点和大课题"的讲演时，曾有这样一段回顾："'文革'后文物局恢复工作初，七五年召开的北方七省文物工作会议期间，与陈滋德同志谈文物保护重点时，提出'古城古国'应作为当前文物保护重点这一原则，理由两条：一、文化重点所在；二、埋藏浅，易毁难保。当时提出主要是指历史时期的遗存，不能说史前时期文化遗存没有重点。现在提出'古文化古城古国'作为当前考古工作重点与大课题，目的是把原始文化（或史前文化）和古城古国联系起来的那一部分加以突出。""考古发现的'大遗址'规格，就是古城古国所在，背景是人口密集，社会经济发达，社会已有分工。我们在最初提出考古学文化区系类型时，曾提到中国现行行政区划中的 200 多个省级以下的专区一级，以一个有相当规模的、有历史来源的中等城市为中心，它们在现实生活中所起作用的历史渊源，就是指相当于这些专区一级范围的考古文化区系是产生古城古国的基础。"一年以后，先生就提出了"大文物"的概念。看来，苏先生已经意识到，在学科发展进入新阶段时，对文物保护也应适时提出新要求。那天因为时间关系，这一话题未能展开，讲话稿整理发表时也未及补充。不过先生在此前后，根据辽西、河北、江浙等地的考古发现，曾多次谈到这方面的问题。

早在 20 世纪 80 年代初东山嘴、牛河梁红山文化遗址发现之初，苏先生就提出，不仅要把祭坛（东山嘴）、牛河梁积石冢、"神庙"联系在一起，而且要把它们同附近两千年以后的六处商周青铜器窖藏坑联系起来，作为一个古遗址群看待，它们的每一现象都不应以它自身当作它的范围，应把它们之间现在看来还没发现什么线索的"白地"都看作是重要范围。环太湖地区良渚文化的土墩也是大文物，它们成群分布，比一个个墓葬重要。对于辽宁省绥中县渤海湾北岸止锚湾发现的姜女石秦宫遗址，苏先生提出此址我们应看作是原来地上古建筑、纪念址，其保留意义可与长城相比。长城可作为中华民族象征，此则是统一多民族国家最初形成历史时期的标志，是秦汉间"国家级"纪念建筑物。1986 年夏，河北省北戴河金山嘴发掘出与姜女石遗址相近的秦宫遗址，先生的思想迅速升华。他认为从姜女石到金山嘴是一体建筑，它的布局"恰和渤海海峡一线相对应，'宫'的主体建筑群又正面对海中的'姜女坟'礁石，宫城左右的黑山头龙门石与止锚湾红石崖正如为宫城配置的'双阙'，从这里远眺，直可把辽东半岛与胶东半岛环抱的海域连成一片，这就把自然景观与人工建筑构成像一座宅院门厅的格局"。苏先生认为，这就是史书所记秦始皇"择地作东门"的国门所在。以渤海口为门厅，以海湾北岸的宫殿群为屏障，使人一进国门就看到我们民族的形象，这是多么巧妙的构思和雄伟的气魄！这是举世无双的大文物！从碣石宫我们看到了国门，从国门我们看到了帝国，从帝国我们看到了中华民族和国家的形象，没有哪一个国家能有这样大的气魄。对于学术界存在的不同看法，他认为这是正常的，但对遗址的保护措施不能等，要抓紧时间，早做规划。他对遗址的规划格外关心。对于规划原则，他明确提出，首先要考虑的是现状保存问题，如何传之子孙万代，在考虑保持它们的环境风貌和建立遗址博物馆的设想时，要体现出一个历史名胜古迹的气魄，使今人能体会到一些当时的社会气氛。对于规划保护的一些具体问题，先生也有仔细考虑，如建议抓紧勘探，在短期内拿出一个平面图来，使保护范围的划定有充分依据；原农田只许原状使用，按国家规定可以征用，必要时可动员搬迁一部分农户。他告诫大家，对大遗址的工作要有长期打算，长计划短安排。

苏秉琦先生对大遗址保护的这些科学的有远见的见解，不断打开我们的思路。在牛河梁、姜女石等大遗址的保护中，我们按遗址群在划定保护范围、重点地段征地方面，做了一些工作，有的做晚了，以后补做，难度明显加大。当我们终于能对遗址的总体规划进行实际操作时，重温苏先生的多次有关讲话，回顾我们十多年来在大遗址保护方面的曲折历程，常常感到苏秉琦先生在大遗址保护方面同他毕生致力的学科理论建设一样，极具预见性。他所提出的"大文物"新概念，对于我国的文物保护事业，特别是大遗址的保护，具有长远的指导意义。

（原载于《中国文物报》1998 年 6 月 14 日）

从苏秉琦先生关心大遗址保护想到的

2009 年 6 月中旬在"大遗址保护良渚论坛"会上，与明康同志谈起苏秉琦先生从 20 世纪 80 年代中期前后起多次提起大遗址保护事。会后查阅手头有关材料：

1983 年秋冬之交，辽宁牛河梁红山文化遗址和姜女石秦行宫遗址先后被发现，苏先生得知消息后，立即意识到对这类不同于一般遗址的高规格且形成遗址群的大遗址，在遗址保护方面也要突破常规。为此，先生在重视它们研究价值的同时，于当年和第二年，连续从遗址保护方面提出设想和建议。他说：不仅要把祭坛（东山嘴）、牛河梁积石冢、"神庙"联系在一起，而且要把它们同附近两千年以后的六处商周青铜器窖藏坑联系起来，作为一个古遗址群看待，它们的每一现象都不应以它自身当作它的范围，应把它们之间现在看来还没发现什么线索的"白地"都看作是重要范围。"急需采取有效措施，把开展当前工作与制定永久性保护方案结合进行。"

对于辽宁省绥中县渤海湾北岸止锚湾发现的姜女石秦行宫遗址，先生提出，此址"我们应看作是原来地上古建筑、纪念址。其保留意义可与长城相比。长城可作中华民族象征，此则是统一多民族国家最初形成历史时期标志。是秦汉间'国家级'的纪念建筑物"。

先生同时提出遗址保护的原则与建遗址博物馆的设想：

对牛河梁遗址：要保护现场，研究恢复原来的环境风貌，使今人能体验到一些当时社会气氛。在工作中再研究如何建立正式的"遗址博物馆"。

对姜女石遗址："此处首先不是我们考古发掘对象，而像地上古建筑一样是现状保存问题，如何传之子孙万代，现在也不是研究它们的科学复原问题，而是如何尽量保持它们的环境风貌。"

对于建立遗址博物馆和遗址规划保护的一些具体问题，先生也都有仔细考虑。如他用图解形式分三个层次对建遗址博物馆做了详细说明，包括规划设想、具体规划、单项设计等。为了制定遗址保护规划，他建议抓紧勘探，在短期内拿出一个平面图来，使保护和规划范围的划定有充分依据；原农田只许原状使用，按国家规定可以征用，必要时可动员搬迁一部分农户等等。

他提醒大家，对这类大遗址的工作要有长期打算，长计划短安排。此事决不应忽视，但又不可仓促。对于学术界存在的不同看法，他认为这是正常的，但对遗址的保护措施不能等，要抓紧时间，早作规划。

在苏先生这些建议和设想的启发下，我们将牛河梁遗址包括环境在内的50平方千米都划定为法定保护范围；姜女石遗址也将6个遗址点的建设控制地带连成一片直到海中礁石群。并由此形成以建设"遗址博物苑"为目标的保护与利用相结合的工作思路。

这是苏秉琦先生在这两个遗址刚刚发现之初，就从大遗址的视角提出文物保护的一些新观点和应采取的新措施。不久，随着发掘的全面开展和新的发现，先生又不断有新想法，这主要就是提出了"古文化古城古国"和"大文物"的概念。

1985年10月先生在兴城讲话所论述的"古文化古城古国"，本来是对正在兴起的中国文明起源讨论提出的具有指导性的意见，但正如先生所言，其缘起却是他回答国家文物局陈滋德同志提出的文物保护重点应是历史时期的"古城古国"，现加上"古文化"，是将与原始文化联系起来的那部分加以突出，这指的是当时各地陆续发现的距今四五千年间、属于新石器时代晚期的大遗址，除辽宁牛河梁以外，还有山西陶寺、甘肃秦安大地湾、山东大汶口、浙江良渚、江汉平原城址群等，作为当时的政治文化中心，它们既是文明起源的实证，也是大遗址最精华的部分，当然也是文物保护的重点。但它们的分布不限于中原，是"在六大古文化区系各自范围内普遍发现相当于新石器晚期阶段的具突破性意义的大遗址的重要遗迹、遗物，经过论证，属于社会已发展到较高阶段具有较高文化水平的遗存"。所以，这一提法不仅将中国文明起源的讨论引向深入，启发各地都要在考古研究特别是田野工作实践中提高寻找和辨别中心遗址的意识，而且也将大遗址保护在各地文物保护中的地位提高到新的层次和级别。与此相应，从 1988 年起，国务院公布的国家级重点文物保护单位中，古遗址的数量和比例在逐次大幅度增加。

1986 年的春夏之际，在渤海湾北岸继姜女石遗址之后，又在其西南近百里的秦皇岛市金山嘴发现秦行宫遗址。先生以为，姜女石和金山嘴这两处遗址是一体建筑，其布局"恰和渤海海峡一线相对应，'宫'的主体建筑群又正面对海中的'姜女坟'礁石，宫城左右的黑山头龙门石与止锚湾红石崖正如为宫城配置的'双阙'，从这里远眺，直可把辽东半岛与胶东半岛环抱的海域连成一片，这就把自然景观与人工建筑构成像一座宅院门厅的格局"。苏先生认为，这就是史书所载秦始皇"择地作东门"的国门所在。以渤海口为门厅，以海湾北岸的宫殿群为屏障，使人一进国门就看到我们民族的形象，这是多么巧妙的构思和雄伟的气魄，这是举世无双的大文物。从碣石宫我们看到了国门，从国门我们看到了帝国，从帝国我们看到了中华民族、中华国家的形象，没有哪一个国家能有这样大的气魄。

为此，先生于 1986 年 10 月在辽宁省兴城做"文化与文明"讲话时，特意在讲话提纲中加了一个标题："文物——大文物——一个新概念的形成"。他说，长期以来，我们的考古发掘、博物馆收藏、文物店的古董收购，都是把一件件文物放在第一位，现在我们要从一座座、一群群、一片片的"大文物"去考虑文物保护问题，因为大文物的概念更能代表中华民族、中华国家、中华文化的形象，更有吸引力和感染力，文物保护与利用的结合也应体现在以大文物为出发点上，要有文物——大文物——文物事业的不断认识过程作为工作的指导思想。

在此以后，先生对内蒙古、河北、江浙等地的一些考古发现，也多次用大文物的概念启发当地对大遗址及其保护的重视。如：

1986 年 8 月在内蒙古包头考察时，提出："包头市几个大文物点：市内塬上 4000～6000 年前遗址群、秦（赵）长城、美岱召、五当召。此外，汉'单于和亲'瓦当是文物，它的出土地所在地更是文物，如把它还原到原地（不会没有遗迹痕迹可寻），比摆在玻璃柜意义、效果会大不相同。同样道理，我认为自秦汉以后整个包头市文物应以此类'大文物'为重点。"

1987 年 5 月在山东长岛"第一次环渤海考古座谈会"上，先生以"东半坡"来比喻长岛史前遗址的学术价值和保护意义:"下一步是在写好报告的同时,把材料保存好,传之子孙万代。是文物就不能说这个是那个不是,东西是,留下的坑也是,文物不离开地方,还可以复原,一套不同于一件,反映一家一户,合起来就是一个村落,是大文物,不能散,多少年以后,价值不一样。"并也提出建立遗址博物馆的建议。

对环太湖地区的良渚文化,先生誉该文化的土墩大墓为"土筑金字塔",指出这也是大文物,它们成群分布,比一个个墓葬重要。

那一时段,先生还发表过《加强泰山大文物研究》的文章,指出环绕泰山的西南有北辛—大汶口文化,东北有烟台白石村—大汶口—龙山文化,后来青铜时代的古城—古国也集中在泰山周围,表明早在山东半岛古文明形成阶段,泰山可能就是这个"新月形"地带人们的"神山"。为此,先生建议应把泰安市、泰山与大汶口遗址三位一体,作为一项"大文物"的整体,把大汶口这个全国重点文物保护单位,作为一个遗址博物苑列入市政建设长期(远期)规划。先生并告诫:此事首先是思想认识问题,科研课题,市政建设规划问题。急功近利思想和这设想是格格不入的。认为有钱就好办事是办不成事的。

以上所列可知,苏先生是在20世纪80年代中期以后的一段时间里,针对各地发现的一些规模较大、规格较高的遗址或遗址群,不断提出大遗址保护的设想和建议的。同时在保护的前提下,提出建立遗址博物馆的设想。看来,先生在指导和推动学术课题研究深入的同时,已意识到,在学科发展进入新阶段时,对文物保护也应适时提出新要求。

首先是理念的更新。即从大遗址和大文物的概念考虑文物保护,提出与中国这个文化发展多元一体又连绵不断的文明古国和泱泱大国相称的保护措施。相对于一般遗址的"大遗址"概念和相对于出土文物的"大文物"概念,在提出的角度和理解上可能有所不同,但它们都直接与20世纪80年代以后考古新发现及由此出现的遗址保护的新形势有关,表达的都是区域性的整体保护,而不仅是局限于一个个的遗址点。

与此有直接关系的,是如何对待遗址环境的保护。先生对牛河梁遗址提出的"白地"也是保护范围的观点,将遗址环境的保护与文物本体的保护同等对待。以后当地建高速公路、架高压线、开矿等涉及遗址环境保护得到妥善处理的事例证明，这是对具有特殊重要价值的遗址的环境也要特殊对待的一种具前瞻性的认识。

其次是规划建设应坚持保护第一的原则。先生一再强调，遗址规划和建设遗址博物馆，首先要考虑的是现状保存问题，如何传之子孙万代，在考虑保持它们的环境风貌和建立遗址博物馆的设想时，要体现出一个历史名胜古迹的气魄，使今人能体会到一些当时的社会气氛。

苏秉琦先生关于大遗址保护的论述，对当前关于大遗址保护和考古遗址公园建设的议论及实践，应有所启发。对此，我想到：

首先，大遗址保护和考古遗址公园的提出，是中国考古学学科发展的必然，也是考古学走向社会化大众化的必然，当然，这也是考古工作者义不容辞的社会责任。

同时，也为考古工作者提出新课题，拓展新领域。如：

在考古发掘中就要考虑遗址保护，具体如在田野考古发掘中如何妥善处理出土的遗迹和遗物，在这方面面临遗迹解剖和遗物提取的选择性问题，对极其重要甚至具唯一性但又不易复原的遗迹的解剖，要考虑如何解决既取得科学数据又保持遗迹原生态的问题；在对具典型性和具观赏价值的遗物的提取方面，也有提出考古发掘使遗址空洞化的现象，值得思考。

信息收集的全面多样。如当时的活动地面和道路，近年已多有注意，由于这类遗迹在田野工作中判断难度大，还是易被忽略，但在做遗址规划和遗址公园建设中，当时的活动地面和道路却是头等重要的资料。

考古学家与规划师的合作问题。考古人应积累点规划知识，这不仅是双方合作的需要，而且是考古研究的需要。因为包括古遗址在内的古代建筑大都十分讲究规划，尤其是等级高的聚落。当然，处于主动地位的规划师是否有与考古学家、特别是处于第一线的考古学家接触交流的愿望（着重在规划前期），更是对遗址了解程度和规划深度的一个衡量标准。

（原载于《中国文物报》2009 年 9 月 11 日）

他把考古学推向一个新时代

——记苏秉琦先生 1996 年深圳行

应香港商务印书馆陈万雄总编辑的邀请,苏秉琦先生于 1996 年 1 月 8 日至 2 月 20 日到深圳进行工作疗养,我与北京 361 医院郁佩玲护士长陪同。

这是苏先生最后一次离开京城,却是他多年来时间最长的一次远行。

看到先生坐在波音 767 宽敞的客舱里俯视太行山的凝重而安详的神情,我和护士长都长舒了一口气,因为自从他 1988 年安上心脏起搏器以后,前后近十年外出没有坐飞机了。

这次南方之行的缘起是,自 1994 年 10 月初在北大为先生举办了 85 岁生日庆祝会后,先生就提出了"学无止境,大家再聚一聚,谈些新课题"的建议。正适香港商务印书馆从《人民日报》海外版上看到了辽宁大学出版社出版的苏先生论文集《华人·龙的传人·中国人——考古寻根记》一书的消息,香港商务印书馆希望能再版这本新出的论文集,或把这本论文集与 1983 年由文物出版社出版的《苏秉琦考古学论述选集》汇总,以便在海外予以宣传。当然他们更希望能提供条件让先生边休养边多谈一谈。联想到 1941 年先生的斗鸡台发掘研究报告交香港商务印书馆付梓,后因太平洋战争爆发香港沦陷而下落不明的事,苏先生欣然接受邀请,说这是"六十年的交往又接续上了"。

岭南的冬天气候宜人,主人将我们安排在新华社香港分社驻深圳办事处——贝岭居。这里环境十分幽雅,使先生在深圳期间,心情一直非常愉快,谈锋甚健。到深圳的第二天,他就同商务印书馆的编辑和前来看望他的广东省和深圳市文博部门的同志们谈到宋健同志倡议的"夏商周断代工程";谈了历史考古界根深蒂固的大一统观和以社会发展史代替历史本身的观念；谈了南方有自己的夏商周文化，中原文化与当地文化结合是以当地文化为基础的；谈了神权垄断是国家出现的标志，北方是从社会分工到社会分化产生国家，中原是从洪水期到治水事业产生国家；谈了渔猎无国界，与自然谐调，应对未来社会文化发展有所启发等。从先生清晰的思路和谈不完的题目中，我似已觉察到，这次大概不会只是再版论文集的问题，而很有可能是要写出一本新的专著，而且书的框架已隐约可见了。

果然，在以后一个月时间里，先生的谈话大都是围绕这几个题目展开的。话题以回忆总结为主，却处处充满新意，有些想法以前还从未听到过，这次却有细致完整的论述。先生的这些谈话内容大都收进他的新作《中国文明起源新探》一书中（此书于1997年6月由香港商务印书馆出版，赶在香港回归祖国前发行）。近来我时常翻阅这些谈话记录，对苏先生在考古学上的成就，特别是他创建的理论体系把考古学推进一个新时代的贡献，每次都有新的感受。

苏先生晚年的学术活动和学术思想是很有特色的。他一如既往，始终站在学科前沿思考和提出问题，指导着学科一些重大课题的研究与发展，同时不断发表他个人的学术观点。在20世纪80年代中期刚刚开展的中国文明起源讨论中，苏先生及时提出"古文化古城古国"的新认识，这不仅把这一讨论引向深入和正确方向，而且大大增强了各地在田野考古实践中寻找和辨别中心聚落，包括史前城址的意识。这次他又对此作了透彻的阐述："我们在最初提出考古文化区系类型时，曾提到我国现在行政区划中的200多个地区一级在现实生活中所起作用的历史渊源，就是指相当地区一级的考古文化区系范围是产生古城古国的基础。考古发现的'大遗址'规格，就是古城古国所在，背景是人口密集，社会经济发达，社会已有分工。秦汉设郡大致就是以这种现地区一级的古文化古城古国为基础的。""在距今5000年前后，在古文化得到系统发展的各地，古城古国纷纷出现，中华大地社会发展普遍跨入古国阶段。"

鬲的起源曾是考古界长期关注的一个题目，因为这种被誉为"中华古文化代表化石"的器类，对追溯中华文化的起源具有特殊意义。苏先生在1941年所著《瓦鬲的研究》一文中曾推断，鬲的起源大约在其分布中心区域的陕豫之间，时间在仰韶文化与龙山文化之间。当时，瑞典考古学家安特生曾提出鬲是由三个尖底器结合而成,但只是一种推测。20世纪80年代初,苏先生在河北省北部的张家口地区蔚县筛子绫罗龙山文化遗址早期单位里发现有的袋足器主体(腹)部分类似尖底器,有些袋足里壁有纵折皱,这是小口尖底瓶末期制作痕迹的一种特征。在邻近的内蒙古河曲地区准格尔旗,还发现这种尖底腹鬶是与末期尖底瓶共生的。由此,先生确认,鬲的起源地不在中原而在北方,并且联想到甲骨文干支中的"酉(Ⓨ)"和"丙(🐾)"二字,就是以这两种器物作为创意时的物证的,从而反映出在距今四五千年间北方地区闪烁着又一个文明火花。这次在深圳,先生又着重讲了鬲的消失和鬲与中国传统文化的密切关系。他说,鬲作为一种器物虽在春秋战国之际就已消失,但作为文字却一直保留至今,反映人际关系的"隔"与"融",都是以"鬲"作为偏旁的。"隔"而不分,其乐融融,以"融"为主,这些中华民族传统道德观念原本有其深厚的历史文化基础。

在深圳期间,为编写先生年谱做准备,我们曾把先生近年发表的一些新的思想和观点排成年表,发现先生晚年学术活动有一个很重要的特点,就是他的学术思想发展明显在加快。"古文化古城古国"的新认识是1985年10月初他在辽宁兴城一次座谈会上提出的;一个月后,他转赴山西侯马参加"晋文化研究会",就又提出红山文化坛庙冢的出现是以红山文化与仰韶文化的交汇、碰撞为原动力的,认为这一南北文化的结合是影响5000年前中国历史发展全局的重大事件;一年后他又在兴城讲话中谈到考古与古史传说有机结合的问题,不久就提出"重建中国史前史"的设想。而且他并未就此停步。1993年5月在北京大学"迎接二十一世纪考古学"国际学术讨论会上讲话时,先生将中国古代国家形成过程归纳为古国—方国—帝国,认为世界三大古文明中心:西亚北非、以中国为代表的东亚和中南美,国家的形成都经历过类似的发展阶段,从而证明了人类文明的"一元性",也为中国古文明与世界古文明的比较提供了条件。并突出强调了中国古史在世界史上的地位。当年夏季,他从晋北考察归来,对秦汉帝国解体后的民族大迁徙、大融合,北方草原民族入主中原直到清入关,为中华统一多民族国家的最终形成所起的主导作用印象极深,遂酝酿成熟了中国古代国家形成的三种模式:原生型——北方的红山文化、夏家店下层文化到秦帝国，是从内部社会分工产生社会分化起步的；次生型——中原地区以夏商周三代为中心，包括此前的虞舜，其后的秦，以洪水期到治水事业为特征；续生型——以北方草原民族于秦汉帝国解体后先后入主中原的鲜卑、契丹、满族为代表，他们是"骑马得天下，是在汉民族聚居区得天下，统治的是汉族人，继承的是汉文化。汉文化也从此长上翅膀，更有活力了"。在不到十年时间里，先生对中国文明起源和古代国家的形成，从实践到理论，认识不断产生飞跃，而对这一重大课题的系统阐述，则是在不到一年的时间里完成的。

先生在致力于学科理论体系化的同时，还十分重视学科的普及化、大众化，并为此作了不懈的努力。他认为这两者是相辅相成、密不可分的。1988 年高考语文阅读题选用了他在《中国建设》上发表的《华人·龙的传人·中国人——考古寻根记》一文，一时有 200 多万的莘莘学子在阅读同一篇考古文章。1994 年初《苏秉琦考古学论述选集》获首届国家图书奖，社会对考古学的承认使他更坚定了这一信念。在深圳期间，当决定写一本专著代替再版论文集时，陈万雄先生特地赶来与先生畅谈，希望这本书能反映考古学的一个新时代，又要使专业以外更多的读者所接受。对此，苏先生说，这个要求虽然很高，却正是我们所追求的目标，所以在议定书的提纲章节时，他赞成用"学读'天书'"和"解悟与顿悟"分别作为瓦鬲研究和仰韶文化研究这两章的标题；"区系类型"一章他提出用"条块说"作标题，文明起源和国家形成的两章则概括为"满天星斗"和"三部曲与三模式"，并以中国考古学面向世界、面向未来的"双接轨"，作为全书的结尾。这样，既反映出学科发展的阶段性、学科理论体系和未来发展趋向，又使全书在深入浅出、雅俗共赏方面有一个新的面貌。

在学科迅速发展的形势下，对于一个年近九旬的老科学家来说，能始终保持活力，在学科发展中起到引路人的作用，推动着学科不断登上新台阶，这是十分难能可贵的。这与他对新事物的敏感和在方法论上不断有新的突破是分不开的。他热情关注着全国每一项考古新发现，更鼓励对还未被注意到的新线索抓住不放，提出新认识；他不仅重视本学科的新成果，还善于从有关学科、包括自然科学的成果中吸取营养。对考古学方法论的发展过程，先生曾引用《庄子·养生篇》中"庖丁解牛"的故事加以形象比喻：对中华大地古文化的认识，从"皆牛也"到"无全牛"，最后达到得心应手、"游刃有余"的境地。这既是先生对考古界同行们的期望，其实也是他掌握考古学方法论已达到成熟阶段的写照。在深圳期间，先生经常引用庄子的另一句名言，说真正的科学应该是"其大无外，其小无内"。（《庄子·天下篇》："至大无外，唯之大一，至小无内，唯之小一。"）他说，中国考古学把现代生物分子学引进来，形成自身的方法论，从研究一种器物（瓦鬲），到解剖一种考古学文化（仰韶文化），到形成区系类型学说，是从"其小无内"到"其大无外"。在此基础上提出中国文明起源的系统完整概念，提出中国面向大陆和面向海洋的两大块与世界欧亚大陆和环太平洋两大块相衔接，提出世界文明一元论（因为地球是独一无二的），是"其大无外"，说明中国考古学已步入真正科学的轨道。

在深圳期间，苏先生还撰写了《良渚文化的历史地位》和《岭南考古开题》两篇文章，这是他一生著作中最后几篇文章中的两篇。前一篇是应浙江省余杭市文化局之邀，为纪念良渚文化发现六十周年而作，文中除了提出良渚文化已发展到方国阶段，环太湖地区的古国时代要到先良渚文化中去寻找的新观点以外，在这篇1000多字的短文里，对东南半壁从新石器时代起，经商周、秦汉、南北朝、六朝、宋以后、南明直到近代在中国历史上的地位和作用，一气呵成，作了简明扼要的概括，提出它们的这种历史作用，都可以追溯到良渚文化，以此作为古与今接轨的一种尝试性探索。"岭南考古开题"则是他参观了广东省博物馆、南越王墓博物馆和深圳市博物馆后提出的。这次南方之行总使他回想起二十年前在广东考察石峡文化的那段日子。先生为二十年来岭南考古的突飞猛进而欣喜。他说，岭南不同于一般的南方，它南连着南洋诸岛、印度支那半岛，是各占一半的陆地、海岛连成一片形成的一个大区，代表着大半个中国，是真正的南方，中国大陆同印度洋、环太平洋地区的文化关系都同岭南有关，所以岭南考古是个大题目。

先生惦念着岭南考古，还惦念着吴越文化考古、楚文化考古、巴蜀文化考古，"要打开局面，不少还得从头说起"；他还惦念着北方草原文化的地位，因为从渔猎向农牧过渡是在草原进行的。先生以深邃而极为开阔的眼光审视历史长河："人类智慧积累上百万年，万年太短，有名有姓的记载就更短，大多数还是未知数。"为此，他提出要多出些题目，大家共同研究。先生确信，已创建的考古学科理论会坚持和发展下去，已形成的具有中国特色的考古学派会不断壮大，中国的考古事业已展现出面向世界、面向未来的光辉前景，对学科的进一步繁荣，先生寄希望于年轻和更年轻的一代。他以一个先知者的智慧预言："21 世纪的考古学，我看到了。"

（原载于《文物天地》1997 年第 5 期）

先走一步的辽河文明

——苏秉琦先生学术活动和学术思想追忆之二

从 1983 年苏秉琦先生亲赴辽西主持"燕山南北地区考古"学术座谈会起，到 1987 年他在牛河梁红山文化遗址考察，苏先生曾连续四年到辽宁指导工作。在《辽海文物学刊》1989 年第 2 期为庆祝苏先生考古五十五年编辑的专栏里，我曾以"苏秉琦先生与辽宁文物考古工作"为题，记录了先生那一阶段在辽宁的活动、言论和我的学习心得。此后这几年，他得知辽宁考古文博工作的进展和考古工作站建设情况，很想再来辽宁，但因身体等诸多因素，未能实现，不过先生对辽宁考古文博工作的关心和指导，却更深了一步，这其中的一个重要原因是，他认为，辽河文明在中华文明发展史上曾先走一步。

关于这一论点，先生在《考古》1991 年第 12 期发表的《关于重建中国史前史的思考》一文中有过较系统的阐述。他说，从旧石器时代中晚期到新石器时代初期，辽河流域的发展就比海河水系早，海河水系比黄河中游早，证据是"营口金牛山人，其年代经测定在 20 多万年前，不论从地质年代还是从动物群，都表明它与北京人文化晚期有相当一段时间是共存的。但金牛山人的体质特征都远较北京人为更进步"，金牛山遗址附近的"海城小孤山遗存，据铀系法测定距今 4 万年，有迄今所知年代最早的梭镖、带倒钩的鱼叉、用两面对钻法穿孔的骨针，表现出明显的进步性，时间比山顶洞人早，但比山顶洞骨针进步。这一发现说明：旧石器时代晚期，以辽河流域为中心的这一片，文化发展走在前列，从而为辽河流域新石器时代文化的前导地位奠定了基础。8000 年前阜新查海玉器及其后红山文化'坛、庙、冢'的发现，是辽河流域前导地位最有力的证明。在中原地区与之相当的时期，还未发现具有类似规模和水平的遗迹"。

此后，先生在对中国文明起源讨论作系统阐述时，对辽河文明的先导地位又赋予了新的含义。这一系统论述即著名的"三部曲"和"三模式"。三部曲为古国—方国—帝国，三模式为原生型、次生型和续生型。先生认为，中华大地各大区域古文化和不同阶段各有代表性的诸民族，其国家形成大都经历过古国—方国—帝国这三个阶段，但以辽西地区的红山文化（古国）、夏家店下层文化（方国）到秦帝国更具典型性，是中国古代国家形成的"原生型"模式。理由是，这一地区从距今近万年的查海—兴隆洼等先红山文化时期起，从玉器制作的专门化到玉器使用的专一化等方面，就已反映出由社会分工到社会分化的历史发展进程，并为红山文化以坛庙冢为象征的五千年古国的出现准备了条件。红山文化约当五帝前期的黄帝时代，这是一个文化频繁交汇的时代，也是一个中华文化共同体最早形成的时代，社会发展水平先行一步的红山文化在这一文化交汇中既吸收相邻诸文化先进因素，又必然要对相邻诸文化产生更多影响。中原地区虽也是在大约同时经历了由氏族向国家过渡的历程，但比辽河流域晚了一步，是在北方的影响下，又是以从洪水到治水为动力而形成国家的。以晋南陶寺遗址为代表的中原古国，约当五帝后期的尧舜时代，陶寺大墓中与石磬、鼍鼓同时随葬的代表性礼器——涂朱彩绘鳞纹盘龙陶盘，就是在北方影响下出现的，所以，与北方相比，中原古国的形成是"次生"的。到了方国时代，西辽河流域的夏家店下层文化，以连锁式城堡带和星罗棋布的城堡群、彩绘陶礼器为代表，社会等级、礼制完全形成，青铜文化高度发达，与中原夏王朝直接往来，已是雄踞北方、极盛一时、与夏为伍的强盛方国。北方地区三部曲中的帝国阶段，与中原一样也是大秦帝国，却有不同含义，以辽西走廊绥中姜女石遗址和冀东北秦皇岛北戴河的金山嘴遗址为主体的秦始皇宫殿群，其规模、规格都可与阿房宫相并提，却背靠大北方，面向渤海，是秦始皇"择地作东门"的国门所在，对于中华统一多民族国家的形成来说，更具象征性。同时，先生在这里还表达了又一个新颖观点：秦学燕。燕是两千多年前的北方大国，战国七雄都想建立统一大帝国，以燕国影响最大。燕下都四十华里范围是方国都城的最高规格，秦始皇统一全国所建阿房宫，是受了燕下都的启发，从按中轴线分布的大宫殿群到大建筑构件，都是仿燕下都的规格设计的；秦始皇陵特制专用的夔纹大瓦当，与当时中原地区流行的云纹瓦当不同，而燕下都众多种类的兽面纹瓦当和饰夔纹的大型构件，可能是它的来源，可见秦始皇的大帝国思想的形成与北方的燕不无关系，这也是秦始皇把象征中华大帝国的国门建在渤海湾北部海滨的主要原因之一。

辽河流域的先导作用还表现在南北古文化的结合上，这主要是指红山文化和仰韶文化的结合。早在 20 世纪 50 年代前红山文化发现后不久，老一辈考古学家梁思永、裴文中、尹达诸先生都曾对该文化所具有的长城南北两种文化因素的双重性质十分注意。经过这几十年的考古发现和研究成果，特别是 20 世纪 60 年代对仰韶文化的科学剖析和 20 世纪 70 年代以来红山文化的考古新发现，已使这一问题大为深化。苏先生在他的《华人·龙的传人·中国人——考古寻根记》一书的序文"六十年圆一梦"中提到，20 世纪 80 年代考古工作的两大成果，一是经过山西省境连接中原与北方两大区系（红山与仰韶）文化遗存的研究；二是辽西红山文化坛庙冢遗迹的新发现。先生并将红山文化与仰韶文化的交流形式归纳为从融合到碰撞。融合的标志是仰韶文化彩陶的代表性图案玫瑰花卉与红山文化代表性图案龙鳞纹的结合，推测其具体结合过程和途径是：源于华山脚下仰韶文化优生支系庙底沟类型的"一枝花"（包括花、蕾、叶俱全的完整玫瑰花图案），经渭水北上，顺太行山西麓沿汾河岸，到晋北和冀北张家口地区的桑干河上游，仍是"一枝花"，"一朵花"（仅剩覆瓦状花瓣）则远达辽西朝阳、阜新地区；玫瑰花与龙形图案汇合表现为，在红山文化中采用仰韶文化彩陶构图技法，出现龙鳞纹彩陶罐，阜新胡头沟、朝阳牛河梁等地的红山文化积石冢筒形陶器上，有简化玫瑰花图案和龙鳞纹图案彩陶共处一器现象，与此有关，红山文化积石冢中也有玉雕龙与简化玫瑰花图案彩陶共生。仰韶文化的彩陶因素还被红山文化玉器在造型设计时所吸收，先生解红山文化玉器中最具代表性的器类之一的勾云形玉佩为"玉雕玫瑰"就是典型一例。南北史前文化这一融合的程度、水平和效果，可以仰韶文化与东方的另一支史前文化——大汶口文化的交流相比较来说明，大汶口文化中也出现具有仰韶文化庙底沟类型特征的玫瑰花卉彩陶图案，但并未完全融合到大汶口文化陶器群中去，未落地生根，先生比喻为"邻居关系"，而在红山文化，仰韶文化彩陶因素则已成为该文化要素之一，先生比喻为"兄弟关系"，可以说，红山文化成为北方地区史前文化最高发展水平的代表，南北文化的结合是重要原动力。北方地区的先导地位还可将与辽西相邻的冀北、晋北和内蒙古河曲地区包括在内加以考察，那一地带是被誉为中华古文化标准化石的三袋足器——鬲的发源地，时间在晚于红山文化的距今 5000 年以后。先生把从辽西到内蒙古河曲这一燕山南北长城地带考古学文化的地位和作用，与距今 5000 年以后从北方到黄河中下游甚至长江中下游发生的文化面貌的大变化相联系。这一变化表现为，袋足器、圈足器发达，黑灰陶盛行，朱绘、彩绘黑陶代替彩陶，大型邑落中心（古城）出现，墓葬类型分化，大墓中使用双层或多层棺椁以及玉器、漆器、彩绘陶器、蛋壳黑陶器等成组礼器。这就是"龙山时代"的景象，也就是夏商周三代出现的背景，而北方是这一大变化的"风源"所在。从更深远一些思考，先生还提出花与龙这两种文化因素的结合，与我们今天自称为"华人"和"龙的传人"也不无关系，联系红山文化彩塑女神像以玉嵌睛与我国传统彩塑技法一致，牛河梁红山文化三层圆形祭坛酷似今北京明清时期天坛的圜丘，冢的结构与后世帝王陵墓相似，自秦汉以来以"山陵"称呼帝王冢墓，渊源甚古。以上可见中华传统文化所披之广，延续时间之长，所以先生称这一南北文化的结合为中华文化总根系中的一个重要直根系。对此，先生曾以一首七言诗作了形象概括：

华山玫瑰燕山龙，

大青山下斝与瓮，

汾河湾旁磬和鼓，

夏商周及晋文公。

除了从中华文明黎明期到先秦时代以外，辽河文明在中国历史上的重要作用和地位在秦汉以后也不可忽视。关于包括辽河流域在内的以燕山南北长城地带为重心的北方地区在中国古文明缔造史上的特殊地位和作用，早在 1983 年于辽宁朝阳举行的"燕山南北地区考古"座谈会上，苏先生就曾深刻地提出："中国统一多民族国家形成的一连串问题，似乎最集中地反映在这里，不仅秦以前如此，就是以后，从'五胡乱华'到辽、金、元、明、清，许多'重头戏'都是在这个舞台上演出的。"近些年来，先生对秦汉帝国解体以后北方草原民族的作用进行了专门研究，称北方草原民族所建立的国家为中国古代国家形成的"续生型"模式，鲜卑族建立的北魏、契丹族建立的辽朝和满族建立的清帝国，就是其中主要代表。先生指出，北方草原民族入主中原，带来的有战乱，但还有充满活力的气质和气魄，主流是为中华历史文化的新发展注入活力，它还带来了欧亚大陆诸民族文化的多种信息，为中西文化交流做出贡献；大唐盛世的许多业绩都源于北朝，与宋对峙的辽，则更多地继承、发展了唐文化，"辽者，唐也"。先生形象地评价北方民族的作用和与汉文化的关系："是骑马得天下，是在汉民族聚居区得天下，统治的是汉族人，继承的是汉文化，汉文化也从此长上翅膀，更有活力了。"在这方面，先生又特别看重满族的开国史。崛起于白山黑水间，兴起于辽沈大地的满族，善于总结历代经验，正确处理民族关系，敢于说长城内外是一家，以承德避暑山庄和外八庙这个最具传奇色彩的建筑群代替长城，彻底改变了自秦统一以来，筑长城、设重防，隔绝草原与中原，使游牧民族与农耕民族对立起来的格局，长城失去作用的同时，中国北部出现明确疆界，中国最后一个王朝，也是中国历史的集大成者。先生从满族开国历史中看到这个民族表现出一种历史使命感和一往无前的精神，这来自于渔猎民族与自然谐调和无国界概念的天然特性，其渊源可以追溯到六七千年前东北地区的史前文化，即新乐文化和新开流文化。记得 1986 年中国考古学会第六次年会在沈阳举行期间，先生曾特意到新乐遗址和沈阳故宫参观，这两处地方给他的印象极深，以后在各地讲话时总要提起。他说，新乐遗址博物馆"有特点，有水平"。在参观沈阳故宫时，他只在东路的西门口远望了一下大政殿和十王亭，在中路崇政殿前站了站，点点头说了一声"我明白了"。从他以后的谈话中得知，先生认为，沈阳故宫布局特点，就体现了满族开国所经历的古国—方国—帝国的历程。他在完整论述中国古代国家形成的"三部曲"和"三模式"的最后一段，对此作过进一步表述：

"中华民族的各支祖先，不论其社会发展有多么不平衡，或快或慢，但大多经历过古文化古城古国这一从氏族到国家的发展道路，经历从古国到方国，然后汇入帝国的国家发展道路。以最后一个帝国——清帝国为例，女真——满族就曾经是一个发展较落后的、长期处于'四夷'地位的中华民族成分。努尔哈赤追溯他们的历史的时候就说过，由他上溯六世，即肇基王业之祖，在女真人社会内部分散的奴隶主政权间经历过无数次的兼并、重组之后，才在沈阳东北二百来公里的新宾设立了帝王之位，建立了后金国，成为一方的大国。努尔哈赤又进行了大量的兼并征战，到皇太极时代，1636 年，改后金为大清，建立了蒙、满、汉三个八旗，为入主中原做了充分的政治、军事、文化及人才各方面的准备，终于完成了清帝国的统一伟业。这是秦汉帝国以后新一轮的由北方民族入主中原建立帝国、几次重复华夏族早期从古国—方国—帝国的三部曲的翻版。"

最后，辽河文明在与中原文明频繁交汇结合的同时，其先导地位还表现于对中国东北和东北亚广大地区历史发展的影响。对此，先生追根溯源，仍然特别强调金牛山和小孤山两处旧石器时代遗址的作用。他认为，位于渤海湾东北岸的金牛山人体质特征较华北地区的北京人具有明显的进步性，说明渤海湾是连接亚洲与美洲的锁链，美洲人应来源于此。附近海城小孤山遗址以骨针为代表的缝纫技术，进一步印证了这一点，因为有了骨针，解决了缝制皮衣问题，人类可进一步离开洞穴，走向平原，走向寒冷的北方，越过白令海峡走向新大陆。

苏秉琦先生毕生致力于考古学理论体系的建立，从而把中国考古学推向一个新时代，使中国考古学以一个独立的学科对历史进行复原。包括辽宁在内的北方地区，作为先生学术活动和学术思想从理论到实践的重要试点，始终被放在全国以至世界范围、放在考古学理论体系范围进行研究，所以苏先生对辽宁和与辽宁有关地区提出的一系列学术课题，对我省考古与历史界当前与今后的工作，具有深远的指导意义。

（原载于《辽海文物学刊》1997 年第 2 期）

"世界的中国考古学"的提出

——苏秉琦先生学术活动和学术思想追忆之三

1992 年 6 月在石家庄召开的第四次"环渤海考古"国际学术讨论会上，苏秉琦先生正式提出"世界的中国考古学"的新课题，从而把中国考古学引进一个新领域。这一课题的概念，概括地说就是从用区系观点看中国到用区系观点看世界，是区系的中国和区系的世界，是中国面向大陆和面向海洋的两大块与世界欧亚大陆和环太平洋相衔接。

这是苏先生酝酿多年的课题之一，也是他晚年主要思考的一个问题。

早在 1982 年在郑州召开中国考古学会第二次年会期间，同时在郑州召开的世界史学会邀请先生前往座谈。座谈中提到编写世界史的这样一种现状：中国学者写世界史不包括中国，苏联学者写多卷本《世界通史》的中国部分要征求中国学者的意见。这两种情况说明，中国史在世界史上的地位十分重要，写世界史不能没有中国，但现在中国史的研究状况，还不能将中国史摆进去，因为写不出中国在世界史上的分量。中国史与世界史关系的这种若明若暗的并非正常的情况，不仅使研究世界史的学者焦虑，也使研究中国史的学者感到责任重大。考古学家在这方面也有着义不容辞的责任。中国考古学由于有正确的理论和方法作指导，在这一课题方面已表现出历史文献所不能替代的作用，这集中体现在苏先生倡导的考古学文化区系类型理论和关于中国文明起源的系统论述所取得的成果。

20 世纪 80 年代初中期，随着考古学文化区系类型理论在各地区实践中的发展，都已在逐步联系到与相邻境外古文化的关系。1983 年在辽宁省朝阳市召开的"燕山南北地区考古"学术座谈会上，苏先生在谈到朝阳地区在历史上的地位和作用时就已提出，燕山南北长城地带是"联结我国中原与欧亚大陆北部广大草原地区的中间环节",而朝阳地区又是"联结燕山南北这一大地区跟辽东、东北、东北亚广大地区的重要环节"。1986 年在甘肃兰州召开的大地湾遗址论证会上,先生在谈到中国北方地区可以分为"狭义"的北方和"广义"的北方时也说过,我国的东北和大西北属于广义的中国北方的两翼,它们的古文化既与狭义的北方连为一体,又与国境以外邻近地区关系密切。1987 年在四川广汉三星堆遗址考古座谈会上,先生又提到四川地区的古文化与汉中、关中、江汉以至东南亚都有关系,从西南地区看,巴蜀是龙头,从中国与东南亚的关系看,四川又是东南亚的龙头。他还多次谈到东南沿海地区古文化是海洋文化与大陆文化的结合点及与环太平洋区域的文化关系。

从考古学上将中国古文化与世界古文化衔接起来,这一新课题在中国考古学学科建设中占有怎样的重要位置,对此,先生从一开始就是有着清醒认识和充分估计的。他于 1985 年在福州关于中国考古学基础理论的一次讲话中,就是把中国史与世界史的关系作为最深层次的基础理论来对待的。他说,只有在考古学文化区系类型、考古文化各自的社会发展阶段和中华文化、中华民族、中华国家发展脉络这三个层次的基础上,才有条件谈有中国特色的考古学,才能真正把中国史摆到世界史中去,看到中国史在世界史上的地位,认识到十亿人的文明史在世界文明史上的分量。不过,随着考古学文化区系类型理论在实践中的发展和中国文明起源讨论的深入,从考古学上探索这一重大课题也已并不是遥远的未来。如"环渤海考古"课题的提出就是以与世界的衔接为目标的。这正像先生在谈到"环渤海"的概念时所说,环渤海既指辽河、滦河、大小凌河、海河、黄河等所注入之海,又指辽东、胶东、朝鲜三半岛甚至包括日本列岛在内的广大海域及其腹地。它的自然地理、人文、历史、文化地位,既可统属于广义的中国北方,又可统属于我国面向太平洋的重心位置,它是打开包括我国大东北在内的东北亚的钥匙,又是联结整个东南沿海的龙头。到这时,在先生脑海里已形成两大概念,一是中国文化是自成一系的,一是中国历史文化又是世界历史文化的一个组成部分。关于前一概念,先生已把中国古史框架结构脉络理出头绪:"超百万年的'根系',上万年的文明起步,五千年的古国,两千年的大一统实体",从而使中国考古基础理论的第三层次有了着落，为更深层次的中国与世界的衔接奠定了牢固基础。关于后一概念，先生则从宏观上将中国考古文化的六大区系划分为面向海洋的东南半壁三个区系和面向欧亚大陆腹地的西北半壁三个区系这两大块。至此，从考古学上提出古代中国与世界的衔接已接近成熟。

所以到20世纪90年代初，先生正式将"世界的中国考古学"提到全国考古界面前时，是从理论到实践都做了充分准备的。此后在1992～1994这三年间，先生连续发表了有关这一课题的文章，特别是在他的新作《中国文明起源新探》（香港商务印书馆，1997年）一书中，先生对这一课题做了更为系统的阐述。

首先，先生一再强调，要研究世界的中国考古学，把中国史与世界史衔接起来，在思维方式上要有一个大的转变。对此，先生提出，区系的中国是方法论，区系的世界也是方法论，从前者到后者，在思想认识上要有大的转变。他举对待"四夷"地区在中国古史上的地位为例，提出世界的中国考古学自然更重视史书所记载的"四夷"地区及其与周边国家的关系，因为中国边疆地区的西南、西北、东南、东北四隅，正是中国与外部世界文化的连接点和桥梁，是中国两大块和世界两大块的衔接点，所以"四夷"地区在中国与世界的关系方面占有更为突出的位置，那种以中原为中心、汉族为中心、王朝为中心的传统观念，是不能有效解决古代中国与世界衔接这一重大课题的。先生的这些观点可以看作是考古学文化区系类型理论的延续，但显然，他已把这一理论提高到一个新的高度。

中国文明起源讨论近年不断取得引人注目的重大成果，其中一项重要成果就是使中国古文明与世界古文明的关系趋向明朗化。这当然是指中国文明起源已有了"五千年文明古国"的实证，可与世界诸文明古国相比较，但更深一层的成果是，中国文明起源已经不是一个点或几个点，一个地区或几个地区，而是一个面的概念，也不是一个历史阶段，而是贯穿中国通史始终的一个系统概念。这就是苏先生归纳出的中国文明起源和国家形成的三部曲：古国—方国—帝国和发展类型的三模式：原生型、次生型、续生型。世界三大古文明中心的西亚北非、以中国为代表的东方、中南美洲都经历过类似的从氏族到国家、国家又经过从古国到帝国的不同发展阶段。中国如与欧亚大陆先进的古代文明发展进程相比较，从氏族到国家的转折大致都在 6000 年前；彩陶的产生，由红陶、彩陶为主发展为以灰黑陶为主的文化现象也大体同时出现；就是东西方两大帝国——秦汉帝国和罗马帝国之后，也有相近的发展进程。在东方，随着秦汉帝国的解体，周边民族纷纷建立国家，而以北方草原民族建立的国家影响最大，具有代表性的如鲜卑族建立的北魏和三燕，契丹族建立的辽朝和满族建立的清帝国，这就是苏先生所说的中国国家形成的"续生型"模式。西方罗马帝国解体后，很快在欧洲产生了许多多民族、多语系的国家，这同大约同时代的秦汉帝国解体后的形势也十分相近。可见，远从史前时期开始，东西方古文明的发展进程就有很大相似性的一面。

发展阶段的大致同步和相似性，使东西方文化的交流从未间断过。对中国古文化与欧亚大陆其他古文化的交流，苏先生提出两个很有启发性也具有很大突破性的观点：一是东西方的文化交流从 10 多万年前的旧石器时代中晚期就已开始；一是古代中国的发展从来不是封闭的。

关于第一点，他认为，随着石器刃部的细加工和从安把到镶嵌装柄一系列"复合工具"的出现与发展，人类改造自然的能力大为增强，活动范围迅速扩大，从 10 多万年前的旧石器中晚期开始，整个旧大陆范围内，包括中国的北方、南方和欧亚大陆东、西方之间就已产生了文化交流。在这方面，先生特别看重辽宁海城小孤山发现的旧石器时代晚期的骨针，他从小小的骨针透视出古人类从旧大陆渡过"陆桥"到新大陆这个一直令全世界注目的史前人类迁徙之谜。他说，骨针虽小，却意义重大，有了骨针，解决了缝制皮衣问题，人们才可能离开洞穴走向平原，走向寒冷的北方，越过白令海峡走向另一个大陆，走向世界各地。

关于第二点，先生则有一段更不寻常的论述："诚然，中国历史上有过'中华帝国无求于人'的闭关锁国的政策和时代，但事实上的内外交流几乎一天也没有停止过。陆上的丝绸之路如此，海上丝绸之路、陶瓷之路如此，不见经传的条条通衢更是如此。闭关锁国只不过是封建统治者的主观愿望而已，民间的物质文化、精神文化的开放交流从未被锁国政策真正扼杀过。所以说中国历来是世界的中国，没有真正闭关锁国的中国。"

显然，这同国内外历史考古界通常认为历史上的中国是在基本封闭情况下发展的观点有很大区别。

先生在思考中国与世界的关系时，虽然也十分关注世界考古学的最新发现和研究成果，但更注重立足于中国。这是因为，在中国与世界的交流中，"中国是大头"，这是先生提出"世界的中国考古学"内容中非常鲜明而极为重要的一个观点。对先生的这一观点，可以从以下几个方面理解：

前述在这一课题酝酿接近成熟时，在先生脑海里形成的中国既自成一系，又包含着面向欧亚大陆腹地和面向环太平洋的两块，这种"两半合一"又"一分为二"的格局，在世界上是独一无二的。

先生所揭示的中国古史框架结构脉络，即：超百万年的'根系'，万年的文明起步，从氏族到国家的"古文化古城古国"的发展，再由古国发展为各霸一方的方国，最终形成多源一统的帝国，以及与之同步发展的各大文化区系内外诸考古文化的交汇、撞击和相互影响、相互作用。如距今5000年前仰韶文化与红山文化的南北碰撞，距今4000年前龙山时代的夷夏分野，夏商周三代各族群间的较量与消长，到春秋战国时代夷夏族群共同体的重组，再到秦汉时代及其以后几次北方民族入主中原所形成的中华民族多元一体结构，这样一条中国国家形成的典型发展道路，在世界上同样是独一无二的。

通过这样无数次的组合与重组，不断更新，萌发出蓬勃生机，最终殊途同归，趋于融合，使中国文明与世界其他古国文明相比，模式不同，独具特色，丰富多彩，也是中国成为世界上唯一一个历史发展从未间断过的国家的根本原因。

这一有准确时间、空间框架和丰富内涵的中国历史的主体结构，还为世界史提供了一个可供参照比较的完整系统标尺。

这里联想到先生在石家庄讨论会上的一段饱含深情的话："在河北这块宝地，禹贡九州之首的冀州，最具典型意义的地方，提出这个倡议，我认为是再好不过的时机。"其实也正是这个含义。因为包括了燕山南北地区、华北和中原一部分的冀州，是诸大区文化交汇之地，中国文化史上最活跃的民族大熔炉，从而成为中国文化总根系中一个重要的直根系。中国文明起源和国家形成，中华统一多民族国家的发展，在冀州这块广阔地域表现得最为典型，古史传说五帝时代代表人物主要在此地域活动应有所据。从中国与世界的关系看，冀州又是环渤海的中心，面向大陆和面向海洋的结合地带，在古代中国与世界的关系中自然举足轻重。

"中国是大头"，还可以包括一个含义，那就是先生从考古学上论证出，在东西方古代文化交流中，中国是一个关键地区。他举东北亚和东南亚的文化交流为例。发现于渤海湾东北岸的营口金牛山人，距今20余万年，不论地质年代还是动物群，都表明它与北京人晚期有相当一段时间是共存的，但金牛山人的体质特征远较北京人为进化，这说明，渤海湾是连接亚洲与美洲的锁链，美洲人应来源于此。前述金牛山附近的海城小孤山发现的旧石器时代晚期骨针，制作技术也比大约同时代的北京山顶洞人骨针为进步，这是适应走向寒冷北方、越过白令海峡走向新大陆的需要而创造的，也进一步说明渤海湾在整个东北亚地区文化关系中的重心地位。在东南和西南方，从中国东南沿海地区到南太平洋诸岛间有段石锛的分布，从中国岭南至云贵高原到印度次大陆间有肩石器的分布，其源头都可追溯到中国大陆，"围着地球转一圈，南北都有海陆连接点，中国是一个关键地带"。

从考古学上提出中国与世界的关系仅短短数年，已从理论到实践都取得很大成果，显示出这一课题具有巨大的生命力。这是学科已走向成熟的表现，也是先生指导和亲自实践的结果。当考古界同行纷纷涉足这一新领域时，先生已在从更为开阔和深邃的角度考虑问题，他环顾全球，提出"世界文明一元论"的观点。他说：世界是千差万别的，又是一元的，因为地球只有一个。他认为认识到这一点，对预测世界未来的发展趋势有重要的现实意义。历史是一面镜子，有很多可以借鉴的规律，包括人与自然、人与人、国与国之间的关系，这是世界未来发展要着重思考的问题，考古学可以对此做出贡献。"面向世界，面向未来"，正是先生为21世纪考古学规划的蓝图。

诚然，从考古学上把中国纳入世界，对于长期以来在封闭和半封闭状态下从事学科建设的中国考古学来说，还需要从多方面进行准备。对此，先生在为北京大学考古专业创建四十年所写的纪念文章里，特别提到，从世界的中国考古学考虑学科建设、人才培养和学术交流，学科体系中旧石器和新石器部分要上下理顺，内陆与边疆考古要均衡发展，中国考古学与外国考古学要并存。这些战略措施的提出，表明先生在把世界的中国考古学作为21世纪中国考古学的任务的同时，已寄希望于青年一代。先生确信，在中国这样一个文化大系土壤中成长起来的、以考古学文化区系类型和文明起源系统理论为标志的中国考古学派，在世界上是全新的。世界史不能没有中国史，中国学者对世界史和世界考古研究应该也完全能够做出更大贡献。

（原载《文物春秋》1998 年第 3 期）

关于人与自然关系的考古学考察

〔编者按〕从考古学看人类与自然的关系，是当代一个热门话题。人类文化尽管千差万别，但就人与其赖以生活的地球的关系看，条件又是相近的，发展过程也是相近的。从考古学的资料看，人类文明一开始即以破坏地球为代价。人类如不早日走出盲目改造自然的误区，势必失去整个生态环境。考古学可以帮助我们重新调整人与自然的关系。

关于从考古学上看人与自然的关系这个当今人类关注的热点话题，苏秉琦先生早在 1991 年元旦为《中国文物报》所写的《新年述怀》一文中，就把这一题目作为考古学面向未来的一个目标提了出来。这是当人类刚刚跨进 20 世纪最后一个十年的时候，先生就已经在思考如何迎接下一个世纪的问题了。当然，人与自然的关系是他首先和主要思考的问题。他在《中国文明起源新探》一书中把这一课题放在最后一章，也是全书带总结性的一章中来谈，有很多发挥。其中最为精彩的，是先生以对中国哲学史上名家名言的独到见解，来说明中国先人早已对人与自然的关系有深刻认识，并总结出若干规律。他举老子《道德经》为例，五千字，无起点、无具体时间、地点、人物，不是历史，抽象又抽象，却有很强的逻辑性，"道可道，非常道；名可名，非常名"，是超时空的科学，讲自然规律，人与自然合一，人要顺乎自然；孔子最要紧的一句话是"天不爱其道，地不爱其宝，人不爱其情"，所以要紧，是因为这句话既表达了人类具有掌握自然规律的能力，同时也包含了人类不能与自然对立，要与自然谐调的含义，还讲到人与人之间的和谐关系。先生认为，春秋战国时期的思想家，能总结出这样高度概括性的至理名言，是以此前人类漫长的历史发展进程为背景的。

先生以极其深远而开阔的目光审视历史长河，他将中国历史归纳为四句话："超百万年的'根系'，上万年的文明起步，五千年的古国，两千年的大一统实体"，并由此提出一个令人深思的观点："人类智慧积累上百万年，万年太短，有名有姓的记载更少，大多数还是未知数"，这是对人类历史发展水平、特别是远古人类历史发展水平的一种重新估计，也为考古学指出了一个无限广阔的用武之地。

的确，考古学也已表现出从漫长历史发展进程中总结这方面规律的新线索。如先生认为中国史前文化中对动、植物的神化，和以这些被神化了的动、植物为装饰题材的玉器和陶器已具通神、通天地功能。这方面最典型的代表有仰韶文化绘抽象化花卉图案的彩陶器和红山文化的玉雕龙，由此出现了以专职神职人员和神权独占为标志的文明起源进程。这其中就体现了生活在中华大地上的先人们在对大自然认识过程中所产生的人与自然沟通取得和谐关系的思想观念。张光直先生在比较东西方文明不同的宇宙观时，提到西方是以技术进步开发自然为背景的"破裂性文明"，东方的中国是以适应自然为背景的"连续性文明"，这与苏先生的思考脉络有相通之处。

这几年，先生特别注意研究渔猎文化的作用也与此有关。在人类历史上，因为渔猎文化经常被农耕和游牧文化所替代，一般更重视农牧文化的作用。其实，渔猎文化以与自然界谐调为本色，无国界概念，较之固守本土、又过度开发土地的农耕民族更趋开放，也更具优越性。渔猎文化对中国以至世界文明所做的贡献不应忽视，这对未来发展也有很多启示。先生经常举满族的开国史为例，起源于白山黑水的满族，其渊源直可追溯到东北地区距今六七千年前的沈阳新乐文化和黑龙江兴凯湖畔的新开流文化，它们都以渔猎为主要经济生活。就是这样一个发展较落后、长期处于"四夷"地位的少数民族，由于善于处理各民族关系，敢于说长城内外是一家，最终建立起中国最后一个封建王朝清帝国；到康乾盛世时，以一个承德避暑山庄代替了延续两千年、使农耕与游牧隔断的万里长城，长城失去作用的同时，中国北方有了明确的边界。满族的开国史表现出一种历史使命感和一往无前的精神，就源于渔猎民族与自然谐调的本色。

其实，苏秉琦先生从考古学上考察人与自然关系的学术思想还可以向前追溯。1983 年由苏先生主持的"燕山南北、长城地带考古座谈会"在辽宁省朝阳市召开。会议期间，考察了包括圆形祭坛在内、具祭祀性质的喀左县东山嘴红山文化遗址。会后不久，附近的牛河梁红山文化坛庙冢遗址群被全面发现。先生在为《座谈东山嘴遗址》专栏所写的补充发言中（《文物》杂志组织）把红山文化的这一重大考古发现与两千年后这一带连续窖藏的六个商周青铜器群联系起来，提出："这里的'坛'（东山嘴）、'庙'（牛河梁）、'冢'（积石冢）和窖藏坑，我们是否可以理解为四组有机联系着的建筑群体和活动遗迹？远在距今五千年到三千年间，生活在大凌河上游广大地域的人们，是否曾经利用它们举行重大的仪式，即类似古人传说的"郊""燎""禘"等祭祀活动，这是值得深入研究的。"禘、郊、燎是古代祭祀天、地和先祖宗庙的名称，属于中国最高层次的传统礼制范畴。可见，苏先生早已把中国文明起源与传统礼制中的"天人合一"的思想观念结合起来思考和解释史前时期新发现的一些重大考古现象。

受先生这一思想的启发，我们这几年在继续考察红山文化遗址群的布局时，发现了分布于起伏多变山峦之间的近 20 个遗址点。占地达 50 平方千米，却能以南北轴线布局，有主有次，相互照应，使人文景观与自然景观有机结合，而且达到把人文景观融于自然景观的奇特效果。这同遗址结构组合中的冢坛结合、方圆结合等特点相对应，都充分反映了一种沟通天、地、神、人之间关系，使人与自然谐调一致的宇宙观和宗教信仰。

当然，随着人类跨入文明时代，也必然会出现一些与自然不谐调的现象。20 世纪 80 年代中期中国文明起源的讨论刚开始时，先生就曾对辽西出现的以红山文化坛庙冢为象征的中华五千年文明曙光的自然地理环境做过分析。他引用《禹贡·冀州条》所记"厥土曰白壤"，认为就是指辽西一带的白沙土壤。这种白沙土比中原地区黄土地带的土壤松软，易于大面积开垦和深耕。红山文化时期大量使用的石犁耜，就是应运而生的一种进步的起土工具，但也由此而造成水土流失、文化被迫南移。现大凌河的两条主要支流都叫"牤牛河"，就是指因水土流失造成洪水如牤牛一样浸洇而得名。这同世界其他文明古国因过度的土地开发而造成的土壤沙化、森林减少、气候变干燥等破坏自然环境而导致文明消亡的后果有相似的一面。

从考古学上考察人与自然的关系，在玉器研究领域也透露出可喜的信息。玉器作为协调人与自然关系和人与人关系的"德"的标准，在中国已有几千年的历史。如周代概括出的玉有"五德"和以后的"七德"。根据近年多地发现的大量史前玉器，包括距今七八千年的辽西查海和兴隆洼遗址发现的玉器，苏先生将玉器的这种传统社会功能追溯到万年以前，到距今5000年时，玉器作为礼器已是权力象征、通神媒介和美德体现的综合载体。我们在研究红山文化玉器时也注意到，红山文化具有只葬玉器、不葬或很少葬石、陶器的埋葬习俗。红山文化玉器制作也具有施加纹饰十分慎重，以尽量表现玉本质为目的的特点。玉器是通神工具，这种"唯玉为葬"和突出表现玉自身特性的做法，都反映一种以玉的自然特性的最大限度发挥来达到沟通人神间最佳效果的纯真而神圣的思想观念。显然，这也是以人与自然的和谐为思想基础的。在史前时期已经相当成熟的这种思想观念对后世有深刻影响，孔子所提倡的"以玉比德"的一些主要论点，如"温润而泽，仁也。缜密以栗，知也！""瑕不掩瑜，瑜不掩瑕。忠也。""叩之其声，清越以长，其终绌然，乐也。"都是将玉的质地、光泽、结构、声响等自然特性，赋予了道德价值观念，它们显然是从史前已形成的人与自然谐调关系的思想观念向人际关系的延伸。

对于由人与自然关系引申出的人与人的关系，苏先生在研究陶鬲的起源和演变时也有很深刻的阐述。鬲被誉为中华古文化的标准化石，对追溯中华文化的起源具有特殊意义。但这种中国古代特有的三袋足器类最初发生的地点、时间及其渊源问题，几乎是自近代中国考古学发生以来，一直困扰着许多从事这一工作的学人，长期没有找到比较满意或有相当说服力的答案。先生在20世纪40年代初在所著《瓦鬲的研究》一文中曾推断，鬲的起源大约在其分布中心区域的陕豫之间，时间在仰韶文化与龙山文化之间。当时瑞典考古学家安特生曾推测鬲是由三个尖底器结合而成，但无实证。20世纪80年代中期，先生在冀北和内蒙古河曲地区发现了最末期的小口尖底瓶与鬲的前身——尖腹底斝鬲共生，而这种斝鬲的尖底做法又与小口尖底瓶底部相同，据此，先生认为，鬲的袋足确实是由小口尖底瓶的底部结合而成，鬲的初发地不在中原而在北方，时间在距今5000年左右。

但探索并未就此停止。据先生研究，仰韶文化的小口尖底瓶，并非实用的盛水器皿，而是祭祀时装酒用的专用通神祭器。甲骨文干支中的"酉"，写作"酉"，正是小口尖底瓶演变到最末期那种敞口、亚腰的形状，由酉字演化出来的"尊""奠"等字，也都与祭祀有关；甲骨文干支中的另一个"丙"字，写作"丙"或"丙"，则又正好与鬲的初形尖腹底罩鬲的形状相合，说明丙、酉二字是以这两种器物作为创意时的物证的。看来甲骨文的起源也可追溯到距今 5000 年间，而且从这时起，中华大地由北方到长江中下游，发生了又一次文化面貌规模、幅度空前的大变化，如彩陶变彩绘陶，红陶被灰黑陶替代，袋足器、圈足器盛行，大型中心聚落（古城）纷纷出现，即龙山时代已经来临。这一大变化的风源与发生在北方地区的由酉瓶演变为鬲有直接关系。所以先生把鬲的起源过程，视为北方地区在距今5000 年间的又一次文明火花。丙属天干，酉属地支，以干支记载年、月、日、时辰的传统，源于史前对天地的祭礼，也可以从这里找到依据。鬲的起源与史前人类通天祭神礼仪的密切关系，当然也是以古人重视人与自然的和谐关系为思想基础的。正因为鬲的起源有如此深厚的历史文化背景，所以鬲作为一种器皿，延续两千余年，遍布大半个中国，表现出很强的生命力。它虽在春秋战国之际消失了，但作为文字，却一直保留至今，尤其用以表达人与人之间的和谐关系，反映人际关系的"隔"和"融"这两个字，都是以"鬲"作为偏旁的。"隔"而不分，其乐"融融"，还有"融"会贯通一词，都是以"融"为主的。儒家所提倡的"天下一家"的传统思想，渊源甚古。

　　近年，随着中国文明起源讨论的深入，特别是中华五千年古国的确认，使东西方古文明的比较成为可能。苏秉琦先生说，人类文化尽管千差万别，东西方文化传统不同，各自又可分若干区系。但就人与赖以生存的地球的关系看，条件又是相同的，发展道路也是相近的，最终会打破国界，走向大同。人类不能用毁掉地球的办法来解决人类问题，也不能用战争解决国与国、人与人之间的关系问题，人类得克制自我，与地球和平共处，人类自身也要和睦相处。祖先们想到这点了。考古学不是冷门，考古学家可以用历史的眼光看得更深远些，以考古材料回答人与自然、人与人、国与国间的关系问题，为重建人类与自然的谐调关系做出贡献。中国拥有这方面的完整资料。所以，面对当前和今后人与自然的关系以及人与人、国与国间的关系这一摆在人类面前的大课题，西方人很希望从中国极为深厚的历史文化中找到这方面的答案，不是没有道理的。

（原载于《明报月刊》1998 年 1 月号）

论考古学文化区系理论在实践中的发展

经多年酝酿与准备，在 1979 年中国考古学会成立大会和全国考古规划会议上，苏秉琦先生正式提出了我国考古学文化划分区系类型问题。当时和以后在论述这一理论提出的目标时，都十分强调了以下三点：

1. 克服对考古学文化理解简单化的倾向；

2. 改变中原中心、汉族中心、王朝中心的传统观点；

3. 探索中华文化、中华民族、中华国家的起源，寻找考古与历史的结合点。

十多年来考古学科的发展表明，这一理论的提出对考古界来说，首先具有解放思想的意义。长期以来，以汉族作为正史、其他民族列于正史以外等的大一统观和以社会发展史将丰富多彩的历史简单化的倾向，在考古学研究中影响很深。而考古学文化区系理论是从几十年考古实践过程中归纳出来的，又适应了近年我国考古发现与研究由中原地区迅速向全国各地铺开的新形势和迫切需要回答的问题，所以它一提出，就立即吸引了全国各地的考古工作者，并迅速用它来指导实际工作。在运用这一理论过程中，我们还体会到，这一理论并不形成固定的定义和模式，各地区根据自己掌握的材料，从不同角度、不同层次进行理解，观点可不尽相同，却共同为这一理论添砖加瓦。正因为它具有实践性和兼容性这两大特点，所以它本身也在不断地得到充实和发展。目前，这一理论早已超出提出时的内容，却正以它越来越强的生命力在继续指导着全国各地的考古发掘和研究向深层次发展。

一

　　划定考古学文化作为现代考古学研究的基础，始终是每一位考古工作者在工作中首先碰到的问题，也是长期追求的目标。我国考古学界对考古学文化的认识在曲折中逐步深化。新的发现和研究进展显示，遍布中华大地的诸考古学文化，具有多源和互动并趋向一统两个方面特点，相互渗透而复杂多变，"你中有我，我中有你"，这无疑为准确地划分和认识考古学文化增加了难度，也激励和促进着具有自身特色的考古学理论的形成并为之提供了用武之地。应运而生的考古学文化区系类型理论提出："只有具备某些相对稳定的文化特征、因素、发展序列和它们之间的平行共生关系的代表性材料，并且体现出一定的规律性，这一文化类型的存在才是明确的。"① 它既对考古学文化的内涵提出了新的要求，也提出了达到这一要求的方法论，即原有的考古地层学和类型学已不能适应，必须在原有的基础上将考古学方法论加以发展。这方面试谈以下几点认识。

　　第一，关于考古学文化的定性定量分析问题。

　　定性分析即区别于其他文化的特征，基本属于静态描述；定量分析可以指该文化上下时间范围、早晚变化或各阶段的关系，即文化自身的发生、发展演变；也包括与其他文化之间关系的性质和程度的定性定量分析，性质是影响、交流还是代替，是影响别人还是被影响，是自身发展演变还是一个文化被另一文化所取代，程度则有大小、多少之分。这里有一个对"定量"的理解问题，既然这是借用和仿效自然科学的做法，那么它也应不只是一个数量的概念，而是在对考古学文化中诸因素有一定"量"的要求的前提下，反映考古学文化作为一个社会有机体（人们共同体）的运动发展过程。所以，对考古学文化进行由定性描述到定量分析是一个由表及里的科学认识过程。

　　第二，关于代表性文化因素的选择问题。

---

① 苏秉琦：《燕山南北地区考古——在辽宁朝阳召开的燕山南北、长城地带考古座谈会上的讲话（摘要）》，《文物》1983 年第 12 期。

　　既然对考古学文化的定性定量分析主要反映该文化的运动发展过程，那么在选择代表性、典型性文化因素时，应特别注意以下几点：

　　1. 构成一个考古学文化的诸因素的变化并不都是平行的，有变化节奏快与慢、敏感与迟钝等的区别。所以，面对一个考古学文化内的各种因素时，不能同等对待，要注意发现和使用其中敏感的、变化幅度大、节奏快的因素作为代表性文化因素。把握住这些起主导作用的积极因素，就能把握住考古学文化的运动发展过程以及这一过程中的关键点。

　　2. 一个考古学文化代表着一个事物运动发展的全过程，所以面对变化着的诸考古文化因素，要注意选择有变化全过程的文化因素，即具有有头有尾的全部序列而不是局部序列的文化因素。几种有变化全过程的文化因素是构成一个考古学文化的基本条件。同时这也可以避免在分辨本文化因素时经常遇到的非本文化因素的干扰以及把不同文化的时间衔接误判为同一文化早晚关系的做法。

　　3. 要进行从一般组合关系到典型组合关系的综合分析。一般组合关系可以从一个或几个遗址以至一个或几个单位归纳出来，它们并不一定就具有典型组合关系的资格。要对包括层位、器物类型进行综合加工，去粗取精。这里要特别注意处理好时代顺序与历史顺序、逻辑顺序的结合，这样得出的组合关系虽有一定抽象性，却具有普遍的意义。

　　对于仰韶文化的研究就是遵循这些原则进行的①。从仰韶文化半坡和庙底沟这两种类型纷繁庞杂的诸多文化因素中，选择特征鲜明、变化幅度大、节奏快，从无到有、从有到无，序列完整的三类六种文化因素，即半坡类型的壶罐口小口尖底瓶和鱼纹彩陶图案，庙底沟类型的双唇口小口尖底瓶、花卉和鸟纹彩陶图案。比较的结果是："两种小口尖底瓶的原始形态首见于宝鸡北首岭下层，两者平行共生，后来一分为二，彼此各有自己的发展轨迹以外，两种彩陶花卉的盛行期，也是鱼和鸟分别从具象到抽象的演化过程。两者平行发展，鱼变不成鸟，鱼也不会变成花卉。""如果我们沿用约定俗成的名称，可以把以葫芦口小口尖底瓶和鱼纹彩陶所代表的冠之以'半坡类型'，把双唇口小口尖底瓶和鸟纹彩陶所代表的冠之以'庙底沟类

---

① 　苏秉琦：《关于仰韶文化的若干问题》，《考古学报》1965 年第 1 期。

型',但这'类型'是被重新界定的概念。两种类型是同源且平行发展的。有些遗址发现了半坡类型在下、庙底沟类型在上的地层,这并不悖于我们的结论。"① 这种对一种考古学文化选择具有代表性文化因素和典型组合关系,进而对考古学文化进行从定性到定量分析以达到由表及里的认识,特别是把时代顺序、历史顺序与逻辑顺序有机结合起来的做法,是考古学方法论的新发展。

第三,关于平面与立体的关系。

在确定考古学文化和考古学文化间的时代早晚及相互关系时,一般习惯于以地层叠压关系和打破关系的立体关系为依据,而把缺乏这类直接关系的诸单元间的关系直观地视为平面关系,对其间也应具有的时代早晚以及其他关系往往估计不足,不善于或错过了充分利用的机会。其实,后者因为避免了地层叠压或打破等可能带有的时间间隔、不同文化交替甚至是破坏性的关系,所以往往是反映考古学文化诸关系、包括时间早晚关系和社会关系的更为完整、系统的理想材料;就是具备叠压和打破关系的各单元内共存的诸因素间,也是既有同时共存的一面,也有时间交错、各有序列的一面,而并不完全就是等同的。所以,把通常视为平面关系的考古现象作为立体关系处理,对有效地选择利用考古材料从而深入认识考古学文化的内部运动机制是必不可少的。

对大南沟后红山文化墓地和大甸子夏家店下层文化墓地的分析,就是从墓葬的平面分布关系入手进行的②。大南沟第一墓地 77 座墓,可以明确分为三区,每区又分行排列,每行有头有尾;大甸子墓地 804 座墓,也可分为南、中、北三区,每区又可分为若干小区,每个小区内墓葬按头尾排列十分清晰。它们虽都无任何打破和叠压关系,但在区分时代早晚关系上,墓葬的有序排列至少是与地层叠压和打破关系具有同等价值的材料,由此入手进行分期,在解决早晚发展演变的基础上,在社会结构方面都已取得意想不到的成果。如大南沟和大甸子这两个墓地都已分析出整个墓地、每

① 苏秉琦:《中国文明起源新探》,商务印书馆(香港)有限公司,1997 年。
② 辽宁省文物考古研究所、赤峰市博物馆编:《大南沟——后红山文化墓地发掘报告》,科学出版社,1998 年。中国社会科学院考古研究所编:《大甸子——夏家店下层文化遗址与墓地发掘报告》,科学出版社,1996 年。

个区、小区和行以及其间差别所代表的不同层次的社会单位及其间的等级和亲疏差别。

以上对认识考古学文化的各种方法、要求的理解，试在把我们研究的对象作为动态的、运动的事物看待，并着眼于探索这种运动发展过程中规律性的东西，如文化的生长点，即渊源与发生，文化的衔接点、连续性，文化的转折即由量变到质变，以及文化的过渡等。同时，从规律的变化与区别中掌握同一文化内部的差异，同一文化在不同地区运动规律的差异，不同文化间各自运动规律的特点。在弄清各个考古学文化自身规律的前提下，对考古学文化进行区系划分，对其内部、外部的相互关系进行比较，才能有一个接近于科学的基础。

二

考古学文化区系类型理论提出之初，将全国古文化分为六个大区，以后在具体名称和排列次序上又有所变动而越趋明确，它们是：

1. 以燕山南北长城地带为重心的北方；
2. 以山东为中心的东方；
3. 以关中（陕西）、晋南、豫西为中心的中原；
4. 以环太湖地区为中心的东南部；
5. 以环洞庭湖与四川盆地为中心的西南部；
6. 以鄱阳湖—珠江三角洲一线为中轴的南方。

指出这六大区系的考古学文化各有渊源，特征和发展道路各不相同，有的甚至差别较大。六大区的划分是对中国古文化发展道路的新概括，使学术界耳目为之一新。

当然，考古学文化区系类型的研究并不以对中国古文化分区分序列进行研究和认识到中国古文化的多源性为限，新的认识主要围绕区内和区间的关系展开。试谈两方面体会。

第一，关于六大区发展水平的同步性和不平衡性。

这是各大区间相互依存、相互作用的前提条件，也是不断交流吸收的结果。同步性主要表现为文化和社会发展在大的阶段上的同步或大致同步，以及阶段变化内容有相近似的一面。如中原地区前仰韶文化和仰韶文化衔接的时间在距今六七千年间，各大区在大体同一时期也都不同程度地找到了相近的衔接点，这是 20 世纪 70 年代以来我国新石器时代考古的一大进展。仰韶文化的前、后期之间，是原始氏族公社由发展的顶峰到出现解体的转折点，发生这一重大社会变革的时间约在距今五六千年间，各大区也大体在同一时期经历着类似的社会变革。从距今五六千年间到距今四五千年间，中原地区为仰韶文化和龙山文化这两大阶段，中原以外的各区也大都可以划分为相应的两大阶段，通常以中原为代表称为"仰韶时代"和"龙山时代"①，说明各区有相近似的阶段性变化。这一变化概括地说，前一时期以各大区系诸考古文化个性化得到充分发展为主，并频繁交汇，后一时期则各大区文化面貌趋向同一，是中华文化共同体的最初形成时期，从中可以看出这种同步性随着时间推移的发展过程。

众所周知，文化发展的同步性总是相对的，即同步不等于没有先后，也不等于作用对等，不分主次，而是平衡中孕育着不平衡。关于各大区文化发展的不平衡性可以从几方面理解：中原地区作为中国历史上历代王朝的政治中心，地位固然重要；在从文化起源到文明起源、统一多民族国家形成的近万年发展进程中，中原同北方、东南沿海这三个大区及其相互关系又占有更突出的地位；在某些重要历史发展阶段，中原以外的地区率先跨入的现象不可忽视，某些构成时代共同特征或成为中华民族传统的文化因素，在中原以外地区首先出现的情况也屡见不鲜，所以影响也总是相互的，低估中原以外地区的作用对某些重要学术课题进程的影响应以为训。如长期作为我国古代礼器标准组合的"鼎豆壶"序列，最早出现并不在中原，而在东南沿海地区，那里山东地区的北辛—大汶口文化和环太湖地区的马家浜—崧泽—良渚文化，鼎、豆、壶不仅出现早，而且成系列，发展演变有头有尾；而中原地区是从仰韶文化后期开始，首先在靠近东南沿海地区的豫西仰韶文化晚期突然出现的，且发展序列与东南地区相近；与此同时，豫西地区的晚期仰韶文化，彩陶简化，黑灰陶增多，成为中原地区

①　严文明：《龙山文化与龙山时代》，《文物》1981 年第 6 期。张忠培：《仰韶时代——史前社会的繁荣与向文明时代的过渡》，《故宫博物院院刊》1996 年第 1 期。

进入龙山时代的前奏。显然，造成中原地区这一重大变革的原因之一，在于东南沿海古文化对中原古文化的影响逐渐大于后者对前者的影响。又如，作为中国传统文化结晶的龙形题材，在燕山以北的辽西地区，不仅在距今七八千年前的查海遗址就已出现，而且由堆塑的龙形堆石和浮雕类龙纹到刻划龙纹，既多类型，也成序列，到红山文化时期，彩陶龙纹的表现已很成熟，且出现了玉雕龙、泥塑龙等，在中原地区被认为是三代龙前身的陶寺文化朱绘龙纹，当是在红山文化彩陶龙纹影响下产生的。

第二，关于各大区间和区内诸考古文化相互关系及所起作用的估计。

一般认为，农业部落具有封闭或半封闭以及保守的习性，中国与文明发达较早的环地中海地区又以高山相隔，然而，如果放眼于中原及中原周围各大区各有中心、并行发展且区内外相互作用的形势，那我们看到的就会是另外一番景象。

考古学文化区系类型理论把各大区内诸考古文化的区系问题作为重点。早在六大区系确立之始，就同时指出现时以专区一级划分的行政区划自有其历史文化渊源，它们与考古学文化的分布有相吻合的一面，大区的划分和以大区内区系类型研究为重点，既突出了诸考古学文化作为具体的人们共同体的个性，又充分考虑到区内诸文化间相互关系所起到的重大作用。同时，各大区内部的文化关系也并不是走着相同的道路，如中原地区统一的仰韶文化在其分布中心区的陕县—宝鸡一线有半坡和庙底沟这两个既独立发展又相互紧密依存的统一体，中心区之外又有东、西两支之分；辽西地区则是以红山文化为主干的多种经济类型、多种文化传统共存的形势。

区系类型理论在着重研究区内考古文化划分区系的同时，在确定各大区区界方面取得进展，同时也包括对大区的中心区及变迁，区间的接触地带或中间地带等的探索，从而形成区系及其相互关系的不同层次和不断变化，充分反映出各大区既相对稳定又相当活跃的形势，"民族大熔炉"是对各大区在区内外文化关系中所起作用的形象比喻和充分估计。而且，这种区间关系在程度和性质上又各不相同。如以仰韶文化对周围地区的影响为例。"从地图上看，以关中豫西为中心的仰韶文化同以大凌河流域为中心的红山文化，两者间距离要比关中同山东半岛之间的距离远好多，但从仰韶文化'玫瑰花'的传布、影响看，前者比后者显著很多，结果也不一样，前者是融合在红山文化中，成为当地文化因素之一；后者则不然，仅是'外来品'而已，并没落地生根。所以，仰韶与红山可以比作兄弟，而仰韶与大汶口仅是近邻而已。老一辈学者曾提出过'夷夏东西说'，有一定道理。"① 依据各大区间这种关系的疏密差别，区系类型研究还不断提出新的区系划分与有关课题。在这方面最为重要的是，随着对渔猎文化及其同农业文化结合在中华文化和中华文明起源和发展过程中所起特殊作用认识的不断深入，从考古文化特征方面将中国各大区古文化进一步划分为三个大的区系，即以筒形罐为主要特征的东北渔猎文化区，以彩陶盆钵、小口尖底瓶—鬲为主要特征的中原粟作农业区和以鼎为主要文化特征的东南沿海地区稻作农业区，它们和它们之间的频繁交汇对中华文化和文明形成起到更为重要的作用。

此外，如以北方、中原和东方三个大区的沿海地带为主提出"环渤海考古文化区"，并涉及东南沿海与东北亚等更广的范围；把北方区分为狭义和广义两个不同层次，后者以与国境以外邻近地区有密切关系的大东北和大西北为两翼；六大区又可划分为"面向亚洲腹地"和"面向海洋"两大块等。其中，对广义的北方的认识和两大块的划分，是区系类型理论把研究范围扩大到与中国境外古文化的关系，概括地提出了中国古文化与世界古文化的关系及某些特点。"面向亚洲腹地"主要是同欧亚大陆古文化的关系，而"面向海洋"则可以理解为与环渤海、环中国诸海以至环太平洋古文化的关系；中国的两大块与世界的两大块即旧大陆和环太平洋这两大块的衔接点和桥梁正好是中国传统史学所谓的"四裔"地区，可见，四裔地区古文化在中国与世界的比较中占有更突出的地位。这些涉及与境外古文化关系的诸问题，促进了"世界的中国考古学"概念的形成，这虽然是尚待深入研究的课题，但中国古文化对外开放型的格局已展现出来。

可见，中国古文化的发展，既不是在封闭状态中进行的，也不是"外

---

① 苏秉琦：《纪念仰韶村遗址发现六十五周年（代序言）》，《论仰韶文化》，《中原文物特辑》1986 年。

来文化决定论",而是在区内外、境内外文化频繁交流中形成的既自成一体,又是世界古文化的有机组成部分。这一点,自从中国五千年文明起源问题的讨论开展以来,就已进一步提上日程。

三

考古学文化区系类型理论提出后,中国考古学的研究和发现明显加快了步伐,主要表现为:一系列重大学术课题的提出,在课题指导下开展田野工作的主动性增强,区域性学术活动异常活跃,学术水平普遍得到提高。其中尤以近年中华文明起源的讨论,引人注目,方兴未艾。

就在区系理论提出不久,辽西地区的朝阳、敖汉开展文物普查,在认识各时代遗址分布规律等方面成果显著。朝阳、赤峰等地以夏家店下层文化遗址为主的大规模发掘获取了系统资料。接着,一批红山文化玉器被辨认出来,发现了东山嘴红山文化祭祀性石砌建筑址。辽西地区遂被列为区系类型理论指导实践的一个重要试点。牛河梁红山文化坛庙冢的连续发现与这一理论的指导有关,所以这个地点的工作从一开始就与中华文明起源相联系,正式提出这是中华五千年文明起源的一项征兆,认为同一时期这样高水平的类似遗迹在中原地区尚未见过。中国文明起源的讨论在我国历史考古界曾几起几落,已成为学术界的一个敏感区,这次由北方地区一项属于"彩陶时期"的考古发现提出,似出人意料,却是考古学文化区系类型理论应有之义,所以这一次关于文明起源的讨论起点较高,不再局限于一般定义、概念的理解和具体材料,具体观点的分析交流,而是十分突出了理论上的建树。如:

(一)"古文化古城古国"的提出①

其中心内容为:"古文化指原始文化,古城指城乡最初分化意义上的城和镇,而不必专指特定含义的城市,古国指高于部落之上的、稳定的、独立的政治实体。"中国在统一多民族国家形成之前和形成过程中,曾存在众

---

① 苏秉琦:《辽西古文化古城古国——试论当前考古工作重点和大课题》,《辽海文物学刊》1986年创刊号。

多古国，这已见诸文献。又有研究者特别提出，并与世界文明史上的"酋邦""城邦"形式相比较。新的提法在于把古文化（原始文化）与古城古国相联系，把原始文化中与中国古城古国联系起来的那一部分加以突出，作为重点，这就明确指出中国文明起源的具体途径：第一，中国史前期曾有一个由氏族社会到早期国家的过渡阶段，一个"早期国家"形态；第二，这一早期国家形态存在于各地古文化发展过程中，就远不只在一两个地区发生，而是众多古城古国的并立，如"满天星斗"；第三，这一社会变革也不会只是一个历史阶段的事，每一个民族在其历史发展过程中或迟或早都在经历自己的文明起源过程；第四，中国的古城古国与西方的"酋邦制"有相近处，但由于植根于各个区系相互依存、相互作用的诸古文化，形成中国文明起源既有先有后又大致同步，既多条道路又趋向一统的丰富多彩、连绵不断的特点。

（二）强调区内和区间文化交流在文明起源过程中的作用

可以红山文化为例。如果中国文明起源在北方地区的辽西先走一步，那么它的条件是什么？这是牛河梁红山文化遗址发现后首先提出来的问题。如果文化关系是其中一个重要原因，那么这个地区与其他地区相比，在文化关系方面有什么特殊优势？目前，这一问题已从辽西古文化区内诸文化的关系和北方与中原这两大区间的文化关系两个方面取得初步成果。

在红山文化分布的辽西地区，与红山文化大体属于同一时期的文化类型已发现不只一两种，它们与红山文化都有共性的一面，却以各自特征为主，自成发展序列。其中掌握资料较多的如赵宝沟文化，以磨制黑陶器上刻划类云雷纹和猪龙、鹿龙、凤鸟等"四灵"图案为主要特征，表现出在某些方面的发展水平要高于红山文化；在西拉木伦河两岸与红山文化交错分布的富河文化，以农牧猎并重为特点，并保持和发展了旧石器时代制石工艺。它们与红山文化的关系，都不似其他区系那种统一文化系统内的分支关系，而是多种文化传统、多种经济类型的共存，其间的文化交流必然更具吸引力，交流幅度大，这是形成红山文化本身文化面貌、经济类型多样性、新因素大量产生的主要原因。同时，红山文化影响最广，社会文化发展水平最先进，与中原地区仰韶文化关系最密切，始终处于主导地位，"红山诸文化"准确地反映了这种很有特色的文化关系。

关于红山文化与仰韶文化的关系，早在六十年前红山文化发现之初，学术界就注意到该文化压印纹夹砂褐陶与泥质红陶彩陶共存，细石器、打制石器和磨制石器共存所具有的长城地带南北文化共存的特点。以后在分析红山文化性质时，往往以其与仰韶文化的关系作为一个标准。新的认识以对这两支文化的区系分析为基础：

1. 发展过程同步，发展阶段相近，即仰韶文化可分为前仰韶文化、仰韶文化前期、仰韶文化后期和"后仰韶文化"，红山文化也可分为前红山文化、红山文化前期、红山文化后期和后红山文化等四个时间大体相对应的阶段。

2. 仰韶文化同周围地区的文化关系中，以同红山文化的关系最为密切，作为红山义化主要特征的泥质红陶和彩陶器与花卉图案及其演变，源于仰韶文化的脉络是清楚的。

3. 仰韶文化后期裂变形成的新个体——庙底沟类型，沿太行山北上，在河北省桑干河上游找到了红山文化与仰韶文化接触产生文化撞击的迹象。"撞击"是文化关系中较高级的一种形式，它意味着文化内部社会制度的大变动，是带有革命性的质变，以反映一人至高无上地位为中心内容的红山文化坛庙冢的出现，正是这一文化撞击的结果。可见，北方与中原文化的关系是辽西地区在文明起源过程中先走一步的又一重要原因。

此后，影响中国历史全局的重大文化关系是以东南古文化、主要是大汶口文化和良渚文化为一方，与西北地区古文化、主要是晋南陶寺文化以及内蒙古中南部的龙山时代古文化为另一方，它们之间的交汇是产生"龙山时代"的背景，并为夏商文明奠定了基础。

文化交汇对中国文明起源的作用，不仅表现为各大区间的频繁交流，而且与境外诸文化、特别是几个世界古文明中心也不无关系。对此，有学者已提出从世界史范围研究红山文化，这是很有启示的。与世界诸古文明的比较，是"世界的中国考古学"的中心环节，这必将使我们的思路更加开阔，对中华以至东方文明的形成和特点的认识更为深入。

（三）重视从器物变化反映社会变化

由于中国文明起源植根于诸古文化中，如从构成考古学文化典型文化因素中寻求其背后社会变革的轨迹，可能更具代表性和普遍性。

　　红山文化、良渚文化墓葬随葬玉器及其在数量、质量、类型组合上的差别所反映的礼制性质，已被视为高于金属、文字、城市的文明起源的又一要素。同样，以山东龙山文化为主的蛋壳黑陶器，技术条件要求极高而实用价值极小，只能是适应社会变革的特殊需要而专门生产的"特需品"，所以，蛋壳陶器不仅是山东龙山文化的主要特征，也是该文化进入文明社会的突出标志。更已提出仰韶文化特有的小口尖底瓶和部分有特殊含义的彩陶非一般生活用具，而可能是带有祭祀性质的专用器。并从彩陶结构与绘法由严谨到松散的变化中看到氏族内部思想意识和信念的变化，都是很有启示的提法。

　　这里要特别提到的是，在中原与"三北"地区代表性文化因素相互关系的分析中，把原始斝鬲的诞生与晚期小口尖底瓶和当地土著文化的蛋形瓮的结合相联系，进而提出甲骨文"干支"中的"酉""丙"的创意与晚期小口尖底瓶和原始斝鬲的形象有关，这不仅揭开了三袋足器起源之谜，而且从中分析出继5000年前红山文化与仰韶文化撞击产生文明火花之后，中原与北方的又一次文化融合和文明火花，和从此而出现的从北而南的文化面貌大变化所奠定的中华文化共同体的基础，所以，可统称这一南北文化结合为中华文化总根系中的直根系。

　　从器物变化中分析社会变革，是器物类型学的又一次超越，也是对考古学文化认识上的深化。

　　（四）文明起源是一个运动发展过程

　　这是考古学文化作为运动发展过程的延伸，以上所列均以此为立足点。要进一步阐述的是：这一过程作为氏族公社向早期国家的过渡，不仅是公社的衰落过程，更主要是先进文化因素产生和发生作用的过程。因此，对这一过程中起积极作用的先进因素，特别是以后成为中华民族传统的因素所占有的主导地位，要给予足够估计。这个过程可上溯到距今6000年以至距今七八千年间。作为前红山文化一支的查海遗址，已有成套玉器出现，且都为真玉，反映当时对玉的认识和选择已很严格，玦、匕形器等的制作已专门化，用途也非一般装饰品和工具，而具专用性质；说明当时已有社会分工和社会分化产生，并由此提出了"上万年的文明起步"。距今6000年前后统一的仰韶文化裂变为半坡、庙底沟两个类型，后者表现出新的活力，辽西地区也出现了红山诸文化并列和红山文化东、西支的区分，出现猪龙、熊龙等神化动物形象，都可视为文明起源过程的发端。前述距今5000年前后的两次变革，是中原与北方相互作用的结果，不同的是：第一次结果集中在辽西，体现为坛庙冢的出现；第二次结果集中在晋南，体现为以陶寺墓地所反映的北、中、南各区文化的大融合，这已同夏商国家的产生相衔接。一系列考古文化间的裂变、撞击、融合等文明起源的阶段性和多种机制，充分体现出中国文明起源和夏商周王朝出现的渊源之久、多条道路汇集和极为丰富的内容。

可见，中国文明起源的提出，虽是由辽西一项考古发现而引起，却是考古学文化区系类型理论指导实践合乎逻辑的发展。同时，文明起源的讨论开展以来形成的新理论、新观点和新方法，已预示着考古学文化区系类型理论提出的初衷已接近实现。

以区系类型理论为历史与考古结合的桥梁，所看到的诸考古学文化作为人们共同体的具体历史活动过程，特别是距今5000年前中原仰韶文化与北方红山文化这两大区系间以及此后以西北地区为一方与东南沿海为另一方的频繁交汇，它们在中国上古史上所起的作用，与古史传说的五帝时代前后期主要代表人物活动的轨迹与背景有着惊人的相似之处，期盼已久的古史传说与考古材料的最终结合，已指日可待[1]。

考古学文化区系类型理论的核心是把考古文化作为运动过程，从文化起源到文明起源研究的迅速展开，使这一理论更为系统充实。"动态考古学"的提出，是马克思主义唯物辩证法指导中国考古学的具体成果，这是考古学哲学化、理论化的过程，也是考古学大众化、普及化的过程，它所揭示的十亿人民、56个民族汇聚一起的深厚历史渊源和中国古文化作为东方文明中心在世界历史上的独特性和重要地位，是一笔巨大的精神财富，已为社会各界所瞩目。

具有中国特色的考古学体系的初步形成和学科走向成熟，离不开科学巨匠的推动作用。苏秉琦先生生前一贯重视来自第一线的最新信息，鼓励和吸收来自各方面的新鲜见解，使他在考古理论—实践—理论的不断深化

---

[1]　苏秉琦：《华人·龙的传人·中国人——考古寻根记》，《中国建设》1987年第9期。

过程中始终站在最前列，直到他的晚年。

本文就是对先生有关论述的学习心得。

（原载于宿白主编《苏秉琦与当代中国考古学》，科学出版社，2001 年）

再论考古学文化区系类型
理论在实践中的发展

　　从考古学研究区域文化，影响较大的是由苏秉琦先生提出的考古学文化区系类型理论。这一理论初见于 1975、1976 年苏先生先后为北京大学、吉林大学考古专业讲课和 1979 年中国考古学会成立大会暨全国考古规划会议上的发言，1981 年正式发表于《中国史学史》和《文物》。此前的酝酿过程始于 1951 年在西安附近作考古调查时提出的不同于河南安阳后冈仰韶文化—龙山文化—殷商文化三叠层的"文化一"（陕西仰韶文化）、"文化二"（相当于龙山文化）和"文化三"（先周和周文化）①，继而是 1965 年发表于《考古学报》的《关于仰韶文化的若干问题》一文中提出的中原、东南和江汉三个大区的划分和相互关系。上溯则有 20 世纪 30 年代考古学的"东西二元说"（梁思永）与历史学的"夷夏东西说"（傅斯年）和"三集团说"（徐旭生、蒙文通）的影响。

　　多年学科的发展表明，考古学文化区系类型理论的提出，对考古界来说，首先具有解放思想的意义。因为长期以来，以汉族作为正史、其他民族就列于正史以外等的大一统观和以社会发展史将丰富多彩的历史简单化的做法，在考古学研究中影响很深。同时，由于考古学文化区系类型理论是从几十年考古实践过程中归纳出来的，又适应了近年我国考古发现与研究由中原地区迅速向全国各地铺开的新形势和迫切需要回答的问题，所以它一提出，立即吸引了全国各地的考古工作者，并被迅速用于指导工作实

---

①　苏秉琦：《另一个三叠层——1951 年西安考古调查报告》，上海古籍出版社，2018 年。

际。在运用这一理论过程中，大家还体会到，这一理论并不形成固定的定义和模式，各地区根据自己掌握的材料从不同角度、不同层次进行理解，观点可不尽相同，却共同为这一理论添砖加瓦。正因为它具有实践性和兼容性这两大特点，所以它本身也在不断得到充实发展。目前，这一理论早已超出刚提出时的内容，但却正以它越来越强的生命力继续指导着全国各地的考古发掘和研究向更深层次发展。

这里，根据苏秉琦先生晚年的有关思考和近些年的考古发现和研究成果，从三个方面加以论述。

一　关于考古学文化的区域划分

1981 年这一理论正式发表时，将古代中国以先秦时期为主的人口密集地区分为六个大区：

（1）以燕山南北长城地带为重心的北方；

（2）以山东为中心的东方；

（3）以关中（陕西）、晋南、豫西为中心的中原；

（4）以环太湖地区为中心的东南部；

（5）以环洞庭湖与四川盆地为中心的西南部；

（6）以鄱阳湖—珠江三角洲一线为中轴的南方。

以上考古学文化区域的划分，不是简单的分区，而是突出阐述了以下几点：

一是这六大区系的考古学文化各有渊源，特征和发展道路各不相同，各区域的发展阶段、发展水平大致同步。

二是区间关系密切，影响是相互的，而且文化交流的主导方向是由四周向中原汇聚，而非由中原向四周放射。作为龙山文化超中心聚落的山西陶寺城址和墓地所显示的既有北方文化因素又有东南文化因素的"综合体"性质，进而为夏商周三代在中原地区的建立奠定基础，就很能说明这一点。

三是特别强调了考古学区系类型理论提出的目的，在于回答"十亿人56 个民族是如何凝聚在一起的"。为此，在开始划分六大区时就指出，这一"三南三北"的分区，除了以考古资料为主以外，也考虑到新中国成立之初的六大行政区划的历史渊源。

考古学文化区系类型理论提出后，考古学以独立学科复原历史的目标更加明确，步伐明显加快，其直接成果是先后提出了"中华文明起源"和"古代中国与世界接轨"这两个新课题。

二　从区系类型研究到文明起源研究

从20世纪80年代中期开始的中华文明起源研究，是考古学文化区系类型理论深入发展的必然结果。对此，可以从文明起源研究开始时提出的"古文化古城古国"谈起。

1985年文明起源讨论刚开始时提出"古文化古城古国"概念，其中心内容是以古文化为出发点、以古文化的充分发展为依据："古文化指原始文化，古城指城乡最初分化意义上的城和镇，而不必专指特定含义的城市，古国指高于部落之上的、稳定的、独立的政治实体。"

这一论述把古文化（原始文化）与古城古国相联系的那一部分加以突出，是为考古学文化区系类型理论在实践中运用的重点。明确指出中国文明起源的具体途径，是存在于各地古文化发展过程中，因而远不只在一两个地区发生，而是众多古城古国的并立。著名的"满天星斗"就是从区系类型研究到文明起源研究发展必然趋势的形象表达。

文明起源研究特别重视区间文化交流的推动作用。区系类型理论在阐述区间关系时，在强调各大区发展水平大致同步的同时，又承认各区间有先有后，有主有次，在平衡中存在着不平衡。在某些构成时代共同特征或成为中华民族传统的文化因素，在中原以外地区首先出现的情况屡见不鲜。这突出表现在中原与北方、东南沿海这三大区的交汇过程。如在东南沿海地区与中原地区的文化交流中，以山东为主要活动范围的大汶口文化和环太湖地区的良渚文化等社会发展水平较高，分别对中原地区的仰韶文化和龙山文化产生较大影响。长期作为我国古代礼器标准组合的"鼎豆壶"序列，最早出现就不在中原，而是在东南沿海地区。山东地区的北辛—大汶口文化和环太湖地区的马家浜—崧泽—良渚文化，鼎、豆、壶不仅出现早，而且成系列，发展演变有头有尾。中原地区是从仰韶文化后期开始，首先在靠近东南沿海地区的豫西仰韶文化晚期突然出现的，且发展序列与东南地区相近。与此同时，豫西地区的晚期仰韶文化，作为自身特征的彩陶简化，尖底瓶渐从少见到消失，黑灰陶增多，成为中原地区进入龙山时代的前奏。显然，造成中原地区这一重大变革的原因之一，在于东南沿海古文化对中原古文化的影响逐渐大于后者对前者的影响。

考古学文化的区间关系还关注不同渊源诸文化之间的交流，因为那往往会产生意想不到的后果，在交汇中产生的文明因素进而跨入文明社会即其中的主要成果。在这方面，以红山文化与仰韶文化的交流较为说明问题。因为仰韶文化是以粟作农业为主要经济生活、以彩陶和尖底瓶为主要考古文化特征的，而红山文化是以东北史前文化传统的渔猎经济为本、以饰压印纹夹砂筒形罐为主要考古文化特征的，这是两种无论经济类型还是文化传统都有很大不同的考古学文化，它们之间南北交流的直接后果，就是在红山文化出现了以北方南圆、北庙南坛的组合与布局为主体、以祭祖与祭天为主要内容的"坛庙冢"祭祀建筑群，并以此为象征较早进入古国阶段。

以上以大汶口文化为代表的东方"鼎豆壶"，红山文化的"坛庙冢"，还有北从红山文化南到良渚文化的玉礼器组合，作为文明起源多元性的体现，还是中国礼制的主要载体和精华，并在中国古代被长期延续下来。在20世纪80年代文明起源讨论之初，众多学者主张将礼的起源作为文明起源的重要内容，此后考古发现和研究成果进一步说明，礼的起源及其传承确应作为中华文明起源的一个主要标志，这也将考古学文化区系类型理论所要追求的"十亿人56个民族是如何凝聚在一起"的学术目标予以深化和具体化。

三　从区系的中国到区系的世界

考古学文化区系类型的划分，突出了与境外相邻的"四裔"地区的地位，中华五千年文明的确立，与世界诸文明古国的文明起源阶段在时间上可大体对应，这就从时空范围使古代中国与世界的比较建立在更为科学的基础之上。

比较的初步结果：一是中国古文化东西格局的确立；二是对东西方文

化差异、交流融合的新认识。

中国考古学文化所划分的六个大区，依其各自与境外的地理人文联系，又可分为"面向亚洲腹地"和"面向海洋"的两大块。这同 20 世纪 30 年代山东城子崖发现龙山文化后提出的"东西二元对立说"和近年重提东西部在陶器及功能上的区别有一致性。如 1985 年夏鼐先生在《中国文明的起源》一书中指出："黄河中下游是有东、西相对的两个文化圈，不过与仰韶文化相对的是大汶口文化，而不是山东龙山文化。"2010 年出版的《中国考古学·新石器时代卷》也以为："黄河流域新石器时代晚期陶器，大体可归纳为东、西两部分，东部继承着鼎、豆、壶的传统，西部则流行瓶、罐、盆（钵）。"

世界东西方的差异则可依张光直先生的观点：东西方各自宇宙观的不同从而对待赖以生存的自然界的不同，即西方文明以发展技术、铜石等贸易从而以改造自然为主，为较早以地缘关系替代血缘纽带的"突破性文明"；东方文明将世界分为天、地、人、神不同层次，以人与自然、祖神的沟通取得政治权力，长期保持氏族血缘关系、石制生产工具等诸多文化、社会成分得以延续而进入文明社会，为"连续性文明"①。且以为，西方式是个别的而东方式具普遍性，代表未来。

中国的西部联系着欧亚大陆，中国的东方则同环太平洋地区关系密切，其间交汇频繁。交汇的趋势是相互的。"西风东渐"主要表现为彩陶和青铜冶铸技术等的向东传播，"东风西渐"则以黄河流域由东向西的"龙山化"和相应的彩陶由中原地区向西渐退为主要表现。值得提到的是，在彼此的交流中，东渐的西方文化因素被吸收后都形成中国特色，如彩陶在仰韶文化向神器演化，青铜冶铸技术传入后，不是如西方以制作工具为主，而是发展为制作用于祭祀和葬礼、技术更趋复杂的青铜容器。表现出中华古文化对待异质文化有很强的包容性。

对此，苏秉琦先生于晚年进一步提出"人类文明一元性"的观点。以为：世界各个国家、民族，差别虽然多种多样，但还是从一元论考虑，因为地球是独一无二的。一个地球，发展阶段大致同步，发展道路有相近一

---

① 张光直：《考古学专题六讲》，文物出版社，1986 年。

面,同时相互交流,并不是封闭的。最终是走向"世界大同"。

以上论述可见,文明起源讨论和与世界的接轨是考古学文化区系类型理论发展的必然结果,而文明起源的讨论和古代中国与世界的比较,又进一步推动了考古学文化区系类型理论的发展,共同为从区域文化的视野回顾历史,展望未来做出贡献。

(原载于《地域文化研究》2018 年第 12 期)

苏秉琦论"古今接轨"及其
在学科理论的地位

——编辑《苏秉琦年谱》的一点体会

受宿白先生委派，由高炜同志和我负责《苏秉琦年谱》的编辑工作。在收集资料、编辑修改和征求各位先生意见的过程中，我们对苏秉琦先生毕生为创建考古学学科理论并以此推动中国考古学走向"科学化"和"大众化"的目标所做的努力，又有新认识。

从一种器物（瓦鬲）到一种考古学文化（仰韶文化），从考古学文化区系类型理论的提出到古文化古城古国、"三部曲"和"三模式"的中国文明起源和国家形成系统理论的形成，苏秉琦的学术道路和中国考古学学科理论的建立过程具有同步性。对苏先生在学科理论建设方面成就的新认识在于，他在阐述考古学文化区系类型理论和中国文明起源系统理论时，总在思考"古与今"接轨的问题。

整整二十年前，在西安召开的中国考古学会成立大会上，苏秉琦先生在作"关于考古学文化区系类型和原始社会解体到阶级国家产生以及统一多民族国家形成发展"的讲话时，着重提出几经变化但在现实生活中起作用的六个行政大区和200多个专区的划分，在探索我国文化史上相似的地区差异及其相互关系方面的重要性。这既是对考古学文化区系类型时空范围的一种模糊界定，更是在揭示一种普遍的历史连续性，从而成为他将现代中国人口密集地区的考古文化划分为六大区系的一个主要依据。可见，在考古学文化区系类型理论最初形成时，"古今结合"已作为学科目标也是方法论被提了出来。

在20世纪80年代中期掀起的中国文明起源讨论中，苏先生在社会各界不同于一般的反响中，透视出这一讨论远不限于历史考古界本身的意义：

　　"回顾历史，中国文化与中国文明起源问题被特别提出和被特别重视，正是在中国近现代历史上的两个转折点：一个转折点是'五四'运动时期，一个转折点是80年代初，这也是我们考古学科发展过程中的两个转折点。是什么样的历史转折？用一句话来概括，就是历史的反思。'五四'运动前后，当国家、民族面临危机生死存亡的时刻，在社会上引起了一个热烈的思潮，就是讨论中西文化问题。那时候中西文化问题之所以成为一个热门话题，原因很简单，就是几千年的文明古国落后了，落后的原因是什么？不能不从历史上来回答这个问题，我们究竟比西方在哪些方面落后了，如何赶上去，到底应该向西方学习些什么东西，这个问题可以说在'五四'运动时期基本上找到了回答，那就是科学与民主。这话现在说来很简单，在当时来讲，却是解决了一个历史大问题。因为我们是有悠久历史的文明古国，自来认为是天下第一，一切都是中国最先进，能够意识到比不上人家，要赶上去，而且提出'科学与民主'的口号，比日本的变法维新提得更深、更明确，这谈何容易呢？当然是大事。我国近现代科学只有在提出科学与民主的时候，才有了发展的土壤。从'五四'时期起，经过半个世纪后，我们又在经历一次历史转折，这就是党的十一届三中全会以后，历史的反思又一次被严肃地提出来了，那还是1980年前后，提的问题也还是中西文化问题，但现在提出问题的角度与前一次不一样，现在要开放，要引进，还是要讲科学与民主，这本来是不成问题的问题，事实上还成了更重要的问题。为什么？我们建设现代化，如果是建设日本式的，新加坡式的，是单纯学美国、学西欧、日本，那能就是千万仁人志士抛头颅洒热血奋斗的目标？不是。我们要建设的是同五千年文明古国相称的现代化。这就自然而然提出，我们这个具有五千年古老文明的民族的灵魂是什么？精华是什么？精神支柱是什么？我们要继承什么？发扬什么？大家都在思考这个问题。我们考古工作者要严肃对待这个问题，都要感到自己的责任。因为我们的考古学科就是在这两个转折时刻有了重大改变，其主要标志就是，中国文化与文明起源问题是这两个转折点所引起的历史反思这一社会思潮的组成部分。"①

苏秉琦先生 1986 年在辽宁"兴城座谈会"上这段古代与现代文明的思考，倒像是对把握国家发展方向长鸣的警钟，今天听起来仍然是句句掷地有声。

他并从史前考古的研究中，将中国文化传统的精华概括为：精于技艺，善于思考；兼容性和凝聚力；以形意为主体结构的方块字体现出的长于形象思维的中国传统思维方式；玉器的社会功能及其所体现的中国传统价值标准和道德观念等。看来，随着文明起源讨论的深入，他已把研究的重心移向思考中华古文明的民族灵魂和精神支柱方面上来。

为此，他在 1987 年为庆祝中国社会科学院建院十周年所写的《向建立中国学派的目标攀登》的纪念文章中，在谈到建立中国考古学派进程的三大步：即从宏观角度应用区系观点，围绕中国文化起源对中国文化体系进行探索；从微观角度，应用"分子"观点探索中国文明起源；应用唯物辩证法——对立统一规律，进行更高层次的理论探讨，使考古走向哲学化时，突出论述了这三大步的现实意义。考古学文化区系类型学说其最终目标是："为阐明把十亿中国人民凝聚到一起的基础结构，为认识中华，加强全国各族人民的团结做出贡献。"围绕中国文明起源的研究："对中国文化传统（长期起积极作用的因素）如何从星星之火成为燎原之势，从涓涓细流汇成长江大河这个千古之谜，从考古学寻找'破密'的钥匙。"对中华文明进行更高层次的理论探讨："把理论和现实、把历史和创造中的历史连接起来。考古不再是少数人的专业，它将越来越大众化，真正成为人民的事业。"

晚年，苏先生在思考古今文化内在联系方面的想法趋向完善和成熟。在他最后一本通过对个人六十多年学术道路的回顾，总结 20 世纪中国考古

---

① 苏秉琦：《文化与文明——1986 年 10 月 5 日在辽宁"兴城座谈会"上的讲话》，《辽海文物学刊》1990 年第 1 期。

学学科理论和方法论的专著《中国文明起源新探》① 一书中，他把从考古学上回答民族传统与现代化的关系和人与自然的关系，作为"古与今"接轨的两大内容，并将这古今接轨与中国考古学和世界考古学接轨并称为"双接轨"，放在全书最后一章，以此作为他个人学术道路和中国考古学发展的一个小结，同时也是学科继续发展的新起点。从对考古学对象的研究具体到进行"分子式"和"庖丁解牛"式分析的"其小无内"，到中国考古学走向世界、面向未来的"其大无外"的研究过程，使得以浅显语言表达深奥理论成为可能，科学化和大众化的"梦"接近实现。

西方考古界总在关注中国考古学在理论研究方面的动向，关注在接二连三的重大考古发现背后，是如何解释它们的；并认为中国考古学界偏重于复原历史，而较少注意考古学提供的聚落形态、消费系统、人口、社会组织等信息。对于前者，我们已建立起有学科自身理论的中国考古学派，正在引起全世界的重视；对于后者，我们在吸收西方先进技术和经验的同时，只能走自己的路。苏秉琦和以他为首的中国考古人在学科理论上的成就，特别是对古今接轨这一反映考古学最根本价值方面的探索，已对此做了很好的回应②。

一位朋友在读了《中国文明起源新探》一书后深有感触地说，一门学科，有没有学科本身的理论大不一样，但并不是每门学科都已建立了自身的学科理论。这是考古学特别值得珍视之处。费孝通赞誉《中国文明起源新探》一书为"文化的自觉"，也是从古今结合的角度评价的，他说这本书"代表了北大对中国文化发展历程实事求是研究的传统，是中国人对自己文化的自觉，它用古代遗传的实物来实证中国五千年的文明发展的过程，在中国人面临空前大转型的时刻，在学术方面集中了北大几代学者的研究成果，得出了这样一本著作，意义深长"③。

珍视并充实和发展这来之不易的学科理论，警觉非学术干扰，将使中

---

① 苏秉琦：《中国文明起源新探》，商务印书馆（香港）有限公司，1997 年；读书·生活·新知三联书店，1999 年（内地版）。
② 汪涛：《创建中国考古学派——兼谈西方考古界对苏秉琦学术思想的认识》，《苏秉琦与当代中国考古学》，科学出版社，2001 年。
③ 费孝通：《百年北大与文化自觉》，《光明日报》1998 年 6 月 8 日第 4 版。

国考古学在跨进 21 世纪时走在科学之林的前列，不断起到启示后人的作用，真正达到"古今一体"的境界。

[参考文献]

苏秉琦：《华人·龙的传人·中国人——考古寻根记》，辽宁大学出版社，1994 年。

苏秉琦：《百万年连绵不断的中华文化——苏秉琦谈考古学的中国梦》，《明报月刊》1997 年 7 月。

张忠培、俞伟超：《考古、文明与历史》，"中央研究院"历史语言研究所，1999 年。

张光直：《考古人类学随笔》，读书·生活·新知三联书店，1999 年。

（本文为提交 2001 年在成都召开的"中国考古学会第十次年会"论文）

他把中国考古学推向一个新时代

——记苏秉琦先生

苏秉琦（1909～1997年），河北省高阳县人。考古学家。国立北平师范大学历史系毕业，中国社会科学院考古研究所研究员，北京大学教授。1952～1982年兼任北京大学历史系考古教研室主任，从1986年起任中国考古学会理事长。主要著作有《斗鸡台沟东区墓葬》《苏秉琦考古论述选集》《华人·龙的传人·中国人——考古寻根记》《中国文明起源新探》等。

一　走自己的路

1981年6月26日，在北京市历史学会、中国历史博物馆联合举办的"纪念中国共产党成立六十周年报告会"上，苏秉琦先生对中国考古学的发展现状和前景做出"在国际范围的考古学研究中，一个具有自己特色的中国学派开始出现了"的估计和提出建设"马克思主义的、具有中国特色的、现代化的中国考古学体系"的奋斗目标。在当时全国社会科学界的思想解放开始不久时，他的这一观点当然具有前瞻性，不过，这却是他在长期考古实践中得出的认识。

（一）瓦鬲的排比与考古类型学的奠基

1934～1935年，刚从大学毕业分配到北平研究院考古组工作的苏秉琦就参加了在陕西省宝鸡斗鸡台遗址的发掘，以后又主持了发掘材料的整理和考古报告书的编写。

斗鸡台遗址是北平研究院关于周、秦初期文化研究计划中首选的发掘地点。在沟东区两个年度发掘到上百座小型土坑墓和上千件包括瓦鬲在内的器物，如何用这些"哑巴"材料达到预定的学术目标？时值抗战开始，随院部和材料的转运，整理工作也从西安到北京再到昆明。在缺少参考材料的情况下，作为一个初学者，他在困惑中艰难摸索，对每一件器物从细部特征到制作方法都做了仔细观察和记录，以瓦鬲的排队为切入点和重点，对墓葬和器物逐一分类。将墓葬分为三类，将全部 40 件瓦鬲分为 A、B、C、D 四型，有的型还分为亚型，每型又分为若干式，由此排出了这批墓葬的年代分期、阶段特征和瓦鬲形态的演变过程。并进而揭示出这批墓葬背后的史实：

从瓦鬲的发生与 A 型鬲（袋足鬲）出现的仰韶期与龙山期之间的过渡期即距今四五千年间，到瓦鬲的消失在 D 型鬲（矮足鬲）向釜演变的孔孟之间即公元前 5 世纪前后，时间相当于中华五千年文明史的前半段，而分布于不同地区的鬲又各有发展脉络。从而将一种古代器物与中国历史文化的起源与演变相联系：陶鬲这种"中国古文化所特有的、在古代中原和北方普遍应用、形制特殊、存在时间长久而又变化敏感的三足器，不但可以目为中华古文化的代表化石，对于追溯中华古文化的始源与流变问题更具有特别意义"。五十年后苏秉琦先生回忆他第一次从事考古工作就埋头摸瓦鬲的经历，称之为"学读天书"。

《斗鸡台沟东区墓葬》于 1948 年由北京大学出版社出版。这是中国考古界第一次系统运用现已被广泛采用的将器物按其形态差别而划分为型、亚型和式别的分型分式法，从而也是第一次根据遗迹、遗物的共存关系来判断各单位的相对年代。20 世纪 50 年代，他又运用这种类型学方法整理洛阳中州路 260 座东周墓葬及随葬品，分析出春秋战国之际社会等级状况的变化。地层学和类型学是近代考古学的基本方法。系统的类型学方法，是瑞典人蒙特留斯在 1903 年出版的《东方和欧洲古代文化诸时期》第一卷《方法论》中建立的，但概念不够完整。苏秉琦先生从中国考古的实际材料出发，正确运用和发展了这种方法论。对陶鬲等器物的形态，做了相当准确的型、式划分。此后的考古学研究中，皆以此为范例，形成普遍使用的型和式的概念。苏秉琦先生也被公认为中国考古类型学的奠基人。

（二）仰韶文化的解剖与"见物又见人"

1958 年受"大跃进"时期的政治运动波及，北京大学考古专业开展了

"批判资产阶级考古学、为建立马克思主义考古学而斗争"的运动。苏秉琦先生倡导的考古类型学，受到重点批判。他以实事求是的态度对待，在当年陕西华县北大考古实习工地，继续用类型学方法研究仰韶文化并辅导学生。对批判中提出的"单纯器物排队""见物不见人""脱离历史"等合理成分表示接受。并开始思考中国考古学的走向问题。

当时遇到的问题，一是"硬套"，指学习苏联初期经验，把考古学简单理解为物质文化史；一是"生搬"，指把马克思主义经典作家关于社会发展史的有关论点和自己的论点镶嵌在一起，考古学的具体研究仍然是干巴巴的空壳，终是不能深入肌理。如何才能把唯物辩证法渗透到学科？为此，那一段时间他经常考虑的一个问题是：学科发展的需要与社会的需要两者怎样才能结合得更好？学生们提出的"见物不见人"的那个"人"字，不就是社会的人吗？考古学文化不就是属于人们共同体即社会的遗存吗？透过遗存就可以见到人。但社会是运动发展的，而以往对考古文化遗存的研究，总停留在静态的定性描述。看来问题的症结就在这里，只有运用唯物辩证法分析考古材料，从一种运动的物质来看待考古文化，找到它的运动规律，才能得出历史唯物主义的解释，达到"见物又见人"的目的。

理论与实践结合的研究成果，体现在苏秉琦先生在《考古学报》1965年第1期上发表的《关于仰韶文化的若干问题》一文。该文把仰韶文化作为一种运动物质，进行定性定量分析，在纷繁庞杂的诸多因素中，分析出特征鲜明、变化幅度大、序列完整的两种小口尖底瓶、两种花卉和两种动物彩陶图案等三类六种主导因素，和它们所分别代表的仰韶文化半坡类型和庙底沟类型。这两种类型既独立发展，各有自身特征、发展道路和渊源，又有相近的前后发展阶段和相同的分布中心地域，相互又紧密依存，是为史前时期活动在以华山脚下为核心的八百里秦川内外的两个平行发展的人们共同体；还分析出仰韶文化后期已出现氏族制由上升走向瓦解的大量因素和中心区东部发展快于西部的不平衡性现象。这就不仅揭示出仰韶文化所反映的特定时间和特定地区的具体历史，而且找到一条在唯物辩证法指导下考察各种考古学文化的有效研究方法。所以苏先生对仰韶文化的研究，是继类型学之后，为研究考古学文化树立的又一个典范。先生则称这是对学生们提出问题的第一份答卷。

由此，苏秉琦先生对用马克思主义指导考古学科有了新的领悟。那就是，历史唯物论和历史科学的各专门学科理论并不属于同一层次，具体问题还得具体分析。在马克思主义指导下建立符合中国考古学的理论和方法论，已在他的心中提上日程。

（三）考古学文化区系类型理论的创立

20世纪70年代以来，随着考古工作在全国各省区的普遍开展，包括被视为边远地区在内的中原以外地区，不断有发展水平与中原相近甚至超过中原地区的考古发现，这使习惯于以中原为中心看待中国历史的传统史学观受到挑战，引起困惑。苏秉琦先生却敏锐地把握住这种新形势，及时总结，提出了中国考古学文化划分区系类型的理论。

其实，早在20世纪60年代研究仰韶文化时，苏秉琦先生就揭示出史前时期我国民族关系史上发生的一个重大变化：“其前期是以关中晋南豫西地带为其核心的仰韶文化向其周围扩大其影响为主；其后期则是以东南方诸原始文化集中其影响于中原地区的仰韶文化为主。”在以中原为中心的史学观占统治地位时，对东西方关系提出这一新观点，表现出他的学术勇气和科学预见性。也是他提出考古学文化区系类型理论的萌芽。

此后，苏秉琦先生在“十年动乱”中置个人所受冲击于不顾，反而利用劳动和下放的空闲时间考虑全国问题，加速了理论的形成。20世纪70年代初，他在河南信阳干校进行“业余考古”，认识到淮河流域在连接中原与长江中下游地区古文化的重要地位，促进了区系内与区系间普遍联系观点的形成，同时已在思考全国考古文化的区系划分。回京后随着局势的宽松，他一边对考古所山东队、山西队、内蒙古队和各地来京汇报的考古项目进行指导，一边亲临河北、天津、山西、山东、广东、江苏、浙江等地，对全国积累的考古资料进行进一步分区研究。1975年前后，先生在分别向北京大学和吉林大学考古专业师生讲课时，就提出中国考古学的“条条”（按时代划分的系统）和“块块”（按区域划分的系统）。1979年在西安召开的中国考古学会成立大会上，他首次提出划分六大考古文化区的概念。从1982年起，他连续发表文章，将这一概念具体化，以为中国人口密集地区在万年以内逐渐形成相对稳定的六大文化区系是：以燕山南北长城地带为重心的北方；以山东为中心的东方；以环太湖为中心的东南部；以关中、晋南、豫西为中心的中原；以环洞庭湖、四川盆地为中心的西南部和以环鄱阳湖—珠江三角洲为中轴的南方。六大区古文化各有渊源、特征和发展道路，区内和区间大致同步演变又相互影响，指出这是夏商周三代文化以及春秋战国时期晋、楚、秦、齐、燕、吴越、巴蜀诸文化从史前时期就已形成的文化渊源和传统，从而为秦汉统一大帝国的出现准备了条件。

由于考古学文化区系类型理论是在全国各地考古实践基础上形成的，这既是对中国考古学文化的规律性揭示，又是一种最基础的研究方法，所以迅速被大多数考古学者视为学科的指导思想，各地区的考古发现与研究成果从此加快步伐。先生也以70多岁高龄继续奔波于河北蔚县、辽宁朝阳、内蒙古呼和浩特、包头的考古工地及浙江、四川、甘肃等地，积极倡导小型座谈会的召开，学术空气出现前所未有的活跃局面。这一理论也在实践中充实发展。虽然具体理解不尽相同，大家却普遍认识到，这一理论并不同于一般的考古文化区的划分，也较现流行的中华民族"多元一体"说更为深入。因为这一理论在"多元一体"共识的基础上还认为，多元不等于对等，平衡中孕育着不平衡，各大区的发展进程又是有先有后的，区间的影响是相互的，又是有主有次的，在这方面，中原地区并不总走在前面，中原以外地区先走一步，或最先产生某种先进因素的情况屡见不鲜，并向中原汇集，形成如车辐聚于车毂，而不像光和热那样由中原向四周放射。正是这种文化发展的总趋势和多元文化之间既相对稳定，又不封闭，通过长期的交汇与融合，不断组合和重组，使各区域文化之间你中有我、我中有你，最终殊途同归，才使得中华文化既丰富多彩又连绵不断，始终保持着旺盛的生命力、无限的创造力和巨大的凝聚力。这与以中原为中心、以汉族为中心、以王朝为中心的大一统史学观相比，是以全新角度审视中国历史。考古学也以此为转折点，从半个多世纪以来以积累经验、资料和基础理论建设为主，真正进入到以复原古史为主的新时期。其直接后果之一，是再一次叩启了中国文明起源的大门。

二　古史重建

中国有五千年文明史，是世界四大文明古国之一。但通行的史学观点却认为中国的文明史只能从 4000 年前的夏代算起，此前的一千年只能作为传说时代对待，原因是缺乏实物证据。这样，中国文明史的开端就比埃及、两河流域晚了一千多年，比印度也晚了近千年。尽管历史考古界也多次以时间相当的考古学文化，如仰韶文化和龙山文化，把这一千年填充起来，但这只能将五千年文明古国的庄严形象落到个真假参半。

苏秉琦先生从他几十年的学术生涯中体会到，中国文明起源这一重大课题的解决，最终要靠考古学，对此，考古工作者不能因为忙于整理考古材料而有所淡忘，而要时刻意识到这是义不容辞的社会责任。因为中国的文明起源，绝不仅仅是一个学术课题，而是牵动亿万人心的大事。由于他对此有清醒认识，所以当 20 世纪 80 年代以来辽西红山文化、江浙良渚文化、晋南陶寺文化和此前的山东大汶口文化、岭南石峡文化接踵显现出史前时期的社会变革时，他是最早捕捉到其中不同寻常的学术意义和社会影响的。在 1985 年 5 月于北京大学召开的中国考古学会第五次年会上，他就提醒大家要注意一场关于中国文明起源的大讨论即将开始，而他自己，除了以极大的热情来迎接考古界的这一喜人新形势以外，更注重理论上的建树，从而始终站在这场大讨论的第一线，把握着讨论的方向。

（一）"古文化古城古国"的提出

由于考古学文化区系类型理论在实践中的不断发展，使苏秉琦先生在研究中国文明起源时，从一开始就将注意力由一贯被视为中华文明摇篮的中原地区转向了中原以外地区。1983 年辽宁西部东山嘴、牛河梁红山文化坛庙冢遗址发现后，他把重点更多地移到燕山南北地区；于 1985 年 9 月提出"古文化古城古国"的著名论断："古文化指原始文化，古城指城乡最初分化时的城和镇，而不必专指特定含义的城市，古国指高于部落之上的独立的政治实体，三者联系起来的新概念在于，把史前文化中与古城古国相联系的那部分加以突出，与社会分工、社会关系分化相应的，区别于一般村落的遗址、墓地在原始社会后期、距今四五千年间或五千年前的若干个地点都已找到了线索。""考古发现的大遗址规格就是古城古国所在，秦汉设郡都是以当地古国为基础的，在古文化充分发展的全国各地区，都有资格出现这种古城古国。"可以看出，这是苏秉琦先生运用唯物辩证法分析中国考古实际的深化。在此认识基础上，他提出了"中华文明火花绝不仅仅是一支蜡烛，而是如'满天星斗'"的文明观。

苏秉琦先生关于中国文明起源道路与特点的新概括，对研究正在大量涌现的有关考古发现具有很强的针对性，又因为这是"考古学文化区系类型理论转化为实践的中心环节"，也大大提高了在田野工作中寻找高层次中心聚落的自觉性，从而在刚刚开始的关于文明起源的讨论中成为主流观点。所以，当1986年苏秉琦先生根据红山文化坛庙冢遗址的发现，借助媒体提出"中华五千年文明曙光"在海内外引起广泛反响时，全国考古界从资料的积累和理论的创建上，已对中国文明起源这一重大课题，做好了较为充分的准备。

（二）一首诗与半部史

在文明起源讨论中，大家常常将注意力集中到文明起源的标准和进入文明社会的具体时间上，苏秉琦先生则主张不必在概念上过多纠缠。那么，他此时在思考什么问题呢？

1985年11月，苏秉琦先生在山西省侯马举行的"晋文化讨论会"上，以一首《晋文化颂》的四句诗为纲做"晋文化问题"的学术报告：

华山玫瑰燕山龙，

大青山下斝与瓮。

汾河湾旁磬和鼓，

夏商周及晋文公。

这首诗从字面上看，是以对当时从中原地区到北方地区与文明起源有关的考古发现，分为三个大的时期所做的系统而形象的概括，以此作为晋文化形成的历史背景，其实际所要表达的含义是，以北方与中原经晋中南的文化关系为重点，将辽西、三北（冀北、晋北、陕北与内蒙古中南部）、晋中南和中原连成一线，以突出晋文化的枢纽地位。原来他正在思考的问题，是从区间考古文化的相互关系进一步探索中国文明的起源，这已涉及文明起源的动力和机制问题了。他并从文化关系中归纳出文明起源的三种形式：裂变、碰撞与融合。

一年以后，苏秉琦先生在《华人·龙的传人·中国人——考古寻根记》一文中，对这首诗的含义，做了更深层次的解释，那就是从考古学上追溯中华文化的根，复原五帝时代的历史。

　　这是一篇不到 2000 字的短文，文章对从距今五六千年到距今三四千年间北方与中原古文化交汇的路线、形式、过程、对接点和后果，以严密的逻辑性和准确的语言，做了精炼的阐述。源于华山脚下以玫瑰花图案彩陶为主要特征的仰韶文化庙底沟类型，沿太行山麓北上，源于辽西以龙鳞纹图案彩陶为主要特征的红山文化，由大凌河源南下，它们在河北省西北部相遇，产生了以龙纹与玫瑰花结合的文化群体，红山文化坛庙冢就是它们相遇后迸发出的文明火花。到晋南的陶寺文化，又具有汇聚北方、东南沿海诸多因素的综合体性质，并为夏商周三代在中原的先后兴起奠了基。这一先南北碰撞后西北和东南向一起汇聚的演变轨迹，与古史记载的"五帝三王"时"诸侯相侵伐"，继之"尧舜禅让"，再后的"逐鹿中原"等一系列大事件的社会背景相吻合，这就使长期以来扑朔迷离的五帝传说，从考古学文化中理出了头绪。

　　以史前考古复原五帝时代的历史，是几代历史考古学家不懈追求的理想，却又因疑古与信古之争而成为一个十分敏感的领域。苏秉琦先生将强烈的使命感贯注到反复的实践—理论—再实践—再认识过程中，研究成果虽有些出人意料，却有根有据："当我们提出，从华山脚下延伸到大凌河流域和河套地区，再南下到晋南，这一古文化活动交流的路线时，我们并没有引《五帝本纪》，但却与《史记》记载相同，我们是从考古学角度提出自己的观点，再去对照历史传说，就可以相互印证，这不是生搬硬套的比附，而是有机的结合。多少年来梦寐以求的历史与考古的结合终于找到了一条理想的通路。"

　　（三）三部曲与三模式

　　由于学科理论的正确指导，考古学复原古史的进程明显加快。苏秉琦先生不失时机地在 20 世纪 90 年代初三次撰文，提出"重建中国史前史"的号召，并发表了中国文明起源和国家形成的"三部曲"与"三模式"的系统概念。

　　三部曲即：古国—方国—帝国。1985 年在论述辽西古文化古城古国时，苏秉琦先生是将红山文化、夏家店下层文化和燕文化作为古文化古城古国的三个时期来对待的。几年后他的思考深化，以为红山文化为古国阶段，夏家店下层文化是"与夏为伍"的北方方国，而春秋战国时期燕国特有的筒形鬲和饕餮纹的继续大量使用，表明它的渊源也在燕山以北地区，从而将辽西地区的三大阶段作为古国、方国、帝国的典型代表。并以为，距今四五千年间的各大区系都在经历这一过程，如太湖流域的良渚文化，以遗址群的规范化和多中心为特点，已具方国规模，环太湖地区的古国时代要追溯到先良渚时代；四川的三星堆遗址是方国，四川的古国可以从现今还在起作用的都江堰得到启发，那就是四川有自己的洪水到治水时代，即古国时代。在各地古国—方国发展的基础上，北方的燕，东方的齐，南方的楚以至东南的吴越与秦国一样，都曾具备问鼎中原的实力。三模式指原生型、次生型和续生型。一般以为，中国的文明是土生土长的原生文明，但苏秉琦先生却明确提出，只有北方地区的文明起源是原生的，根据是这一地区从近万年起就开始经历从社会分工到社会分化的一般社会发展规律；而在中原地区国家的出现比北方晚一步，是以洪水到治水为动力的，所以是文明起源的"次生型"；而随着秦汉帝国解体，北方民族在大迁徙、大融合过程中大都经历了古国—方国阶段，并先后入主中原，在中国历史改朝换代中唱过主角，如鲜卑、契丹、蒙古、满族，是为中华文明起源的"续生型"："中国北方民族建立的续生型国家，虽然晚走一步，却是骑马得天下，统治的是汉族人，继承的是汉文化，汉文化从此也长上翅膀，更有活力了。"在这方面，他更重视满族的开国史。崛起于白山黑水的满族，历经古国—方国，以长城内外是一家的思想处理民族关系，最终实现了建立大清帝国的理想，以康（熙）乾（隆）百年经营的承德避暑山庄为标志，自秦汉统一以来以筑长城设重防，把北方民族与中原农耕民族对立起来的格局，彻底地、一劳永逸地解决了。

至此，从万年文明起步到满族建立最后一个封建王朝，苏秉琦先生将中国文明起源的进程贯穿到中国历史的始末，可以说是对文明起源讨论的一次总结，也展现出以考古学"修国史，写续篇"的广阔前景。

三　其大无外　其小无内

在谈到中国考古学并不平凡的发展历程时，苏秉琦先生经常引用《庄子》中的一句话："其大无外，其小无内。"（《庄子·天下篇》："至大无外，唯之大一，至小无内，唯之小一。"）前者要求走向世界，面对未来，后者要求做到如生物学那样的分子水平。这是学科方法论上从微观入手，到宏观思维的比喻，也是衡量中国考古学是否成为真正科学的标准。其实，这也是苏秉琦先生本人学术历程的真实写照。

提起从微观入手，考古界都熟知苏先生摸陶片的"功夫"。每到那时，陪同者总会被他的专心致志和观察事物的细微所吸引，但有时又不免感到有些神秘。对此，先生在一篇与年轻人交心的文章里，回顾他整理斗鸡台发掘材料时"如痴似呆"摸瓦鬲的经历时，回答了大家的不解："对于陶器，如果以为仅凭视觉观察到的印象可以代替手感的体验，那就错了。科学是以逻辑思维反映客观世界，艺术是以形象思维反映客观世界。根据我的实践体验，形象思维对于考古学研究的重要性决不下于逻辑思维，而手感对于形象思维的作用，绝不是凭视觉得到的印象所能代替的。"由于悟出了形象思维对建立以实物为研究对象的考古学方法论的重要性，才使得瓦鬲研究的成果成为中国考古类型学的奠基之作。然而他对这种被誉为"中国古文化标准化石"的瓦鬲的研究并未就此止步。20 世纪 70 年代，他在区别周式鬲与商式鬲之后，结合考古学文化区系类型理论，又分出与商式鬲有关的燕式鬲和制作方法特殊的楚式鬲。与此同时，对瓦鬲的起源这一未解之谜，也找到了可靠线索，那不是在鬲发现较多的中原地区，而是在中原以北的河北省张家口和内蒙古河曲地区仰韶文化末期到龙山文化早期的遗址里，都找到了小口尖底瓶晚期形式与早期鬲相衔接的实例。

由此他联想到甲骨文中的"丙"和"酉"字，它们分别作"&"和"Ω"，前者与原始鬲相近，后者则同晚期小口尖底瓶惟妙惟肖，这就从5000 年前这两种代表性器物的演变中，找到了两个甲骨文字最初创意时的物证。而这两个字都并非一般文字，而是属于与祭祀礼仪有关的"干支"系列，从而把鬲的起源与文字的起源，也就是与文明起源的具体进程联系起来。

这种考古学特有的从微观到宏观的思维方式和研究方法，也表现在苏秉琦先生对仰韶文化的分析中。他在从仰韶文化众多特征中提炼出小口尖底瓶和花卉纹彩陶图案等主要文化因素之后，又紧紧抓住仰韶文化庙底沟类型的标志性纹样——抽象化的玫瑰花。这种玫瑰花图案不仅在分布中心区演变序列有头有尾，而且影响范围很大，达到大半个中国，是仰韶文化中最具生命力的一种因素。显然，它与中华文化的起源息息相关。于是，他由"花"引申出"华"，以为"华山"就是由活动在华山脚下的以玫瑰花图案为标志的原始人群而得名的，今天我们自称"华族""华人"也渊源于此。

苏秉琦先生从考古学上追寻中华文化的根，随着红山文化坛庙冢的发现，重点又放在南北文化关系上。1986年新闻界报道"红山文化坛庙冢类似于明清时期北京的天坛、太庙和明十三陵"，就是苏先生接受记者采访时的联想。以后又有发挥：红山文化祭坛的平面图酷似北京天坛的圜丘，女神庙的彩塑神像的眼球使用玉石镶嵌与我国传统彩塑技法一致，积石冢的结构与后世帝王陵墓相似，仰韶文化与红山文化之间花（华）与龙的结合，会使人自然联想到我们今天的自称"华人"和"龙的传人"。南北交汇导致中华传统初现的光芒，所披之广，延续时间之长，是个奇迹。他还称这一由中原经晋中南到燕北的南北交汇地带，为中华文化总根系中的"直根系"，并将"寻根"与复原五帝时代的历史紧密联系，使古史传说与史前考古结合的依据更为坚实。

苏秉琦先生由微观到宏观的研究方法，在他的晚年达到高峰，那就是提出了中国考古学与世界接轨，古与今接轨的目标。

关于中国考古学与世界接轨，是在20世纪90年代紧接着"重建中国史前史"的号召之后提出来的。那时，他把中华传统的渊源向前追溯到旧石器时代，将中国历史文化的发展归纳为四句话："超百万年的'根系'，上万年的文明起步，五千年的古国，两千年的大一统实体。"以为有了这个对"国情"的基本认识，中国考古学与世界比较就有了成熟的条件。

在我国，中外历史的比较研究，相对薄弱，仍不断有研究成果。苏秉琦先生对这一课题的研究，是以区系观点作为基本方法的。他将中国六大区系又概括为面向大陆和面向海洋的两大块，以为，区系的中国和区系的世界，即中国这两大块与欧亚大陆和环太平洋的两大块相衔接，这是中国与世界关系的基本格局。在这里，他特别重视中原以外地区的作用，因为古史所记的"四裔"地区，正是中国与世界交流的衔接点和桥梁。其中从中国东北到东北亚经白令海峡到北美洲的交流路线，从旧石器时代就已开通，这对论证美洲人来源于亚洲大陆说很有启示，他还提出有关的"环渤海考古"的课题；中国东部沿海则与环太平洋地区广泛交流，直到新西兰岛；中国西南地区与印度次大陆的交流直到印度河，在那里与印欧语系文化分界。由此可见，以中国为中心的东方文明是世界文明史的"大头"，也表明东西方文明之间从来就不是封闭的，它们各有独立发展道路、特征，同时又频繁交流，有着相近的发展阶段和发展水平。据此，苏秉琦先生在微观多元的前提下，又高屋建瓴地提出：世界文明是一元的，因为地球只有一个。

苏秉琦先生是考古界的思想家。他提出考古要哲学化，这尤其体现在他人生最后几年对中国考古学实现古与今接轨、与未来接轨的思考。他以为，这并不是遥不可及的事。

其实，早在他把全国考古文化划分六大区时，就是考虑到新中国成立以来几经变化但在现实生活中起作用的六个行政大区的划分。他始终强调，考古学文化区系类型理论的最终目的，是阐明把十亿人凝聚到一起的中国文化体系的基础结构及其形成过程，是为了认识中华、振兴中华、加强全国各族人民的团结。在文明起源讨论中，他也不忘与现实的关系。面对现代化进程中对待西方文化的种种倾向，他大声疾呼："我们建设现代化，如果是建设日本式的，新加坡的，是单纯学美国、学西欧、日本，那能就是千万仁人志士抛头颅洒热血奋斗的目标？不是。我们要建设的是同五千年文明古国相称的现代化。"

晚年，他注意从考古学上找到古人在处理人与自然关系方面的哲理依据及对今人的警示。在这方面，他更重视渔猎文化的作用，以为满族的开国史所体现的历史使命感和一往无前的开拓精神，就来自于渔猎民族与大自然的和谐和无地域概念更具开放的性格，这是固守土地又破坏自然的农耕人所不及的。这对认识当前和今后人类面临的人与人、国与国、民族与民族特别是人与自然的关系，都很有针对性，所以受到正在为此而奔走呼号的人士的关注。1997～1998 年香港《明报》以"考古学家的终极关怀"为题并在月刊设专栏，报道了苏秉琦先生在人生的最后历程从考古学上论述人与自然关系的远见卓识。

从一种器物到一个考古学文化，再到考古学文化的区系类型，从中国文明起源的系统论述，到世界的中国考古学和历史与现代化、人与自然谐调发展等古今一体的设想，中国考古学的发展是大跨度的，却是一步一步扎扎实实走过来的。

四　布衣教授的情怀

1994 年秋北京大学考古系为苏秉琦先生举办 85 岁诞辰庆祝会时，学生们称先生为"布衣教授"，这不仅是指他除在中国考古学会这一民间学术团体被推选为理事长以外，从未担任过任何社会职务，更是对先生高尚人格的赞誉。

不过，苏先生自称是幸运者，这指的一是事业，一是学生。

从 1952 年起，北京大学受文化部委托，连续举办了三期考古训练班。同年，北大历史系考古专业成立。苏秉琦先生作为培训班的主要筹划者和考古专业的创始者、负责人，将考古研究与教学相结合，在建立教学体系和培养人才方面，做了大量开创性工作。在北大考古专业初创时期，他主持了教学计划、教学方案和实习计划的制定；20 世纪 60 年代前后，为提高学生田野实习水平，制定了生产实习和专题实习两阶段的实习计划，并将课堂教学、田野实习、科学研究和编写教材有机结合作为专业建设的重点；20 世纪 80 年代，在更多考虑我国考古工作的布局和考古研究体系的同时，提出建立田野考古基地，进行基础理论的探索与研究，培养不同层次不同门类、基本业务骨干等项任务。1992 年在纪念北大创设考古专业四十年时，他撰文建议，科研和教学，在学科体系要上下理顺，内陆与边疆考古要均衡发展，中外考古学要并重。他自己除长期担任秦汉考古教学和专题讲座以外，还招收多名研究生。与他共事多年的宿白先生说，苏先生将他一生中精力最充沛的时期贡献给了北大考古教学工作。

因为新中国成立后的二十多年，只有北大设有正规的考古专业。20 世纪 70 年代以后，在各地大学创建的考古专业，也大多是以北大毕业的同学为教学骨干、以北大的教学为模式的。所以，苏秉琦先生作为大学考古教学的创始人，可以称为名副其实的桃李满天下。

不止如此。由于先生始终站在学科第一线思考问题，而且总是毫无保留地将他的所学、所知、所得交与大家，所以不论在校的，还是毕业后已工作多年的学生，都愿意通过面谈或书信向先生请教，先生也视与学生交流互动为一大快事。以为，正是大家共同实践，才对中国古文化的认识，体验到如《庄子·养生篇》中"庖丁解牛"的故事那样，由"皆牛也"，到"无全牛"，到"游刃有余"的不断升华的全过程。学生们则对先生在掌握考古方法论上已达到"得心应手"的境界佩服不已。大家回忆，几十年来不少影响中国历史的重大考古发现，似乎都在先生的预料之中。

1973 年，对中国社会科学院考古研究所山西队即将开始的文物调查讲到"国野之别"，启发大家增强寻找高层次中心遗址的意识。遂促成陶寺遗址的发掘。

1977 年，考察余杭良渚遗址群，先生在大观山休息时提出"古杭州可能就在这里"，称耸立于江南水乡的良渚土墩墓地为"土筑金字塔"。不过十多年，大观山上即莫角山就发现了大型夯土台基和附近的高等级墓群。

1983 年，在辽宁朝阳市召开的燕山南北地区考古会上提出"在三县交界处多做工作"。当年就在凌源与建平两县交界处的牛河梁遗址发现了祭坛、女神庙和积石冢群。

1984 年，先生根据在四川省博物馆院里看到的几筐三星堆陶片，提出这里是古蜀国的生长点。两年后，就在三星堆发现了祭祀坑和古城。

1994 年，先生以"用边角料做时装"鼓励在天津工作的学生们发挥当地考古材料较少但头绪甚多的优势。

先生还积极倡导各地建立系统收藏科学标本和档案的考古实验站，以"考古资料是十三经，发掘报告是十三经注疏"启发大家理解其重要性。

每一个与苏秉琦先生接触过的人，都会被他那富于远见的思维脉络和幽默又耐人寻味的比喻所吸引，所感染，并在实际工作中被一再证明，从而始终尊先生为引路人和指导者。

学问上的收获之外，学生们更为钦佩的，是先生那一颗爱国的赤子之心。考古界近年流传苏先生用个人经费资助考古发掘的事。那是 1934 年发掘斗鸡台因经费短缺面临停工时，苏先生从西安自家工厂中筹备了一笔数目不菲的款项。对此，苏先生从未谈起，有学生问到，先生只淡淡地说："都是过去的事情了。"因为先生想得更多的，是中国考古学几十年来的巨大变化，他为赶上这个新时代而常常兴奋不已。他一再强调，考古是人民的事业，不是少数专业工作者的事。为此，他力主学科要坚持科学化与大众化的发展方向。先生的《华人·龙的传人·中国人——考古寻根记》一文被选为1988年高考语文阅读试题，1994年《苏秉琦考古学论述选集》一书获首届"国家图书奖"。社会的反响与认可，使他感到，我们的路子走对了。

晚年先生思维仍十分活跃，学术思想的发展明显加快。对待学术上的不同意见，他予以注意但不辩论，对个别非善意的指责则"不屑一顾"，坚持不受干扰，抓紧时间形成和正面发表个人观点。他希望多做些事，也意识到"岁月不饶人"。在人生的最后几年，他已有了"为后人要有个交代"的想法，并促成最后一本著作《中国文明起源新探》在他弥留之际问世。这本深入浅出地讲述他本人和中国考古学经历的专著，先后在中国香港和日本出版，内地版亦畅销不衰，被誉为"中国考古学的世纪之作"。与苏秉琦先生同时倡导中华民族多元一体的费孝通先生在北大百年校庆纪念文章中，评价这本书"集中了北大几代学者的研究成果，代表了北大对中国文化发展历程实事求是研究的传统，是中国人对自己的文化自觉，意义深长"。

在《中国文明起源新探》中，苏秉琦先生激励他的学生们继续探求历史长河："人类智慧积累上百万年，万年太短，有名有姓的记载就更短，大多数还是未知数。"先生确信，有已创建并继续发展的学科理论体系，有不断壮大的具有中国特色的考古学派，中国考古学面向世界、面对未来的道路会越走越宽。对学科的进一步发展，他已寄希望于年轻和更年轻的一代。所以，他欣慰地预言："21世纪的考古学，我看到了。"

（原载于北京大学校史馆郭建荣、杨慕学等著《北大的大师们》，中国经济出版社，2005年）

学科理论与牛河梁考古

1987 年，正当中国考古学在理论与实践结合上加快发展步伐时，苏秉琦先生预言了学科未来发展趋势的三个层次：

在考古学文化区系类型理论指导下各地考古研究的全面展开，正揭示出 56 个民族、十亿人凝聚在一起的基础结构；

从区系分析到以五千年文明起源为重点的社会分析即古史重建，作为学科合乎逻辑的发展，正在为中华文化的星火燎原和连绵不断找到"破密"的钥匙；

学科更高层次的理论探讨已跨进哲学领域，把理论与现实、历史与创造中的历史相连接，体现越科学化才能越大众化的辩证关系，也使考古学真正成为人民的事业。

二十多年过去了，我们庆幸地看到，中国考古学正在按照这三个层次依次或同步前进。牛河梁考古及以牛河梁遗址为重心的燕山南北地区考古，作为苏先生创建学科理论的一个重要试点，在这三个层次上都有所收获。

一

（一）东山嘴遗址的发现和"燕山南北考古"课题的提出。

东山嘴遗址于 1979 年第二次文物普查时发现并发掘。正在思考学科新的突破点的苏秉琦先生得知其内涵的特殊性时，当即决定进行现场考察。1983 年夏在朝阳召开的"燕山南北、长城地带考古"座谈会上，苏先生正式提出"燕山南北考古"的新课题，并将东山嘴遗址的发现与文明起源相联系，从而使这次会议成为由考古学文化区系类型理论转向五千年文明起源讨论的重要环节。

会后，根据苏先生提出的"在喀左、建平、凌源三县交界地区多做工作"的建议开始发掘的牛河梁遗址，顺势为推动中国文明起源讨论的全面展开提供了一个新契机。

（二）辽西"古文化古城古国"理论及其对文明起源讨论的指导和推动。

由文物保护重点的"古城古国"引申出文明起源重点的"古文化古城古国"，体现出这一概念的提出既是来自于中国多年积累的田野考古实践，也与多年的文物保护实践有关。既是在实践中形成的理论，也是由"理论转化为实践的中心环节"，即对已发现的诸多大遗址从更高层次理解和以大遗址为重点目标开展田野考古——20世纪70年代到80年代各地都发现了一批距今四五千年、属于新石器时代晚期的中心遗址和高等级遗迹与遗物，除辽宁牛河梁以外，还有山西陶寺、甘肃秦安大地湾、浙江良渚、江汉平原城址群等。对它们代表什么社会发展阶段，不论放在原始社会末期还是文明社会初期，都有个如何定位的问题，一时有些迷茫。"古文化古城古国"在这时提出，起到了理论指导实践的作用。由于这是符合中国实际的路径和方法，所以，虽是由辽西一地提出，但很快成为各地寻找高规格大遗址的指导思想，从而对正在兴起的文明起源讨论起到端正方向和推向深入的作用。

（三）"三部曲"与"三模式"的系统观点与重建中国史前史。

对此有不同理解。重要的如徐苹芳先生所言，由考古学研究到历史学研究，是学科发展的规律和方向，而重点是无文字可考的史前史，特别是五千年文明起源和考古与古史传说的结合。能否适时地实现这一转化，是对考古学作为一门独立学科，成熟和自觉程度的考验。可由此理解苏先生及时提出重建古史号召对提升学科地位的意义。

以牛河梁遗址为中心的红山文化在古史重建中的地位，可以从20世纪90年代初苏先生发表的三篇重建文章到90年代中的系统论述中说明——即三部曲中的"古国"，三模式中的"原生型"，红山文化都是重要实例。

（四）牛河梁遗址群的整体保护与大遗址保护的新理念——有特殊重要价值的大遗址和遗址群，环境与文物本体具有同等保护价值；以及"大文物"概念的形成。

二

根据对苏先生学术思想的理解和牛河梁遗址发现和研究的进展，我们可以将牛河梁遗址的研究成果分为文明史和思想史两个领域加以论述。

一是文明史方面。

集中为四个方面：

一是牛河梁发现之始，就提出了中华五千年文明起源的新课题。将中华文明起源的讨论，由距今 4000 年提早到距今 5000 年，从中原扩大到燕山以北，这就突破了以文字的出现、金属的发明和城市的形成这三要素为文明起源标准的局限。对此，苏先生提醒，不要从概念到概念，而是要立足于中国的实际。

二是苏先生提出的古文化古城古国。以为红山文化已进入古国阶段。其具体表现如：中心墓与附属墓所反映的一人为中心的社会分层，以及主神与多神所反映的这种社会分层在宗教上的固定化；拥有这些内容的超中心聚落即高于氏族部落的政治实体已经出现。

三是文化交汇的作用。苏先生以为，红山文化坛庙冢祭祀群的出现，是红山文化与仰韶文化南北交汇的后果。进而由牛河梁遗址而提升了红山文化的地位，确立了东北文化区。以此为标准，倡导中原、东南、东北三大区为主。在三大区的交汇中，红山文化与中原仰韶文化南北文化交汇的成果。还有东西交汇。

四是与古史传说的结合。五帝时代分前后期与考古分期的仰韶时代后期到龙山时代相对应；由四周向中原汇聚的文化关系与五帝诸代表人物活动轨迹即由"诸侯相侵伐"到"之中国"相对应。

二是思想史方面。

1984 年《文物》发表《座谈东山嘴遗址》。苏先生根据牛河梁遗址的新发现写成的《我的几点补充意见》一文，在文章的校样上，先生在

"值得注意的一个现象是：在它们之间的广阔地带没有发现过和它们属于同一时期的古遗址和墓群，却连续发现过相当殷周之际的青铜器群窖藏达六处之多。我们有理由推测，这里还有可能发现与窖藏同一时期的、具有特殊意义的建筑物或建筑群遗迹"之后特意加了一段："这里的'坛'（东山嘴）'庙'（牛河梁）'冢'（积石冢）和窖藏坑，我们是否可以理解为四组有机联系着的建筑群体和活动遗迹？远在距今五千年到三千年间，生活在大凌河上游广大地域的人们，是否曾经利用它们举行重大的仪式，即类似古人传说的'郊''燎''禘'等祭祀活动？这是值得深入研究的。"

1985、1987年先生观摩女神头像后的评价是："她是红山人的女祖，也就是中华民族的共祖"。

两个方面考虑：一是史前宗教祭祀——祖先崇拜，一是礼的起源。

一、从宗教史方面考虑，祖先崇拜的高度发达阶段：已提出巫与神；共祖与个祖，远祖与近祖，女神男巫，有祀无戎等概念的区别与相互关系。

二、将宗教——祖先崇拜与礼制起源相结合——以通祖先神为礼。

牛河梁遗址作为一个祭祀遗存，反映的是思想观念方面的问题，这方面有多种表现，如遗迹：方圆概念，对称概念，富贵概念，遗址组合的轴线布局；玉器的抽象与规范，偶像崇拜和动物神崇拜等。

早在论述龙的起源时，就提出玉器规范化有思想制约是礼的雏形；玉器是礼器，将中国礼制及起源提早到史前时期。其中以"唯玉为葬"最值得重视。

巫者是玉器的设计者、制作者和使用者，玉器是巫者意志、智慧和品德的体现物。

将后世的礼德与史前巫术传统相联系。

集中为一点：从礼的起源理解礼的本质（如礼的内化自觉、维系力、进取与中庸）。

一、从原始社会向文明社会过渡的社会变革的提出，不是依据物质生产的发展，而是从宗教信仰等精神领域和思维观念出发。

二、中国文明起源的道路和特点——通神独占。从重死不重生的观念分析，红山文化有重墓葬、重神庙而轻民居、轻宫室的现象。

三

以上可见：

苏秉琦先生（及其学术思想）是牛河梁遗址从发现、发掘和研究到保护的直接指导者，牛河梁遗址的不断发现丰富了苏秉琦先生的学术思想（从区系类型到文明起源，从古文化古城古国到三部曲与三模式）。由此，根据对苏秉琦先生学术思想的理解，可以对牛河梁遗址的学术价值归纳为两个范畴：文明史和思想史，而以思想史为其核心价值。

苏先生是考古界的思想家，他在进行理论探索过程中的学术思考和方法还有以下特点：

一、具体问题具体分析。历史唯物论和每一个历史学科不是同一层次；考古学作为历史科学，研究的对象只能是"具体的历史"；应在唯物辩证法指导下形成考古学的具体方法论，如通过研究仰韶文化，总结出研究考古学文化的运动规律的方法，即动态考古学等的提出。

二、重视学科史。既回顾过去，更洞察当今，知道带动全局的问题所在，从而始终站在学术前沿；五千年文明起源和古史重建是考古学最重大课题和任务，始终念念不忘。

三、保持学术敏感性。抓住苗头，提出规律性认识，指导全面。材料是第一位的，但科学的预见更为重要。以对东山嘴遗址的考察为例，1983 年5 月 29 日苏先生给我的一封信，谈到他在中国考古学会郑州年会期间登嵩山中岳庙时的感受："总的环境风貌是四周环山，北面嵩山高耸，中间有颍水从西向东，庙位置坐北向南，庙后是高高在上的一座方亭式建筑，庙前是长甬道通双阙。你想，这多么和'东山嘴'位置、地形、地貌相似。"原来他仅从尚在想象中的东山嘴遗址不同于新石器时代而与后世相同的建筑布局中，就已捕捉到文明的信息。故而克服会议筹备、天气炎热等困难，一定要亲到现场考察。当前面临文物保护的急迫形势和认识深度决定保护力度的经验积累，保持科学的预见性就显得更为珍贵。

四、抓紧正面论述。对不同意见，重视而不争论；对非善意的指责，则"不屑一顾"。

从而学术思想发展迅速。对牛河梁坛庙冢遗址群在辽西的出现，从 1985 年 10 月在兴城作《辽西古文化古城古国》时认为是古国象征，到当年 11 月在侯马作《关于"晋文化考古"》就提出其背景是南北交汇的后果。1991 年提出"重建史前史"的口号，到 1994 年就对中国文明起源有了系统论述。这些重大课题和观点的提出，前后不过两三年甚至几个月之内。

（摘要载于《光明日报》2009 年 10 月 23 日）

苏秉琦与中国考古学学科理论建设

——"苏秉琦学术资料展"筹办体会

为纪念苏秉琦先生百年诞辰，我与承办单位辽宁省朝阳市的同行们商定办三件事，一是为先生塑一尊铜像，二是编辑出版《苏秉琦文集》，三是举办"苏秉琦学术资料展"。塑像和文集进行顺利，展览如何体现先生一生特点，不仅需要资料，更需要概括，最后拟定了"朝阳行""辽河情""圆梦路"与"赤子心"四个部分。而最后一部分以"赤子心"为题，是想把整个展览予以提炼与升华。

"赤子心"择自 1986 年在辽宁兴城为先生 77 岁生日祝寿时先生的答词。先生回忆 1981 年为纪念党的六十周年诞辰，在中国历史博物馆礼堂做学术报告时所说的一句话："一个具有自己特色的、马克思主义的、现代化的中国考古学派已正出现在东方。"[1] 他说他当时说这话的意思，决不仅仅是为了宣传我们学科的成就，而是在颂扬我们党的光辉！也是出于一个中华儿女的赤子之心！

将个人与学科的发展融为一体，与国家的命运紧密相连，是苏秉琦先生六十年学术生涯中的一个显著特点。正如先生晚年回忆："六十年的工龄，从事一种甚至是一件事情也是难有的机遇。""六十年没动窝。"[2] 他欣喜于新中国成立后特别是 20 世纪七八十年代以来大量新的考古发现，更看

---

[1] 苏秉琦：《生日答词》（1986 年 10 月 4 日于辽宁兴城八一疗养院），《苏秉琦文集》（三），第 73 页，文物出版社，2009 年。

[2] 原载苏秉琦：《华人·龙的传人·中国人——考古寻根记》，自序《六十年圆一梦》，1994 年 8 月 24 日，辽宁大学出版社，1994 年；后收入《苏秉琦文集》（三），第 250~251 页，文物出版社，2009 年。

重在理论与实践结合中把握学科的发展方向。为此，先生把有自己特色的、马克思主义的、现代化的中国考古学派的出现视为学科发展到成熟阶段的标志，并身体力行，为这一学派的创立、发展和完善而不懈努力。

这里就先生在这方面的活动和论述谈三点体会：一是在运用马克思主义原理研究中国考古学特别是创建学科自身理论方面的成就；二是先生十分重视考古学与现实的关系，坚信复原真实的历史的中国，对现实和未来中国的发展具有不可替代的借鉴作用；三是先生对学科未来的思考。

一　运用马克思主义原理推进考古学研究

苏秉琦先生将马克思主义原理运用到中国考古学研究的成果是多方面的。论述较多的，一是具体问题具体分析，一是辩证法在考古学研究中的运用。

1947 年，苏先生在与徐旭生先生合著的《试论传说材料的整理与传说时代的研究》一文中，谈到整理传说时代材料的方法和原则时，先生就体会到："历史科学的对象可以说是千变万化，不可想象的复杂。两个民族的历史，不论是它们的形态、内容和发展过程，没有完全相同的。"① 那时，先生对马克思主义的唯物史观已有所接触，在整理斗鸡台发掘材料时，运用类型学方法将 40 件瓦鬲划分出不同的型和式，并已有了商周秦各有来源的想法。

新中国成立后，学界共同关心和摸索新中国考古学的发展方向，思考怎样实现学科的马克思主义化。但对马克思主义的学习和运用，与其他领域一样，也是在曲折中前进的。在历史考古界主要表现为用社会发展史代替全部历史的倾向，把丰富多彩的历史简单化。这一倾向影响大，延续时间长，先生称之为历史考古研究中的一个"怪圈"，而先生则一直在为绕出这一"怪圈"、为运用马克思主义原理指导和分析考古学材料而进行着艰苦

---

① 　徐旭生、苏秉琦：《试论传说材料的整理与传说时代的研究》，原载《史学集刊》第五期，国立北平研究院史学研究所印行，1947 年；后收入《苏秉琦文集》（二），第 54～69 页，文物出版社，2009 年。

的探索。

那是 20 世纪 50 年代后期，学术思想相对活跃。在北大以学生为主提出了要不要陶器排队，要不要进行分型分式和类型学比较，如何见物又见人的问题。先生带着学生们提出的问题，选择了史前文化中发掘面积最大、材料积累最为丰富、讨论也最多的仰韶文化和该文化一个典型遗址——陕西华县泉护村遗址作为实践对象，继续进行类型学研究。他和参加实习的师生们一起，以泉护村遗址一个探方的器物层位关系作为基础，对器物进行了反复排比，并将泉护村遗址典型标本的综合层位、整体排列和共生序列的研究成果，扩展到对仰韶文化的整体研究。在仰韶文化纷繁庞杂的诸多因素中，选出两种小口尖底瓶、两种花卉和两种动物彩陶图案作为主要研究对象。所以选择这三类六种文化因素，不仅在于它们特征鲜明，而且变化幅度大、有头有尾即序列完整，由此揭示出一个面貌全新的仰韶文化。简言之就是，统一的仰韶文化所划分的两个类型，即半坡类型和庙底沟类型，既独立发展，各有自身特征、发展道路和渊源，又有相近的前后发展阶段和相同的分布中心地域，相互又紧密依存，是为史前时期活动在以华山脚下为核心的八百里秦川内外的两个平行发展的人们共同体；还分析出仰韶文化后期已出现氏族制由上升走向瓦解的大量因素和中心区东部发展快于西部的不平衡性现象。

这是一种把仰韶文化作为运动物质对待，进行定性定量分析的方法，研究成果由具体的陶器和花纹的规律性演变，深入到社会、人群活动与相互关系，从而达到了由物见人的目的。由此先生体会到：学生们提出的"见物不见人"的那个"人"字，不就是社会的人吗？考古学文化不就是属于人们共同体即社会的遗存吗？透过遗存就可以见到人。但社会是运动发展的，而以往对考古文化遗存的研究，总停留在静态的定性描述。看来问题的症结就在这里，只有运用唯物辩证法分析考古材料，从一种运动的物质来看待考古文化，找到它的运动规律，才能得出历史唯物主义的解释，达到"见物又见人"的目的。

对于这一段不平凡的研究经历，先生视为运用马克思主义原理分析考古学材料的一次成功尝试，是找到了在唯物辩证法指导下考察考古学文化的有效研究方法，并对考古学研究中最基本的对象——考古学文化的定义有了新的理解：

"考古学文化的本质应是一个运动的事物的发展过程，而不是静态的或一成不变的种种事物或现象。不同文化之间的关系也不能被理解为叠盘式的堆积。只有具备某些相对稳定的文化特征、因素、发展序列和它们之间的平行共生关系的代表性材料，并且体现一定的规律性，这一种文化类型的存在才是明确的。"

先生以为，这是对考古学文化认识上的一次飞跃：

"在考古学方法论上如能迈出这一步，从揭示每一种考古学文化的来源和特征、社会发展阶段和去向、各自的运动规律、各自同周围文化的关系，以及每一种文化在其发展过程中的分解、转化等方面入手，那我们就有可能比较正确地划分考古学文化。这样，我们所说的要建立具有中国特色的马克思主义考古学体系，就具备了牢固的基础和充实的内容。"[1]

由此，苏秉琦先生对运用马克思主义指导考古学科有了新的领悟，那就是，对辩证唯物论与历史唯物论的方法需要作深层的理解，历史唯物论和历史科学的各专门学科理论并不属于同一层次，马克思列宁主义哲学也不能直接回答研究中国考古学的方法论问题。"生搬"（把马克思主义经典作家论证关于社会发展史的有关章节、词句、论点和自己的研究论著镶嵌在一起）不行；"硬套"（学习苏联初期经验，把考古学简单理解为物质文化史）也不行。具体问题还得具体分析。结论只有一个：走自己的路，要在马克思主义指导下，创建本学科自己的理论。从此，先生开始了创建考古学文化区系类型理论的新历程。

这是一个更为艰巨的探索。因为它面对的，不只是一个或几个考古学文化和地区及其所反映的历史，而是全国范围的考古学和历史学研究。

考古学文化区系类型理论是经过长期酝酿在20世纪70年代中期形成初步成果的。1975年前后，先生分别为北京大学、吉林大学考古专业学生做题为"学科改造与建设"的讲座，谈到从原始社会解体到阶级国家产生问

---

① 苏秉琦：《燕山南北地区考古——在辽宁朝阳召开的"燕山南北长城地带考古座谈会"上的讲话（摘要）》，原载《文物》1983年第12期；后收入《苏秉琦文集》（二），第320～325页，文物出版社，2009年。

题和关于奴隶制、封建制社会的发展问题时，就是将统一的中国不是作为一块而是分成两大部分进行分析的：一是今天汉族主要分布范围的江淮河汉流域连成一大片土地内的古文化，各自从原始社会到阶级社会的历史；二是东北、北、西北、东南、南、西南即今天汉族与其他民族杂居的各地区内从原始社会到阶级社会的历史，在提出第一部分对形成我国以汉族为主的统一多民族国家起的核心作用的同时，先生特别强调了第二部分除对形成我国统一多民族国家中起的作用外，还有在国境外地区、国家与中部地区之间所起的桥梁作用。为此，先生认为：不研究我国各族（包括汉族）人民的历史，解决不了以汉族为主的统一的民族国家形成的问题；而不研究一个个具体人们共同体的历史，解决不了汉族的形成的问题，也解决不了历史的、现实的各族人民间相互关系问题。

先生并根据当时已掌握的考古资料，将距今 4000 年左右中原地区形成的若干个文明中心划了 8 个小区，将它的外围，包括遥远的边疆地区划了 10 个小区，认为它们也已同时形成了更为广泛的文明中心，而向前追溯到距今四五千年到距今五六千年的史前时期，则已有了最初的六个区的划分的设想①。

在此前后，先生坚持对全国各地的具体考古资料做实地考察，又依据各地工作基础和资料积累的不同情况，区别对待，对各地区考古学文化的特征逐一进行分析和总结。如从楚式鬲不同于殷式鬲和周式鬲的特征及其来龙去脉看楚和先楚文化的发展轨迹；通过印纹陶文化的起源、发展演变看以鄱阳湖到珠江三角洲为中轴的南方区系的文化特征、发展道路和与四邻的关系；从四川广汉三星堆、月亮湾和成都方池街采集的陶片摸到巴蜀文化的生长点；又从对石峡文化特征、社会变革的分析中得出南方具有接近中原的发展水平和在文化关系方面石峡所在的韶关地区是透视南北的窗口的认识。对研究基础较好的山东和东南沿海地区，则主要进行分区研究，将东南沿海地区分为苏鲁豫皖、江淮之间和太湖—钱塘江地区，太湖周围又分为三个小区：宁绍平原、杭嘉湖、苏淞地区；山东则有鲁西南与昌潍

---

① 苏秉琦：《学科改造与建设——1975 年 8 月间为吉林大学考古专业同学讲课提纲》，《苏秉琦文集》（二），第 210～217 页，文物出版社，2009 年。

地区的划分，还提出与齐文化渊源有关的青州考古和与辽东半岛有关的胶东考古课题。对考古资料积累最为丰富、研究也最早的中原地区，也有针对性地提出了要避免因为从龙山时期到二里头文化时期诸考古文化间在年代上有衔接和传统关系，而忽略了夏与商、夏商与诸夏或其他群体的差别，作串糖葫芦或什锦大拼盘式的罗列和夏及先夏、商及先商划分的简单化倾向。对燕山南北地区，当20世纪60年代材料较为零散时，综合为两种新石器文化（红山文化和富河文化）和两种青铜文化（夏家店下层文化和夏家店上层文化）；资料有所积累时，针对属于小河沿文化的大南沟和属于夏家店下层文化的大甸子这两个较为完整的墓地，进行文化特征到社会结构的整体分析；东山嘴和牛河梁红山文化遗址发现后，除文化因素分析外，从"坛庙冢"大遗址群提出了五千年文明起源的新课题。又将以燕山南北地区为重心的北方地区分为广义的北方和狭义的北方：狭义的北方三大块为辽西、三北（冀北、晋北、陕北）与河套地区；联结中亚大陆的大西北与联结东北亚的大东北，则属于广义的北方。还有以陇山为界，陇东近关中，陇西与马家窑文化有渊源关系等。

在这一系统研究过程中，先生总是一再提醒：理论性的结论是从具体事物的具体分析而来的，今后实际工作中应念念不忘"具体问题具体分析"这一马克思主义原理：

"实事求是，从实际出发，是一切科学方法的灵魂。考古学是历史科学，归根到底，它所研究的对象只能是'具体的历史'。一个'群体'的人们所遗留下来的考古学文化所反映的，就是'具体的历史'。这是我们研究的对象。如果我们嫌麻烦，简单化，那就等于取消了考古学。"①

学科理论的建立，促进学科的发展，其直接后果是导致20世纪80年代文明起源的讨论。在这场讨论中，先生始终是把文明起源作为一个发展过程来对待的，对于当时学术界讨论较多的文明起源的标准和时间并未做出响应。与此同时，他结合中国古代社会的特点，陆续提出了"古文化古城

① 苏秉琦：《燕山南北地区考古——在辽宁朝阳召开的"燕山南北、长城地带考古座谈会"上的讲话（摘要）》，原载《文物》1983年第12期；后收入《苏秉琦文集》（二），第320~325页，2009年。

古国"、发展阶段的"三部曲"（即古国—方国—帝国）与发展模式的"三类型"（即原生型、次生型与续生型），以及"超百万年的'根系'，上万年的文明起步，五千年的古国，两千年的大一统实体"（1992 年 5 月纪念中国历史博物馆建馆八十年题词）等系统理论。并已深入到对文明起源的机制、背景的研究，如将红山文化与仰韶文化的南北交汇，扩大到一个"Y"形的文化交汇带，即由华山脚下的仰韶文化优生支系庙底沟类型沿太行山麓和汾河北上，与从大凌河流域越燕山南下的红山文化在桑干河上游碰撞，产生了辽西山区的坛庙冢，又折返南下，与来自内蒙古中南部河套地区以三袋足器为主要特征的文化交汇，再南下到晋南，出现陶寺文化，从而形成了中华古文化总根系的直根系。

以上这些论述，既紧紧抓住了中国古代社会的特点，又将文明起源延续到历史时期，还将文明起源研究扩大到文化起源研究，是唯物辩证法指导下学科理论和理论与实践相结合的丰硕成果。

二　考古学在现实中的作用是学科的根本目标之一

在运用马克思主义原理推进考古学研究过程中，苏先生始终不忘的，是考古学在现实中的作用。先生遵循现实的中国是历史中国的必然发展的规律，把学科在现实生活中的作用作为学科的方向。正如 1984 年他在同北大同学交谈时所说："越是那些能够反映或回答现实的、具体的、社会的、时代的需要的工作和成果，才是越有意义、越有价值的。"① 这也突出表现于考古学文化区系类型理论创建过程中。

早在 20 世纪 70 年代前后酝酿这一理论时，先生对此就有强烈的意识。1975 年 8 月当他首次提出考古学文化区系类型理论时，就明确表达了这一理论的目的：

"像我国这样一个统一多民族国家，是几千年历史发展的结果，又是今天社会生活的现实。在理论上、历史上阐明这一过程，对巩固我国各族人

---

① 苏秉琦：《做考古学新时期的开拓者》（1984 年 2 月 23 日在北京大学考古专业的讲话提纲），《苏秉琦文集》（二），第 331～334 页，文物出版社，2009 年。

民的团结，共同为建设社会主义而奋斗的伟大目标做出自己的贡献，是历史科学工作者一重要课题。考古学在这方面无疑负有特别重要的任务。"①

此后，先生提出著名的中华古文化六个大区的划分，这当然是以先秦时代各地考古资料所反映的地域特征为依据的，但他考虑更多的，是历史的渊源和连续性。六大区的划分最早是先生于 1979 年在西安召开的中国考古学会成立大会和规划会议上提出来的，当时尚未将六个大区按名称和顺序列出，只提出"三南三北"的概念。先生当时认为，这"三南三北"的分区，"不仅是从历史民族文化角度考虑"，也"类似建国以来几经变化的几大行政大区"，先生并特别强调，这样划分是"必须的"。对此，先生当时的考虑是：

"我国现在行政上不把几个大区、二百多个地区作为一级政权，但在现实生活中却是存在的、起作用的这种情况，不是偶然的，而是有其历史渊源的。因此，在研究我国古文化史问题时，就不能不考虑到我国确实存在的、在历史上是这样相似的地区差异及其相互关系问题。这就是说，尽管我国现行地方政权里分为省、县两级，但在探索我国古文化史时，却不如前面所说的大区和地区那样两种划分重要。"②

提出几经变化但在现实生活中起作用的六个行政大区（还有 200 多个专区）的划分，在探索我国文化史上相似的地区差异及其相互关系方面的重要性（20 世纪 80 年代后又多次提出原专区一级行政区划与先秦时期古国的规模大体相当的观点），从而成为他将现中国人口密集地区的考古文化划分为六大区系的一个主要依据，这既是对考古学文化区系类型时空范围的一种模糊界定，更是在揭示一种普遍的历史连续性，以达到复原一个真实的历史的中国必然会对现实和未来中国的发展产生影响的学科目标。

当然，考古学文化区系类型理论并不仅仅是对区系的划分，如前所述，

① 苏秉琦：《学科改造与建设——1975 年 8 月间为吉林大学考古专业同学讲课提纲》，《苏秉琦文集》（二），第 210～217 页，文物出版社，2009 年。

② 苏秉琦：《在"全国考古学规划会议"、"中国考古学会成立大会"上的发言（摘要）》（1979 年 4 月 10 日于西安），原载苏秉琦《华人·龙的传人·中国人——考古寻根记》，第 3～4 页，辽宁大学出版社，1994 年；后收入《苏秉琦文集》（二），第 246～247 页，文物出版社，2009 年。

这一理论的实质，是在划分区和建立系的基础上，提出各考古文化区的发展大致同步，各有特点和自身的发展道路，又相互接触，相互交流，它们之间的影响也是相互的。这一历史真相和规律的揭示，与以往以中原为中心、以王朝为中心、以汉族为中心的传统史学观有很大的不同，却强调了各地区、各民族共同为中华文化、中华民族和中华国家的发展做出的贡献。

此后，随着考古学文化区系类型理论在实践中的不断发展，先生对这一理论所要达到的学术目的的表达也更加清晰：其最终目标"是为阐明把十亿中国人民凝聚到一起的基础结构"，"是回答中华民族十亿人口、五十六个民族是如何结合成统一中华民族的"①。从而为认识中华，加强全国各族人民的团结做出贡献。

三　学科未来的思考

对于学科的理论和方法论建设未来的目标，苏秉琦先生常引《庄子》中的两句话来启发大家，一是"其大无外，其小无内"，一是《庄子·养生篇》中"庖丁解牛"的故事。前一句话是对学科方法论上从微观入手到宏观思维的比喻，是衡量中国考古学是否成为真正科学的标准；后一句话是在比喻对中国古文化的认识过程，目前已从"皆牛也"认识到"无全牛"，要追求的目标是进入"游刃有余"的水平和境界。其实，这也是对苏先生本人学术历程和在掌握考古方法论上已达到得心应手境界的形象比喻。这在先生晚年对学科未来的思考中充分反映出来。

晚年，先生在回顾与总结个人学术生涯和中国考古学的发展历程时，对在马克思主义指导下的学科理论的建设，对学科与现实和未来的联系这两个方面，都有更为深入的思考和论述。

在学科理论建设方面，先生从唯物辩证法在学科运用中的成果，总结出"动态考古学"的概念。先生在论述中涉及"动态考古学"的内容有：

---

① 苏秉琦：《向建立中国学派的目标攀登》，原载《庆祝中国社会科学院建院十周年院内通讯特刊》（1989 年 5 月 12 日）；后收入《苏秉琦文集》（三），第 115 页，文物出版社，2009 年。

由描述的科学向动态考古学转变；把研究的对象如静态的叠压、层位关系作为动态的、运动的事物看待；着眼于从运动中分析出规律性东西，从运动规律中要看到事物本质及其变化，如文化的生长点，即渊源与发生，文化的衔接点、连续性，文化的转折即由量变到质变，以及文化的过渡等；从规律的变化与区别中掌握同一文化内部的差异，同一文化在不同地区运动规律的差异，不同文化间各自运动规律的特点等。

先生认为，把考古学文化作为运动过程是考古学文化区系类型理论的核心，由此导致的从文化起源到文明起源研究的迅速展开，使这一理论更为系统充实。这是考古学哲学化、理论化的过程，它所揭示的十亿人民、56个民族汇聚一起的深厚历史渊源和中国古文化作为东方文明中心在世界历史上的独特性和重要地位，是一笔巨大的精神财富，已为社会各界所瞩目。所以，"动态考古学"的提出，既是马克思主义唯物辩证法指导中国考古学的具体成果，也为今后的有关考古学的理论研究，提出了具有方向性意义的新课题①。

在考古学与现实和未来的关系方面，先生的思考更为深入，并且已将重点放眼于面向未来。如在传统与现代化的关系方面提出建设与五千年文明古国相称的现代化问题；从统一多民族国家形成看中华民族巨大的凝聚力、无穷的创造力和无限的生命力的民族精神和灵魂；从区系的中国和区系的世界的比较中"中国是大头"的态势看未来中国在地球村的地位；还提出中国考古学对当前面临的重建人类与自然界的关系也可提供完整的借鉴材料等。先生并将这些思考和论述，归纳为古与今、中国与世界的"双接轨"。

这里要特别提到先生从考古学上对人与自然关系的论述。先生尖锐地指出：旧石器时代几百万年，人与自然的关系是谐调的，但"距今一万年以来，从文明产生的基础——农业的出现，刀耕火种，毁林种田，直到人类文明发展到今天取得巨大成就，是以地球濒临毁灭之灾为代价的"。所

---

① 参见苏秉琦：《关于学科建设的思考》（1989 年 10 月 3 日于北京重庆饭店），原载《辽海文物学刊》1997 年第 4 期；后收入《苏秉琦文集》（三），第 150～152 页，文物出版社，2009 年。

以，人类在重建与自然的谐调关系方面，要注意总结历史经验。先生以为，中国拥有这方面的完整材料："中国是文明古国，人口众多，破坏自然较早也较为严重。而人类在破坏自然以取得进步的同时，也能改造自然，使之更适于人类的生存，重建人与自然的谐调关系。中国拥有这方面的完整材料，我们也有能力用考古学材料来回答这个问题，这将有利于世界各国重建人类与自然的谐调关系。"①

　　这时，先生已注意到从考古学上寻找古人在处理人与自然关系方面的哲理依据及对今人的警示。如他晚年重视渔猎文化的作用就与此有关。先生多次以满族的开国史为例，以为满族的开国史所体现的历史使命感和一往无前的开拓精神，就来自渔猎民族与大自然的和谐和无地域概念更具开放的性格，这是固守土地又破坏自然的农耕人所不及的。这对认识当前和今后人类面临的人与人、国与国、民族与民族特别是人与自然的关系，都很有针对性，所以应该受到正在为重建人与自然谐调关系而奔走呼号的人士的关注。1998 年 1 月号的香港《明报》就以"考古学家的终极关怀"为题并在月刊设专栏，报道了苏秉琦先生在人生的最后历程从考古学上论述人与自然关系的远见卓识。

　　对苏秉琦先生晚年这些深层次的思考，俞伟超先生曾以"古今一体"的观念予以解释。俞先生在苏秉琦先生 85 岁寿辰时题写了"历史已逝，考古学使他复活。为消失的生命重返人间而启示当今时代的，将永为师表"的祝寿词。据俞先生回忆，苏先生在晚年时已把寻找中华古文明的民族灵魂和精神支柱，作为思考的重心，已领悟到"古今一体"是人类社会的本质性能，正在寻找的古今文化的内在联系，这已触及考古学最根本的价值，深入到了考古学生命之树的根系。所以，祝寿词是对先生研究境界又一次升华的写照②。

　　1950 年，天津《进步日报》（原《大公报》）曾刊登过苏秉琦先生的一篇题为《如何使考古工作成为人民的事业——批评与自我批评》的文章，

---

① 苏秉琦：《走向世界　面对未来——新年述怀》，原载《中国文物报》1991 年 1 月 6 日；后收入《苏秉琦文集》（三），第 154～155 页，文物出版社，2009 年。

② 俞伟超：《本世纪中国考古学的一个里程碑》，原载苏秉琦《中国文明起源新探》三联版；后收入《苏秉琦文集》（三），第 355～361 页，文物出版社，2009 年。

文内在提到考古工作是"建立中国化马克思主义理论体系的一种准备工作"时，曾预言："通过民族形式的马克思主义的学科建设至少也得要一二十年的准备工夫。"1983 年这篇文章收入《苏秉琦考古学论述选集》时，先生在补记中说到："经过三十多年来的实践、体验，我是感受很深的。"①

的确，运用马克思主义研究中国考古学，建立具有中国特色的考古学派，虽然已经取得令人瞩目的成就，但它的创建过程，却并不是一帆风顺的。就先生来说，对仰韶文化的研究和考古学理论的创建，都是在逆境中进行的。1958 年受"大跃进"潮流的影响，北大考古专业学生对先生倡导的考古类型学进行了面对面的批判，对此，先生以实事求是的态度对待，一方面继续坚持用类型学的方法研究仰韶文化并辅导学生，一方面对批判中提出的"单纯器物排队""见物不见人""脱离历史"等合理成分表示接受，并带着问题开始了新的探索，终于取得仰韶文化研究的新成果和对考古学文化的新认识。考古学文化区系类型理论的最初提出见于 20 世纪 70 年代，那正是"十年动乱"期间。那一段时间，先生置个人所受冲击于不顾，反而利用劳动和下放的空闲时间考虑全国问题。20 世纪 70 年代初在河南信阳干校进行"业余考古"，认识到淮河流域在连接中原与长江中下游地区古文化的重要地位，促进了区系内与区系间普遍联系观点的形成。回京后他一边对中国社会科学院考古研究所山东、山西、内蒙古各考古队和各地来京汇报的考古项目进行指导，一边亲临河北、天津、山西、山东、广东等地，对全国积累的考古资料，分区进行研究，加速了理论的形成。当 1976 年 8 月间先生在北京王府井今中国社会科学院考古研究所会议室为吉林大学考古专业同学讲述考古学文化区系类型理论的初步成果时，还是"四人帮"猖獗的时候，先生的讲座内容显然不合时宜。据这次讲座的组织者和主持人张忠培先生回忆，当时他就感到一种无形的压力。但先生坚信：中国考古学已摸索到新路。先生并已在思考形势稳定后学科的发展问题了。

虽然在历次运动中，先生都是被当作资产阶级学者对待的，但他却在

① 苏秉琦：《如何使考古工作成为人民的事业——批评与自我批评》，原载天津《进步日报》1950 年 3 月 28 日；后收入《苏秉琦文集》（二），第 89～95 页，文物出版社，2009 年。

运用马克思主义研究考古学取得瞩目成就，并长期指导着学科的发展，还在社会起到广泛影响，这是一个很值得研究的现象。先生在研究中坚持以正面论述为主，也即以立为主，而不是以破为主，更不是破而不立，可能是原因之一。所以，中国考古学所经历的由解剖一种器物（瓦鬲）、一种考古学文化（仰韶文化）到考古学文化区系类型理论的创建，再到中国文明起源与国家形成的系统论述以及"世界的中国考古学"的提出，步步前进，反复较少。先生晚年更抓紧形成个人观点，学术思想的发展明显加速，而且上升到一个新的层次。

对学科未来的发展，先生想得更多的还有考古学的大众化。他一再强调，考古是人民的事业，不是少数专业工作者的事。为此，他力主学科要坚持科学化与大众化的发展方向。他为赶上这个新时代、看到中国考古学几十年来的巨大变化而高兴，更为考古学得到社会的反响与认可而兴奋不已。他感到，我们的路子走对了。对中国考古学的未来，他已寄希望于年轻和比较年轻的一代。所以他常说："21世纪的考古学，我看到了。"对此，先生是充满信心的。

（原载于《中国历史文物》2010年第1期）

《华人·龙的传人·中国人
——考古寻根记》编后记

　　这本文集汇集了苏秉琦先生近十年（1984～1994 年）的论著共 60 篇（包括此前的两篇），其中已发表的 33 篇见于 22 种中央和地方专业性以及科普类刊物，27 篇则是第一次公开发表。内容按：（一）区系考古的理论与实践；（二）中华文明起源和重建中国史前史；（三）世界的中国考古学；（四）学会与学科建议四部分分类，每类基本按年代排列。希望能比较系统地反映苏秉琦先生这一时期的学术活动和学术思想，以及他对学科的贡献。

　　记得十年前的 1984 年 10 月，由文物出版社编辑出版的《苏秉琦考古学论述选集》开始发行，适逢苏秉琦先生 75 岁诞辰和他从事考古五十年，在京的部分文物考古工作者在四川饭店举行了一个小型座谈会。我未赶上那次聚会，后听童明康同志讲，那天大家都很兴奋，谈到中国考古学正处于黄金时代，也盛赞苏先生为中国考古学所做出的卓越贡献。先生本人则谈到，他是考古战线的一名老兵，欣逢盛世，无比荣幸，《选集》不过反映了一个时代，而一个新的时代已经开始，他一再讲要向前看，维护文物考古界的团结，造就一大批新的考古人才，推进中国考古学的研究，以无愧于这个时代。

　　十年过去了，亲身经历了这十年实践的同行朋友们，对先生所说的"中国考古学新时代"的到来，都会有切身感受。如果说，弥漫于 20 世纪 20 年代的那种迫切要求变革的时代精神和当时学术界提倡的"科学与民主"口号，是近代考古学在中国出现的历史条件，那么，当 20 世纪 80 年代前后中国进入一个新历史时期时，对我们的学科也提出了新的更高的要求。如何使马克思主义理论具体运用到本学科，讲出一部活生生、有血有肉的中华民族历史，而不是简单地以社会发展史代替，这是时代的要求，人民的需要，也是先生和几代人苦苦追求的目标。这个目标随着考古学文化区系理论的提出和在实践中的发展，终于找到了一个新起点。从此以后出现的形势令人鼓舞。80 年代后期"中华五千年文明曙光"这个牵动了亿万人心的话题在海内外引起的广泛而持续不衰的反响出人意料。与之有关的是，用作本文集书名的那篇《华人·龙的传人·中国人——考古寻根记》的文章，发表仅一年，就被选为 1988 年高考语文试题，一时有 200 多万的莘莘学子在同时阅读一篇考古文章。这些摆在眼前的事实，都使我们更深切地感受到，考古学正在成为知我中华、振兴中华大业不可缺少的组成部分，我们这门学科的路子走对了。为此，对学科这几十年是怎么走过来的，先生经常进行回顾和总结，并每每从这里出发提出新思路。十年来学科的发展也由此而明显加快了步伐。今天展现在人们面前的中国考古学，已经步出"冷门"，正在成为一门生机勃勃的学科。

举考古学文化区系类型理论在这十年中的发展为例。由于这一理论在 20 世纪 70 年代末到 80 年代初提出后，很快得到全国各地考古工作者的广泛响应，于是，在划分六大考古文化区系的基础上，围绕区内、区间不同考古文化之间的相互关系、相互影响、相互作用、相互补充，各地都进行了卓有成效的工作，提出了如区间发展的同步性和不平衡性，对考古文化区间封闭性和开放性的估计，中心区及变迁，区界和区间接触地带，"四裔"地区在联系境外古文化中的重要作用等深层次的课题，显示出这一理论继续保持着强大的生命力。阐明把十亿中国人民凝聚到一起的基础结构及其形成过程的目标的实现已指日可待。其中，从 80 年代初开始，由苏先生亲自指导的燕山南北长城地带考古，是区系理论运用于实践的一个重要试点，由此扩展到三北（东北、北方、西北）地区考古，并延伸出"环渤海考古"的新课题，前者与面向欧亚大陆的一块相一致，后者则涉及东北亚和环太平洋地区，于是到 90 年代初，"世界的中国考古学"应运而生。从 20 世纪 30 年代由一种器物（鬲）入手认识中国古文化，扩大到从世界范围认识中国古文化，中国考古学的成长是大跨度的，却又是一步一步坚实地走过来的。

与此相应的是考古方法论上的突破。如定性定量分析对界定考古文化的重要性，平面与立体的关系在地层学中运用的实际意义，在寻求运动规律中而不是在静态中认识考古文化的特点，动态考古学的建立和考古学走向哲学化等，都是先生在实践中加以运用并总结出来的。唯物辩证法在考古学上的运用，使传统的考古地层学和类型学不断丰富和发展，以至对中国辽阔国土上自百万年至今不衰、丰富多彩又互有联系的古文化，做出"庖丁解牛"式的分析，达到了"游刃有余"的境地。

更能够说明学科近十年发展的是，20 世纪 80 年代后期展开的关于中华文明起源的讨论。这虽是社会各界十分关注的一个课题，在考古界却是一个敏感区，曾一时难以冲破。这次如何深入下去？对此，先生审时度势，及时提出古文化与古城古国相联系的著名观点，把各大考古文化区原始文化中的有关部分加以突出，着重探索各个文化区由氏族向国家过渡的具体途径。从辽西牛河梁红山文化坛庙冢到甘肃秦安大地湾坞壁中心殿堂的对应比较，从以浙江余杭反山、瑶山等良渚文化墓地为中心的太湖地区古文化古城古国到四川广汉三星堆古城的研究，中华大地文明火花，真如满天星斗，正是这多源性和多样性，使中国文明独具特色又连绵不断，一时这一讨论已是不可阻挡的形势。对此，先生又因势利导，他依据各考古文化区间的发展不平衡性和相互作用，对 5000 年前仰韶文化与红山文化的南北结合，到距今 5000 年以内的晋南陶寺遗址为中心的北与辽西到河套古文化，东与大汶口文化和良渚文化等的南北、东西古文化结合，从而孕育了三代文明这一发展轨迹，做了进一步揭示，使中国上古史长期以来扑朔迷离的五帝传说理出了头绪，同时，古国—方国—帝国的脉络也随之清晰起来。1993 年夏，先生从晋北考察归来，对秦汉帝国解体后的民族大迁徙、大融合中北方草原民族入主中原，直到清入关，为中华统一多民族国家的最终形成所起的主导作用印象极深，遂酝酿成熟中国国家形成的"三部曲"和发展模式的"三类型"的完整序列。对此，先生有更为深远的想法。他认为，考古与历史一旦有机结合，一部中国史一旦读通，建立具有中国特色的考古学派，挖掘源远流长的中华民族传统就落到了实处，中国考古学与世界接轨才有可能，考古学也就会更贴近生活，贴近社会，为广大群众所接受，真正成为人民的事业，实现古与今的接轨，而这正是 21 世纪中国考古学所要追求的目标。为此，在最近一两年的论著中，先生对这一系列观点做了反复阐述。

学科的发展离不开科学巨匠的推动。苏秉琦先生一贯重视来自第一线的最新信息，鼓励和吸收学科内外各方面的新鲜见解，这使他始终站在学科发展的前沿，起到学科引路人的作用。有将先生誉为考古学界的一面旗帜，对此，先生是当之无愧的。不过他自称是考古战线的一名老兵，"事情是大家做出来的，是集体的成果"。他推崇罗素的一句名言：人生就像河流，早年是山间涓涓细流，中年是滔滔大河，晚年归于大海。并常常讲："我和大家在一起，感觉年轻多了，这不就像归于大海了吗!"的确，我们从他不断迸发出的思想火花中，丝毫也看不到"老"的痕迹，倒是我们同他在一起时，被他敏捷而深邃的思维所感染，在受到启发、得到动力的同时，也感到了年轻。不过有时那是在一种美妙的境界中进行的交流。在京郊昌运宫他的寓所里，先生坐在那张旧藤椅上，闭着眼睛，双手交叉握着，支撑着下巴和那颗非凡的头颅。他在思考，静静地。当我们来到他的面前，他微微地睁开双眼，笑着对大家说："21世纪的考古，我看到了。"是的，为了走向21世纪的中国考古学，先生已经站在新的起跑线上，继续进行着不懈的追求。到本文集截稿时，先生在电话里告诉我们，他正在结合三峡考古规划，以"课题与实体"为题，对事业今后的发展进行新的思考。这虽已不及收入本集，却预示了考古学科更加美好的前景已在勾画之中。

本文集出版之时，又适逢苏秉琦先生85岁寿辰和他从事考古工作六十年，我们祝先生健康、长寿，祝先生的学术思想和考古学科永葆青春。

本文集在编辑过程中，得到中国考古学会、中国社会科学院考古研究所、国家文物局、北京大学考古系、吉林大学考古系、山西省文物考古研究所、福建省文化厅文物管理处、四川省文物管理委员会、辽宁省文物管理委员会办公室、辽宁省文物考古研究所和辽宁大学出版社的支持。中国历史博物馆俞伟超先生、北京故宫博物院张忠培先生、北京大学严文明先生和文物出版社楼宇栋先生、童明康同志给予了热情鼓励。苏秉琦先生的朋友、日本富山电视台内藤真作社长特意寄来诗作和文感。部分照片由薛玉尧、刘晋祥、李言、郎树德和辽宁省博物馆照相室李振石等同志提供，史晓英同志绘图。英文翻译刘焯、杨建军同志。在此一并致谢。

（原载于苏秉琦著《华人·龙的传人·中国人——考古寻根记》，辽宁大学出版社，1994年）

中国考古学的世纪之作

——苏秉琦《中国文明起源新探》学习笔记

作为长期受苏秉琦先生学术思想熏陶的学生们，大家都有一个共同的心愿，那就是尽早协助先生把他的学术思想系统整理出来。在商务印书馆（香港）有限公司陈万雄总编辑的果断决策和精心安排下，大家的这一愿望在不到一年的时间里就实现了。1996 年 1 月我随苏先生到深圳写作《中国文明起源新探》一书，1997 年 6 月这本新作就在香港出版发行了。两年以后，又由三联书店出版发行了内地版。记得在书即将付印之时，一位熟悉苏秉琦先生的权威人士在看了书中的一些片段之后脱口而出："这是世纪之作"，可以说是最恰当的评价。

中国近代考古学从 20 世纪二三十年代创立起，就把复原历史，特别是探求中华文化起源和文明起源作为首要目标。随着近几十年来全国各地在考古发现和研究方面不断取得世人瞩目的成果，人们对从考古学上解决中国历史重大课题抱有更大期望。然而，面对这一批批"哑"材料，如何写出一部活生生的中华历史，这需要逐步建立起符合中国国情的考古学科的理论和方法，在考古学和历史学之间架起一座桥梁，实现考古与历史的有机结合，而这一任务的实现，又首先是要绕出拦在历史学家与考古学家面前的两个怪圈：以汉族史为正史代替多民族历史的大一统观和以社会发展史代替历史本身的观念，也就是要对传统史学提出挑战。为此，几代考古学家进行过不懈的追求，苏秉琦先生是其中一位主要代表人物。本书以他的考古生涯为一条主线，通过对他在六十多年实践中探索考古学科理论和方法所走过的艰辛道路的回顾和总结，从一个重要方面反映出中国考古学的成长过程和主要成就，特别是在探索中华文化起源和文明起源方面的成就。所以，这本书不仅是作者个人学术活动和学术思想的总结，也是对 20 世纪中国考古学科的总结，是名副其实的世纪之作。

全书虽以回顾和总结的形式出现，却处处体现了作者最新的研究成果。就以本书第一章为例，《瓦鬲的研究》曾是作者 20 世纪 40 年代的成名之作。鬲是中华传统文化的载体，汉字中反映人际关系的"融""隔"都以鬲作为偏旁，就可知鬲与中国古人传统习俗关系之深，所以 40 年代前后，学术界普遍将中国古文化称作"鼎鬲文化"。作者在书中生动地回忆起抗日战争前后在西安、昆明埋头整理陕西宝鸡斗鸡台上百件瓦鬲发掘材料、"学读天书"的经历，悟出了形象思维对建立以实物为研究对象的考古学方法论的重要作用，也使那次瓦鬲研究的成果成为中国考古类型学的奠基之作。然而作者并未就此止步，他对鬲这一被誉为"中国古文化标准化石"的起源，进行了几十年不懈探求，终于在 20 世纪 70 年代于河北省张家口地区和内蒙古河曲地区仰韶文化晚期到龙山文化早期的遗址里，找到了小口尖底瓶晚期形式与早期鬲相衔接的实例，即以一个小口尖底瓶的底部作器底，三个尖底瓶的下部作为三个袋形足，底足结合而成了鬲的雏形——斝、斚鬲和有关的三足瓮。甲骨文中有"丙"和"酉"字，它们分别作"⊕"和"Ɣ"，就是这两种器物的象形字，这就从五千年前中国古文化两种代表性器物小口尖底瓶和鬲的相互演变关系中，找到了这两个甲骨文字最初创意时的物证，而这两个字都并非一般文字，而是属于与祭祀礼仪有关的"干支"系列，从而把鬲的起源与文字的起源，也就是与文明起源的具体进程联系起来。

这种独辟蹊径的思维方式和研究方法，也表现在作者对仰韶文化的精辟分析中。作者从仰韶文化众多特征中提炼出小口尖底瓶、花卉纹彩陶图案、鸟纹彩陶图案等三类六种因素作为标准，将仰韶文化的中心地区限定在以华山脚下为核心的八百里秦川内分布的半坡类型和庙底沟类型，又紧紧抓住抽象化的玫瑰花作为仰韶文化的标志性纹样，从而由"花"引申出"华"，进一步推论出仰韶文化发源地的"华山"由活动在华山脚下的原始人群而得名，今天我们自称"华族""华人"即渊源于此。由仰韶文化探索中华文化起源从 20 世纪二三十年代就已经开始了，本书对仰韶文化的独到分析是最令人信服的成果之一。至此，从一种典型器物（瓦鬲）到一种典型考古文化（仰韶文化），开始了从考古学上探索中华文化起源和文明起源的新路子，"哑"材料说话了。

20世纪70年代以来，考古工作在全国各个省区都蓬勃开展起来，这不仅体现在考古工作开展较多的中原地区，尤其表现于中原以外地区，就是被视为边远的各周边地区也不断有出人意料的重大考古发现报道。

在这种形势下，作者经过多年酝酿，及时提出了中国考古学文化划分区系类型的理论。全书以较大篇幅并配以图表，详细阐述了全国所划分的六大考古学文化区系及每个考古文化区内部分区、文化系列、特征、发展道路、渊源和区间相互关系，揭示出夏商周三代文化以及春秋战国时期晋、楚、秦、齐、燕、吴越、巴蜀诸文化从史前时期就已形成的文化渊源和传统，从而为秦汉统一大帝国的出现准备了条件。在论述这一系列重大观点的过程中，作者体现这一理论的一个最鲜明的观点，那就是中原地区与周围各大区各有自身文化的发展序列，在相近的发展阶段，发展水平相近，影响也是相互的，而并非以往普遍认为的中原地区总是先进的，各地是在中原影响下才发展起来的传统观点。

由于考古学文化区系类型理论是在全国各地考古实践基础上形成的，所以它一提出就迅速为全国考古界所接受，成为全国考古界公认的指导思想，全国考古工作也从此进入一个飞跃发展的新阶段，这一理论也在实践过程中被不断证实和充实发展。书中对各地区考古学文化区系类型的分析表明，这一理论并不同于一般的考古文化区的划分，也较现今流行的"多元一统"说更为深入。因为这一理论在"多元一统"共识的基础上还认为，多元不等于对等，平衡中孕育着不平衡，各大文化区的发展进程又是有先有后的，区间的影响是相互的，但又是有主有次的，往往是中原以外地区先走一步，或最先产生某种先进文化因素，并向中原汇集，形成如车辐聚于车毂，而不是像光和热那样由中原向四周放射。

正是这种文化发展的总趋势和多元文化之间既相对稳定，又不封闭，通过长期的交汇、撞击、吸收、融合，不断进行着组合和重组，使各区域文化之间你中有我，我中有你，最终殊途同归，才使得中华文化既丰富多彩，又连绵不断，始终保持着旺盛的生命力、无限的创造力和巨大的凝聚力，这就彻底改变了以中原为中心、以汉族为中心、以王朝为中心的传统观念，以全新角度审视中国历史，也再一次叩启了中国文明起源的大门。

中国文明起源是中国考古学研究的首要任务，也是本书的重头戏。全书用了两个章节全面而系统地阐述了作者关于中国文明起源的最新观点："满天星斗"说和"三部曲与三模式"说。

中国有五千年文明史，是世界四大文明古国之一，亿万中华儿女以此而自豪，但传统史学却认为中国的文明史只能从 4000 年前的夏代算起，此前的一千年只能作为传说时代对待，原因是缺乏实物证据。这样，中国文明史的开端就比埃及、两河流域晚了一千多年，比印度也晚了近千年。尽管历史考古界也多次想以已经发现的同时期考古学文化，如仰韶文化和龙山文化，把这一千年填充起来，但这只能将五千年文明古国的庄严形象落到个真假参半，于是，每一个炎黄子孙都在翘首盼望着对这一牵动亿万人心的大事有一个圆满答案。在这方面，考古工作者有着义不容辞的责任。

20 世纪 80 年代以来，随着考古学文化区系类型理论在实践中的发展和辽西山区的红山文化、环太湖流域的良渚文化、晋南的陶寺文化以及此前鲁西南的大汶口文化等一系列重大考古发现，中国文明起源的讨论再一次被提了出来。不同以往的是，这次讨论面对的已不仅仅是个别地点的一两项孤立的重大发现，而是每个大的考古学文化区都有成系列的发现，不仅有越来越丰富的考古资料，而是更注重理论上的建树。

作者作为这次文明起源讨论的直接指导者，始终站在讨论的第一线指导着这次意义重大的学术讨论。如书中所述，1986 年，他依据红山文化坛庙冢遗址和玉器群的发现，率先提出"中华五千年文明曙光"，使海内外为之振奋；在文明起源讨论进入高潮时，作者又审时度势，提出"古文化古城古国"的著名论断，及时引导着讨论的深入。古文化指原始文化，古城指城乡最初分化时的城和镇，而不必专指特定含义的城市，古国指高于部落以上的独立的政治实体。三者联系起来的新概念在于，把史前文化中与古城、古国相联系的那部分加以突出。与社会分工、社会关系分化相应的，区别于一般村落的遗址、墓地在原始社会后期、距今四五千年间或五千年前的若干个地点都已找到了线索。考古发现的大遗址规格就是古城古国所在，秦汉设郡都是以当地古国为基础的，在古文化充分发展的全国各地区，都有资格出现这种古城古国，所以中华文明火花绝不仅仅是一支蜡烛，而是如"满天星斗"，这是中国文明起源的一大特色。近年连续在中原地区、燕山南北长城地带、太湖流域、山东半岛、四川盆地以及岭南等地区发现的距今四五千年的密集分布的中心聚落、超中心聚落和古城址，更证明了这一论断的预见性和正确性。

正如各大区系发展有不平衡性的一面一样，中华文明起源也并不是完全同步的。在这方面，作者更重视北方、东南沿海和中原三大区的文明起源进程，尤其重视北方与中原的结合，认为这是影响当时历史发展全局的重大事件。因为这一南北结合以北方的红山文化与中原的仰韶文化接触，导致象征中华五千年文明的坛庙冢组合首先在辽西地区出现，到晋南陶寺文化汇聚了北方、东南沿海诸多先进文化因素，这一先南北后西北与东南的文化交流路线，与古史记载的五帝前期代表人物在北方活动和五帝后期尧舜"之中国"相吻合，这就使长期以来扑朔迷离的五帝传说，从考古文化的发展轨迹中理出了头绪。还因为这一南北结合强烈地体现出中华传统的初现：红山文化祭坛的平面图酷似北京天坛的圜丘，女神庙的彩塑神像的眼球使用玉石镶嵌与我国传统彩塑技法一致，积石冢的结构与后世帝王陵墓相似；仰韶文化与红山文化结合集中表现的花（华）与龙的结合，会使人自然联想到我们今天的自称"华人"和"龙的传人"；联系从内蒙古河曲到河北张家口地区三袋足器——鬲的产生所具有的甲骨文字最初创意的物证性质，中华文化传统所披之广，延续时间之长，似乎都可以从南北文化的这一结合中找到证据。所以，作者在书中称从北方到中原的这一地带是中华文化和文明起源的"直根系"，并做七言诗一首，对这一重大历史现象给予形象而高度的概括：

华山玫瑰燕山龙，

大青山下斝与瓮。

汾河湾旁磬和鼓，

夏商周及晋文公。

由于不断赋予文明起源以新意，使有关中国文明起源的讨论持续十余年，至今不衰。作者在不断吸收新材料、新观点的基础上，进一步提出中国文明起源和国家形成的"三部曲"和"三模式"的系统概念，可以说是讨论深入的新标志。

三部曲即：古国—方国—帝国。

距今四五千年间的各大文化区系都在经历这一过程，如在红山文化古国阶段之后的夏家店下层文化，是独霸一方、"与夏为伍"的北方方国；太湖流域的良渚文化，以遗址群的规范化和多中心为特点，已具方国规模，环太湖地区的古国时代要追溯到先良渚时代；四川的三星堆遗址是方国，四川的古国可以从现今还在起作用的都江堰得到启发，那就是四川有自己的洪水到治水时代，即古国时代。在各地古国—方国发展的基础上，北方的燕，东方的齐，南方的楚，以至东南沿海地区的吴、越，都曾具备问鼎中原的实力。三部曲不仅体现于文明初现到秦汉大帝国的形成，而且直到秦汉帝国解体后的周边各民族都曾经历过这一历程，这就具有了对民族史和民族考古的指导意义。

三模式指原生型、次生型和续生型。

一般认为，中国的文明是土生土长的原生文明。但作者却明确提出，只有北方地区的文明起源是原生的，根据是这一地区从近万年起就开始经历从社会分工到社会分化、阶级出现的一般社会发展规律。而在中原地区，国家的出现比北方晚一步，是以洪水到治水为动力的，所以是文明起源的次生型。而随着秦汉帝国解体，北方民族在大迁徙、大融合过程中大都经历了古国—方国阶段，并先后入主中原，在中国历史改朝换代中唱过主角，如鲜卑、契丹、蒙古、满族，是为中华文明起源的续生型。

"中国北方民族建立的续生型国家，虽然晚走一步，却是骑马得天下，统治的是汉族人，继承的是汉文化，汉文化从此也长上翅膀，更有活力了。"在这方面，作者特别重视满族的开国史。

崛起于白山黑水的满族，历经古国—方国，以长城内外是一家的思想处理民族关系，最终实现了建立大清帝国的理想，以康乾百年经营的承德避暑山庄为标志，把自秦汉统一以来以筑长城设重防，将北方民族与中原农耕民族对立起来的格局，彻底地、一劳永逸地解决了，其中所体现的历史使命感和一往无前的开拓精神，来自于渔猎民族与大自然的谐调一致和无地域概念更具开放的性格，这对认识当前和今后人类面临的人与人、国与国、民族与民族，特别是人与自然的关系，都有重要的现实意义和长远意义。至此，从万年文明起步，到满族建立最后一个封建王朝，作者将中国文明起源的历史进程贯穿到中国历史的始末，可以说是对文明起源讨论的一次总结。

每一个与苏秉琦先生接触过的人，都有会被他那富于远见和预见的思想脉络和观点所吸引，所感染，这在本书最后一章即"考古学与世界接轨、与未来接轨"中有更充分的体现。

以与世界接轨为例。由于中国五千年文明的重建，中国古文明与世界古文明的比较与相互关系的研究进入了一个新的阶段。作者在这方面善于驾驭全局，他将中国六大文化区系归纳为面向大陆和面向海洋的两大块，中国这两大块正好与世界欧亚大陆和环太平洋的两大块相衔接，古史所记的"四裔"地区，又正是中国与世界交流的衔接点和桥梁，在中国与世界关系中占有更突出的地位。

区系的中国和区系的世界，即中国的两大块与世界的两大块相衔接，这是中国与世界关系的基本格局。其中从中国东北到东北亚经白令海峡到北美洲的交流路线，从旧石器时代就已开通，这对论证美洲人来源于亚洲大陆说有很大启示。中国东部沿海则与环太平洋地区广泛交流，直到新西兰岛。中国西南地区与印度次大陆的交流直到印度河，在那里与印欧语系文化分界。由此可见，以中国为中心的东方文明在世界文明史的地位举足轻重，也表明东西方文明之间从来就不是封闭的，它们一方面各有自己独立发展道路、特征，同时又频繁交流，有着相近发展阶段和发展水平。据此，作者在微观多元的前提下，又高屋建瓴地提出：世界文明是一元的，因为地球只有一个。

全书高瞻远瞩，含义深邃，处处新意，催人深思，却又力求深入浅出，通俗易懂，这是作者一生追求使考古学成为大众事业的一次尝试。苏先生的一位老友认为，作者在这方面已接近成功，因为"这是用诗一样的语言写出的文章"。

一部中国历史，文献浩如烟海，人物、事件错综复杂，观点众说纷纭，掌握起来颇具难度，本书可以说是读通中国历史的一把钥匙。准备迈向21

世纪的人们，正在回顾历史，总结经验，以冷静思考未来，苏秉琦先生的这本遗作，作为回顾总结 20 世纪中国考古学的世纪之作，也是带给新世纪的一份珍贵礼物。

（此文是应香港商务印书馆之邀为新出版的《中国文明起源新探》所写的介绍）

捕捉火花

——忆协助苏秉琦先生写作《中国文明起源新探》

一

我一直有个愿望，希望能协助苏秉琦先生撰写一本反映他一生成就、特别是 20 世纪 80 年代以来新观点的专著。1994 年由我负责编辑的苏先生的第二本论文集《华人·龙的传人·中国人——考古寻根记》由辽宁大学出版社出版并引起反响后，我想实现这一目的的愿望更强烈了。考虑到先生年迈的身体，曾小心翼翼地写信建议他在这本新出的书上先做些批示，算是做个准备。先生则在 1994 年 9 月北京大学考古系为他举办的 85 岁生日庆祝会过后写给我的一封信中，提出"学无止境，找个地方大家再聚一聚，谈些新课题"的想法。我深深了解先生的心思。从 1982 年由他倡导的考古现场会在河北省张家口蔚县三关考古工地召开并提出"三岔口"的概念起，连续数年他都是带头组织和参加这类小型会议并即兴作极有针对性和启发性的发言，其中重要的如：1983 年在辽宁省朝阳考察东山嘴遗址，提出"燕山南北考古"新课题；1984、1986 年在呼和浩特找到小口尖底瓶演变为三袋足器的实证并考察包头史前祭祀遗迹等，提出"三北考古"；1977 年考察杭州良渚遗址时在莫角山下关于"古杭州就在这里"的对话和 1984 年嘉兴会上称上海福泉山墓地为"土筑金字塔"；1985 年洞察即将在全国掀起的中国文明起源大讨论，在辽宁省兴城提出"古文化古城古国"；同年又在山西省侯马论述"晋文化考古"时，从晋文化作为"中原与北方古文化交流的纽带"探索中华文化与文明起源，并提出"红山文化坛庙冢是中原和北方碰撞的产物"；1984、1987 年在四川省成都考察三星堆遗址，提出"文化生长点"概念；1986、1987 年考察长岛北庄遗址，提出"环渤海考古"的新课题。90 年代以来，他虽然不再下考古工地，但仍然站在第一线思考问题。1991 年在河北省石家庄这个"九州之首"的所在，提出"世界的中国考古学"；1993 年到雁北考察后，对秦汉帝国解体后的民族大迁徙、大融合中，北方草原民族入主中原，为中华统一多民族国家的最终形成所起的主导作用印象深刻，遂在中国文明起源"三部曲"之后，又形成"三模式"的系统概念。这一系列对考古界具有指导性的观点的提出，都是他经过实地考察或观摩实物，因景触情，激发出的思想火花。

这次到哪里去呢？

时值先生的第二本论文集在《人民日报》海外版报道，香港《新晚报》转载。香港商务印书馆总编辑助理张倩仪小姐看到报纸后立即给我打电话，希望出香港版，将苏先生的观点向海外宣传。我则转达了苏先生希望"出去走走"的想法。香港商务印书馆陈万雄总编辑对苏先生的想法非常尊重，立即建议并筹划由香港中文大学新亚书院出面，邀请苏秉琦先生到香港中文大学讲学。苏先生很快就收到香港中文大学新亚书院梁秉中院长的正式邀请函。不意去港的手续正在办，1995 年初先生发轻度脑梗，住在京北苑 361 医院，出访暂时搁浅。为此，陈万雄总编辑特意到 361 医院看望，见苏先生行动虽然不大方便，但思维敏锐，谈笑风生，尤其是阐述了许多使人耳目一新的史学观点，令专攻近代史的陈总编大有非"发掘抢救"不可的迫切想法。于是果断决定，去不了香港，就在深圳接待。当然他们很希望能提供条件让苏先生再写点什么。

二

苏先生是中国考古界的"尊神"（徐苹芳先生语），他要去南方的消息很快就在京城文博考古界传开。近些年来，大家出于关心先生身体的好意，一般不提倡他出远门，必须去的，也要做好医护、接待等各方面的准备。这次去不去，考古界看法不一，多数人有所担忧。那年，先生已是 87 岁高龄，出门要备轮椅。不少人劝我不要担这个风险，甚至半认真半开玩笑地说，出了事你如何向全国考古界交代。为此我也做过反复的权衡，以为去比不去好，问题是如何出行。坐飞机原本完全不在考虑之列，坐火车是比较稳妥的方案，长沙有始发到深圳的特快车，可以从北京先到长沙，再由此中转，在车上是两个晚上。先生听后，只说了一句："坐飞机。"于是出行方式就这么定了下来。并决定由我和361医院护士长郁佩玲女士陪同。国家文物局还特意给广东省文物部门打去电话，要求好好照顾先生。

说是去写作，先生只带了三本书，除了他的两本论文集外，就是张光直先生的《考古学专题六讲》。看来，他还是老习惯，以谈话为主。岭南的冬天，气候宜人。主人将我们安排在新华社香港分社驻深圳办事处——贝岭居。这里环境幽雅，闹中取静，使先生在深圳期间，心情一直很畅快，谈锋甚健。因为他在第二本论文集的自序《六十年圆一梦》一文中，已有了"岁月不饶人，85岁高龄的人应该多想一些对后人要有个交代"的打算，所以这次在深圳的谈话，以回忆为主。虽然如此，谈话内容仍高屋建瓴，处处新意，经常在室外散步时或有客人来访后，先生在忆人忆事中，突发灵感。有不少想法我也是第一次听到。这些谈话大部分已收入《新探》一书，有的则未及展开：如比较东西方文明的同步性时，提出"还是从人类文明一元论考虑问题，因为地球是独一无二的"；他对渔猎文化和渔猎文化出身的满族在中国历史上的作用评价极高，说渔猎无国界，代表未来的发展趋势。还有孔子"有教无类"的"类"，是种族差别，"秦学燕"等等，听起来都十分新颖。先生以为，人类对自己历史的认识还很有限："人类智慧积累已有上百万年，万年太短，大多数还是未知数。"

经过10多天的漫谈，材料已记录了半本子。着手整理时首先遇到的问题是，先生近年一再强调考古学要"科学化和大众化"，如何达到先生所追求的目标，成了难题。好在先生平时写的文章大都深入浅出，这次决定先选择书的各部分标题作为切入点。一天，他谈到科普界称考古学文化区系类型学说为"板块说"，先生说还是称"条块说"更确切些，于是就有了第四章的标题。又一天，到深圳博物馆参观，黄崇岳馆长说，苏先生，我虽然没听过您的课，但您讲中国文明起源是"满天星斗"，我完全拥护，于是第五章就叫了"满天星斗"。至于第二章"学读'天书'"，本来就是用的先生在《给青年人的话》一文中的一个现成标题。第三章"解悟与顿悟"这近似于佛教的语言，则是先生解剖仰韶文化后，对研究考古学文化如何"见物又见人"的深切体会和生动表达。

书的框架既已基本就绪，整理的速度也明显加快了。当我把"开头的话"和第一章一万多字的稿子整理出来时，正好陈总编辑前来看望先生，他迫不及待地抓起稿子到另一个房间，关门读起来，10 多分钟出来后有点兴奋地说，就这样写下去。并当场决定，如苏先生愿意，可延长驻深圳的时间。就这样，我们从 1996 年 1 月 8 日由北京出发，2 月 19 日大年初一返京，整整 40 天时间里，先生同我或廊屋促膝，或庭院漫步，展开思想的翅膀，尽穿历史隧道。从摸瓦鬲谈到"区系的中国与世界"，从"超百万年的'根系'"谈到人与自然和谐共处，边讲边答疑，边整理边修改，到离开深圳那天，大部分稿子都已整理出来。苏先生对此次南方之行的成果十分满意。回京后不久，当先生拿到装订成册的大字打印稿时，又不断产生一些新观点并随时补充进去。到隔年初春对书稿做最后一次校对后，苏先生语意深长地说，有些事"点到为止"就可以了，这有如《论语》，以后大家去注解吧。书名几经斟酌，先生最后决定，就叫中国文明起源的"新探"吧。

三

《中国文明起源新探》一书于 1997 年 6 月在香港出版。当月，先生突发重病。抢救清醒时向探望他的童明康同志提到这本书，消息立即传到香港。当 6 月 17 日商务印书馆编辑带着样书从香港飞京直接赶到协和医院时，苏先生在半昏迷中转头示意，他虽然不能再有所表达，但他几年前"对后人要有个交代"的打算已经实现了。书发行后，社会各界反响强烈。新闻界称为"中国考古学的世纪之作"。北京三联书店很快与香港商务印书馆谈妥了出内地版的事宜。出版社说这本书就是给大众读的，第一次印刷一万册很快售售罄，第二次又印刷了五千册，现在书店也很难觅到了。人民教育出版社已把此书列入中学历史教学参考书目。与苏秉琦先生同时倡导中华文化"多元一体"的费孝通先生在《北大百年与文化自觉》一文中高度评价了此书，他说这本书"代表了北大对中国文化发展历程实事求是研究的传统，是中国人对自己文化的自觉，在中国人面临空前大转型的时刻，在学术方面集中了北大几代学者的研究成果，得出了这样一本著作，意义深长"。

[本文是《中国文明起源新探》日文版（东京，言丛社，2004 年）序言。《中国文物报》2007 年 6 月 29 日以"忆《中国文明起源新探》的写作——纪念著名考古学家苏秉琦先生逝世十周年"为题转载]

《另一个三叠层——1951 年
西安考古调查报告》序

　　2017 年 10 月中旬，刘绪同志打来电话，说苏秉琦先生《1951 年西安调查》手稿已整理完毕，作为苏先生逝世二十周年的纪念，原想请张忠培先生写序，现在这件事只能交给我来做了。刘绪同志并很快将"整理与编辑说明"寄来。关于手稿写作、修改过程和发表的学术意义，"整理与编辑说明"中已经讲得很透彻，我这里仅对手稿所涉及的考古学文化区系类型理论的酝酿形成过程，谈一点个人的体会。

　　关于 20 世纪 50 年代初西安调查一事，苏先生在以后公开发表的文章中至少有两次直接提到。

　　一次就是"整理与编辑说明"中所讲，初发表于 1993 年《东南文化》的《迎接中国考古学的新世纪》、后收入《中国文明起源新探》一书中，苏先生与梁思永先生切磋的那段话。从这段话可知，苏先生将西安调查成果视为从 20 世纪三四十年代整理斗鸡台资料开始思考的考古学文化区系类型理论形成过程的"发端"阶段。

　　另一次是写于 1982 年、收入 1986 年齐鲁书社出版的《山东史前文化论集》的《山东史前考古》一文。该文在列举了新中国成立前三十年考古学的三项成就、特别是在"为突破我国传统史学的框架，建立以考古学为骨骼系统的中国古代史'大厦'奠定了基础"之后说：

　　"还在 30 年代初，我国老一辈考古学者根据山东省章丘县龙山镇城子崖及其他同类遗址的发掘材料，结合河南安阳后冈遗址发掘的'仰韶、龙山与小屯'的三层文化遗存叠压关系，不是简单地把它们看作类似三代人那样的垂直关系，而是把它们区别开，分立'户头'，这就意味着把以位于山东的'城子崖'、位于河南的'仰韶村'和'小屯'为代表的三种文化遗存并列起来。这和同时代我国一些史学家提出的'夷夏东西'或'三集团'诸学说的思想脉络是大体相似的。"接着就谈到1951～1952年的西安调查"把在客省庄发现的一处三层叠压堆积,暂用文化(一)(二)(三)加以区别"和"1965年间发表的《关于仰韶文化的若干问题》一文中用图解形式试图说明包括江淮河汉四大流域地区几个不同方面史前文化系统之间在一个时期内相互接触所引起的作用的论点",是受到20世纪30年代初研究成果的启发。

这一段有关回顾考古学文化区系类型理论在老一辈学者影响下形成过程的论述中,最值得注意的是强调后冈仰韶、龙山与小屯三叠层不是如三代人那样的垂直关系,而是"分立户头"。这一是说,一个地区的古文化,解决了年代早晚关系不等于解决了文化发展演变过程,另一方面是提出了可以从各找源头的角度考虑问题的研究思路。当然这也将与后冈三叠层相对应的西安调查划分的三种类型文化遗存的意义深入了一步。

在这方面,先生较为关注仰韶文化与龙山文化的关系问题。西安调查材料最初在《科学通报》发表时,先生就对从地层上证明了时代早晚的文化一(仰韶文化)和文化二(相当于龙山文化)这两种类型的关系作过"从两者的内容成分来看,我们简直看不出两者间有什么显著的联系"的判断(《1951年春季陕西考古调查工作简报》,1951年)。20世纪50年代后期,随着庙底沟二期遗存的发现,一般认为是解决了中原地区仰韶文化与龙山文化的继承关系,先生也曾对关中地区仰韶文化和龙山文化的关系提出:"从仰韶文化过渡到'客省庄二期文化'、从客省庄二期文化到周文化,正存在着文化传统的连贯性。"(《建国以来中国考古学的发展》,1981年)对豫西地区仰韶文化和龙山文化的关系提出:"王湾遗址具有一定的代表性,为证明中原地区仰韶文化与龙山文化的传承关系提供了重要依据。"(《中国大百科全书·考古学》"王湾遗址"条,1986年)但随着20世纪七八十年代以后各地工作进展和资料的积累,先生更多注意的仍然是其间的差别,而且已不是就一个地区,而是从整体来看的。

这是因为先生认为,从仰韶文化到龙山文化是一次历史转折:

"距今五千年左右期间,中华古文明面临又一个历史的大转折。现在已摆在面前诸多迹象，如：青铜器的传布和文字的发明，篮纹陶器、三空足陶器、朱绘陶器的起源等等。"（《华人·龙的传人·中国人——考古寻根记》，1987 年）

这次历史转折应有很深的社会文化背景：

"从 50 年代仰韶文化中心区内连续发现仰韶文化遗存上边叠压的所谓'二期'，新出现的鬶类袋足器、篮纹陶、朱绘陶、方格纹陶等，一下子就在黄河中下游，远至长江中下游流行起来，背后的动力是什么？这究竟意味着什么？发人深思。"（《纪念仰韶村遗址发现六十五周年》，1986 年）

从而先生多次提醒：

"仰韶文化与龙山文化的问题，就不那么简单，仰韶文化分布于黄河中游，基本上是郑州以西。龙山文化是在黄河下游。"（《关于陶寺发掘报告编写及有关问题》，1987 年）

"从各地不断发现的新资料看，有关它们之间的关系的探讨，出现了比原来的设想复杂得多的情况。"（《地层学与器物形态学》，1982 年）

从苏先生在这一时期前后发表的有关文章看，这些"各地不断发现的新资料"和"比原来的设想复杂得多的情况"以及龙山文化形成"背后的动力"，至少涉及三个区域的诸多考古学文化及相互关系，一是东方的大汶口文化和东南沿海及江汉地区的良渚文化、屈家岭文化等新石器时代文化，一是北方地区从辽西的红山文化到"三北"地区（指冀北、晋北、陕北和内蒙古河套地区）的诸新石器文化，一是晋南的陶寺。

关于东方和东南方。前述 1965 年间发表的《关于仰韶文化的若干问题》一文，在用图解形式说明包括江淮河汉四大流域地区几个不同方面史前文化系统之间相互接触所引起的作用时，苏先生特别突出了东方新发现的大汶口文化对豫西地区仰韶文化的影响，以为："中原所发现的鼎、豆等显然是受东边影响之下产生的东西，不仅已占有相当的比重，而且具有极其相似的型式变化序列。"20 世纪 70 年代后期，先生又从整个东南地区考虑这一影响对中国古代历史文化的深远影响，以为到龙山文化及之后"流行全国广大地区的以'鼎、豆、壶'组合而成的礼器、祭器就是渊源于这一地区"（《略谈我国东南沿海地区的新石器时代考古》，1978 年）。

关于北方。一是辽西地区的红山文化，一是"三北"地区诸新石器文化。就仰韶文化与龙山文化的关系来说，"三北"地区更为直接，这就是三袋足器的起源。20世纪80年代以来，根据内蒙古准格尔旗和河北省张家口蔚县发现的晚期小口尖底瓶与原始斝鬲在外形和制作特征上的一致，苏先生认为是终于找到了三袋足器起源的证据："源于关中的尖底瓶（仰韶文化主要特征器物之一）与源于河套地区土著文化的蛋形瓮结合，诱发三袋足器的诞生。""这项线索的重要意义是：把源于中原的仰韶文化更加明确无误地同青铜时代的鬲类器挂起了钩，而这一关键性的转折是发生在属于北方文化区系的河套，两种渊源似乎并不相同的文化的结合或接触条件下产生的奇迹给人以启迪。"（《晋文化问题》，1985年）从而苏先生将"三北"地区视为龙山时代形成的"风源"所在（《环渤海考古的理论与实践》，1988年）。近年以石峁为首的石城址群的不断发现，是进一步证明。

关于晋南。主要指陶寺墓地所表现出的"综合体性质"。

"距今四五千年间，以晋南襄汾为中心的'陶寺'遗址为代表的一种古文化，人们使用大石磬与鳄鱼皮鼓随葬，反映社会发展到比红山文化更高的阶段。他们使用的具有明显特征的器物群，包括源于仰韶文化小口尖底瓶的斝，到真正鬲出现前的完整序列，源于红山文化的朱绘龙纹陶盘、源于长江下游太湖地区良渚文化的一种'乙'形石推刀，反映他们的文化面貌已具备从燕山以北到长江以南广大地域的综合体性质。"（《华人·龙的传人·中国人——考古寻根记》，1987年）"在中原、北方、河套地区文化以及东方、东南方古文化的交汇撞击之下，晋南兴起陶寺文化。"（《迎接中国考古学的新世纪》，1993年）

先生形容这一从西北和东南向晋南汇聚的文化交流主导方向"像车辐聚于车毂，而不像光、热等向四周放射"（《华人·龙的传人·中国人——考古寻根记》，1987年）。并设想了从仰韶文化晚期开始的这一文化交流路线的走向："庙底沟类型的以玫瑰花纹样为代表的一支文化群体沿黄河、汾河上溯，在晋中、冀北至内蒙古河套一带，与源于大凌河流域的红山文化汇合又产生了一系列新文化因素和组合成新的族群。它们于距今5000～4000年间又沿汾河南下，在晋南同来自四方的（主要是东方、东南方的）其他文化因素再次组合，产生了陶寺文化。"先生并强调，正是这一由四周向中原汇聚的综合体性质，奠定了华夏族群的根基（《迎接中国考古学的新世纪》，1993年）。

可以看出，与20世纪30年代的研究成果和50年代初的西安调查相比，前后已有很多变化和更大发展，思想脉络却是相通的。

记得几年前苏恺之先生将西安调查资料送到系里时，关心和负责整理的各位看到这两包装着既有文字又有线图和照片等丰富资料的沉甸甸的袋子都很振奋。最近得知整理工作已近完成，恺之先生又发来信息，告诉我："这份西安调查的原稿，是放在家里父亲的大书柜里，用老家的蓝色包袱皮认真包裹着，可见他对于这份资料很重视。"通过以上回忆，我也对20世纪50年代初的西安调查作为考古学文化区系类型理论从酝酿形成到在实践中不断发展过程中承上启下的一个环节有了进一步体会。正如苏秉琦先生常说的，一个重要学术课题的研究，是需要一代接一代的人像接力赛跑那样传递下去的。所以这个调查手稿虽已过去六十多年了，今天整理发表，仍具有现实意义。

（原载于苏秉琦《另一个三叠层——1951年西安考古调查报告》，上海古籍出版社，2018年）

学术的勇气与自信

——写在《中国文明起源新探》再版之际

《中国文明起源新探》（以下简称《新探》）1997 年 6 月由香港商务印书馆出版发行，1999 年就由读书·生活·新知三联书店出内地版。当时三联书店的责任编辑孙晓林女士告诉我，书店负责人预测，这本书就是面向专业以外读者的，所以印量颇多。十年后的 2007 年和 2008 年，由辽宁人民出版社和与辽宁人民出版社有联盟关系的人民出版社分别再版，加上这次三联书店和香港商务印书馆（繁体字版）再版，前后二十年，《新探》中文版已出版共六版。期间还出有日文版（2004 年）、英文版（2015 年）和韩文版（2018 年），新的英文版也在积极筹备中。2009 年由中国大陆、中国香港、中国台湾和韩国、日本出版人组织的"东亚出版人会议"发起编辑东亚地区 20 世纪中叶以来人文思想文化 100 种优秀著作的《东亚人文100》，《新探》作为中国香港地区推荐的六种书之一入选。

在这二十年间，有《苏秉琦文集》（文物出版社，2009 年），《我的父亲苏秉琦——一个考古学家和他的时代》（苏恺之著，三联书店，2012 年），《满天星斗：苏秉琦论远古中国》（赵汀阳、王星选编，中信出版社，2016 年）出版，可以与《新探》相互参照。

这二十年，也是考古学科不断有新发现、新研究成果特别是开拓新领域的时期，先生在《新探》一书中所阐述的学术思想仍经常起着指导作用，具体观点也被反复证明。《新探》一书也为历史学和专业以外的如社会学、哲学、文学以及地域文化史等学界的学者所关注。许倬云先生说苏先生这本书所阐述的学术思想及其影响引发了"学科革命"（许倬云：《介绍中国文明起源新探——一个新的学术主题典范》，《汉学研究通讯》

1997 年等）；费孝通先生从学科的长远建设评价《新探》的出版；哲学史界在研究"天下"和"中国"概念时特别注意苏先生学术思想中的哲学分析和推想（见《满天星斗：苏秉琦论远古中国》赵汀阳代序）。金庸先生的作品以开放观点处理中华多民族关系，他说是从北大教授苏秉琦先生《新探》一书受到的启发（北京大学国学研究院讲座，2007 年；香港中文大学讲座，2007 年）。由中央文史研究馆主编、每省一卷的《中国地域文化通览》和袁行霈先生撰写的"总绪论"，也大都有对苏先生学术思想的理解和引用。

　　《新探》一书有如此广泛而持续的影响力，常常使我想起 1996 年初在深圳写作《新探》时的那一段令人难忘的日子。我曾有过两次集中回忆（《文物天地》1997 年第 5 期；《新探》日文版序，日本东京言丛社，2004 年）。这次撰写"后记"时，正好读到陈之藩先生《智慧的火花》一文（见陈之藩《蔚蓝的天·旅美小简》，黄山书社，2009 年）。文中讲述美国费城宾夕法尼亚大学的富兰克林中心有仿普林斯顿高等研究所"智者的旅店"的建筑制度，这种建筑制度"是让智者休息、乘凉、聊天的地方……研究所方面并不计较这些'旅客'的工作，只是供给他们安适的环境，与闲暇的时间，让他们去思想，去做灵魂深处的探险工作。这个制度的唯一目的，即是希望在这种环境下，让学者迸放出智慧的火花，以映照这个时代"。由此想到当年香港商务印书馆陈万雄总编辑力邀苏先生到南方，将我们安排在深圳贝岭居这处闹中取静的优雅环境，最初也是无任何具体任务，只是想把先生以前发表的文章选编一本文集，而任凭我们自由思考交谈，不也类似于陈之藩先生所描述的那种"智者的旅店"的美妙境界吗？

　　就是在贝岭居，苏先生住进后心神愉悦，思维清晰，谈锋甚健。我曾回忆，在冬日的南国，每天先生由我陪同，或廊屋促膝，或庭院漫步，展开思想的翅膀，尽穿历史隧道。不时迸发出的思想火花，不少我也是第一次听到。所以我在有关《新探》写作的回忆文章中两次选用了"捕捉火花"作为标题，一次是收入本书附录的《捕捉火花——记协助苏秉琦先生撰写〈中国文明起源新探〉》（又见 2004 年《中国文明起源新探》日文版和 2009 年辽宁人民出版社再版"后记"）；一次是为北京大学 120 年校庆撰写的回顾苏先生晚年学术思想脉络的文章：《捕捉火花——陪苏先生聊天》（见蒋朗朗主编《精神的魅力·2018》，北京大学出版社，2018 年）。后一篇文章还记录了那年深圳谈话内容中未收入《新探》一书的一个重要观点，即"人类文明一元性"。为此，趁这次《新探》由三联书店再版的机会，将后一篇文章中记录这一观点的有关内容加以摘录，作为这篇"后记"的结尾。

　　"人类文明的一元性"是苏秉琦先生在论述中国考古学走向世界、与世界接轨的同时提出来的。先见于 1993 年北京大学赛克勒博物馆开馆时举办的"迎接 21 世纪的中国考古学"国际学术研讨会上先生的致辞。致辞在谈到世界三大古文明中心——西亚北非、中国为代表的东亚、中南美，都经历过类似的从氏族到国家，而国家又经历过从古国到帝国的不同发展阶段之后，说到这"证明了人类社会历史的'一元性'"〔见《苏秉琦文集》（三），第 220 页，文物出版社，2009 年〕。三年后在深圳，先生又几次讲到这个观点。记得那次刚刚到达深圳尚未完全安顿下来，先生就谈到：世界各个国家、民族，差别虽然多种多样，但"还是从一元论考虑，因为地球是独一无二的"。隔天又进一步补充说："世界文明史一元化，指一个地球，发展阶段大致同步，发展道路有相近一面，同时相互交流，并不是封闭的。"此后几次谈到这个话题时还举满族开国史为例，说清初统一多民族的中华帝国的巩固和发展，就与以渔猎为本的满族所培育的"长城内外是一家"的理念有很大关系，还联系到现实如联合国的产生和最高理想等。那次从深圳回京后不久，先生在家里接受了香港《明报》总编辑古兆申先生的专访。专访结尾时先生再一次说到："中国的历史、世界的历史都告诉我们，人类必将对'地球村'的过去和未来取得共识，现实世界必将走向'大同'。"这次专访在《新探》出版的次月，刊于香港《明报月刊》1997年第 7 期，是苏先生发表的最后一篇著作。所以"人类文明一元性"可以视为先生考古一生中最后的学术思考。

　　对于先生有关人类文明一元性的论述，我以前只做过介绍，并无深解。直到近些年，中国考古界与世界合作交往日趋频繁，研究中国与域外文化交流的成果也渐多起来，我也有机会留意和考察西方一些典型遗存并关注东西方文化关系，尤其是面临现实世界今后走向的疑虑，对先生这一观点才渐有感悟。我一直在思考，从以考古学文化区系类型理论指导学科研究，到提出全球人类文明一元性，其间有较大的反差，如何理解先生学术思想的这一跨越？重新阅读和理解《新探》一书的中心思想，答案似乎渐渐清晰起来。以五千年文明起源及其来龙去脉的实证研究与恢复"四裔"地区在中国历史上独特地位为重要内容的中国考古学体系的建立，不仅从时空范围具备了与世界比较和讨论相互关系的条件，而且突显出中国在"地球村"中"举世无双"和"中国是大头"的地位：

"世界上没有哪一个像中国如此之大的国家有始自百万年前至今不衰不断的文化发展大系。从超百万年的文化根系，到万年前的文明起步，从五千年前氏族到国家的'古文化、古城、古国'的发展，再由早期古国发展为各霸一方的方国，最终发展为多源一统的帝国，这样一条中国国家形成的典型发展道路，以及与之同步发展的中华民族祖先的无数次组合与重组，再到秦汉时代以后几次北方民族入主中原所形成的中华民族多元一体的结构，这一有准确时间、空间框架和丰富内涵的中国历史的主体结构，在世界上是举世无双的。它所提供的对在如此广阔的国土上丰富多彩而又相互联系的文化，做出纵、横发展的'庖丁解牛'式的辩证统一的研究的条件，在全世界也没有哪个国家具备。所以，中国史在世界历史发展进程中是大头。"（见《新探》第七章"双接轨"）

我曾回忆，20 世纪 60 年代到 70 年代考古学文化区系类型理论的初创，面对多年形成的传统观念，需要的是学术上的勇气。在即将跨入 21 世纪时提出"人类文明一元性"，则是充满了自信，是来自于对多年来学科健康发展的自信。由此又想到费孝通先生对《新探》一书的评价。费先生提倡文化自信是以文化自觉为基础和前提的，他于 1998 年在为北大百年校庆撰写的《北大百年与文化自觉》纪念文章中特意提到刚故去的苏先生和新出版的《新探》一书，说这本书就是"中国人对自己文化的自觉"，因为这是一本"用古代遗传的实物来实证中国五千年的文明发展过程"的著作，"代表了北大对中国文化发展历程实事求是研究的传统"。费先生与苏先生都力主中华民族与文化"多元一体"的格局，在即将跨入新世纪之际，费先生倡导世界文明"各美其美、美人之美，美美以共，天下大同"与苏先生的"人类文明一元性"又不谋而合，两位老人心灵深处的再一次沟通，不正是他们从各自的专业角度出发，将人类未来发展大趋势的预言，建立在文化自觉的基础之上，从而表现出的文化自信吗？所以，苏先生曾经乐观地对我说：21 世纪的考古学，我看到了。

（原载于苏秉琦著《中国文明起源新探》，读书·生活·新知三联书店，2019 年）

其大无外，其小无内

——苏秉琦《考古寻根记》导读

1987 年苏秉琦先生应《中国建设》之邀，撰写了《华人·龙的传人·中国人——考古寻根记》（以下简称《考古寻根记》）。在这篇不到 2000 字的短文里，先生的视野，时间跨越从距今五六千年间到四五千年间，延续至两千年前，地域从中原拓展到东南和北方地区，内容以古史传说的五帝时代为重点，虽然高度概括，但由于是以考古实例进行的具体分析，很快得到社会认可。当年《新华文摘》转载后，又以"内容的科学性"被选为1988 年高考语文阅读题。

从这篇文章的前半部分和此前几年先生一系列的讲座、论文，如收入本书的《文化与文明》《中华文明的新曙光》等可以看出，包括《考古寻根记》在内的这组有关文明起源的专题文章写作的直接原因，是 1983～1986年辽宁西部山区的东山嘴、牛河梁红山文化"坛庙冢"遗址群发现报道后，受到社会广泛关注并推动了学术界对文明起源的讨论。先生在这一牵动亿万中华儿女心扉的学术大潮中，始终站在第一线，连续提出一系列指导性理论和观点：早在 1983 年东山嘴遗址刚发现时，他就意识到这处遗址北方南圆的布局具有古代中国建筑、特别是祭祀礼仪性建筑的传统特点，在《座谈东山嘴遗址——我的一点补充意见》一文中，将东山嘴遗址的祭坛与隔年发现的牛河梁女神庙和积石冢一起，视为近于古人传说的"郊""燎""禘"一类重大祭祀仪式留下的遗迹；接着是 1985 年的两次讲座活动，先是在辽宁兴城讲座时提出"古文化古城古国"，阐述无论西辽河流域还是田野考古开展较早、工作基础较好的黄河中下游、长江中下游地区，中国最初的古城古国的形成都源于当地的古文化；一个月后在山西侯马召开的

"晋文化会"上，先生进一步提出红山文化坛庙冢和玉龙凤等玉器，是红山文化与仰韶文化北南碰撞产生的文明火花，更具体地称红山文化玉器中最具特征的勾云形玉器为"玉雕玫瑰"，寓意其造型有对仰韶文化玫瑰花卉纹因素的吸收；又考证出三北地区（即冀北、晋北、陕北与内蒙古中南部）是由仰韶文化典型器小口尖底瓶演变而来的三袋足器斝和鬲的发源地，后者被誉为"中华古文化标准化石"；而山西襄汾被视为陶唐氏（尧）都城的陶寺遗址，所出源自红山文化的朱绘龙纹陶盘，源自三北地区的斝鬲和来自良渚文化的玉琮、石俎刀等，具有包含西北地区和东南地区多元文化因素的综合体性质。从仰韶文化与红山文化各自的标志物——彩陶玫瑰花卉纹与彩陶龙鳞纹和玉龙的"花（即华）与龙"的碰撞融合，到由四周向中原汇聚为"中"的"中国"观念形态和政治实体的形成，中国人现代民族意识里的"华人、龙的传人与中国人"，终于在距今 5000 年前后频繁的文化交流和在文化交流推动下各地先后跨入文明门槛的历史进程中找到了根脉，先生称这几个遗址点及贯穿其间的交流线路为中华民族总根系的"直根"。

　　所以进入 20 世纪 90 年代，先生提出从考古学重建古史的号召，已是水到渠成。为此，已步入高龄的先生仍身体力行，将考古寻根向前追溯到辽宁阜新查海遗址出土的距今 8000 年前后的玉器与河北张家口泥河湾在距今百万余年的地层中发现的人工石制品。查海与此后内蒙古敖汉旗兴隆洼遗址所出玉玦和玉匕形器，一律以透闪石软玉为料，精工磨制，其选料与制作的专业化和使用的专门化，反映当时社会分工已导致社会分化；泥河湾遗址的石器则与北京周口店旧石器时代早期遗址出土石器的特征相同，具有中国和东方旧石器时代特有的"以向背面加工的石片石器为主体的小石器传统"。据此，先生将中国历史的基本国情归纳为："超百万年的'根系'，上万年的文明起步，五千年的古国，两千年的大一统实体"；将中华文明起源和国家的形成过程概括为"三部曲"即古国—方国—帝国。"古国"指距今 5000 年前后以古文化为基础产生的诸多古城古国，在个性充分发展的同时又在频繁交汇中向一起汇聚，是为"共识的中国"；"方国"指夏商周三代，为包括夏商周王朝在内的诸多方国林立的形势，《诗经》所载"普天之下，莫非王土；率土之滨，莫非王臣"的周王室天下观尚有待实现，是为"理想的中国"；只有到了秦汉时期，才建立起统一多民族的大帝国，是为"现实的中国"。又将文明起源的考察范围延续到秦汉以后北方诸民族直至满族的开国史，从而在"三部曲"之后又提出国家形成"三模式"即"原生型""次生型"与"续生型"的概念。"原生型"见于北方地区，因为北方在近万年已出现社会分工到社会分化，文明起源进程先走一步；以中原为"次生型"，因为中原是在四周主要是北方和东南方推导下，经历从洪水到治水等外力因素而进入文明社会的；先秦以后的北方草原地区为"续生型"，因为这些北方民族的国家形成过程也大都经历过古国—方国—帝国这三个阶段。以上所论见于本书收入的三篇重建古史和《迎接考古学的新世纪》等文章中。1994 年先生应邀为"海峡两岸历史与考古整合会议"撰写的《国家起源与民族文化传统》提纲中，更进一步将"民族文化传统"提到特别突出的地位，与国家起源即文明起源一起列为国史的核心。

以考古复原中国上古史这一几代学人探索不息的重大课题，虽然是由 20 世纪 80 年代以来一系列重要考古发现引发的，但苏秉琦先生在不到十年的短短时间里迅速加以完善并不断提炼和升华，却是他长期甚至可以说是毕其一生学术积累和思考的结晶。正如《考古寻根记》一文开头所说，这是"中国考古学者经过半个多世纪的努力"取得的成果。

谈到半个多世纪以来的中国考古学的发展进程，如许多学科一样，考古学也不是一帆风顺，而是在曲折中前进的。苏先生在论著中经常有对这方面的回顾和反思。其中谈得较多的，是历史学和考古学普遍存在的两种倾向，一是用社会发展史代替全部历史，把丰富多彩的历史简单化；一是以中原为中心、汉族为中心、王朝为中心的大一统观看待在中华广阔区域活动的多民族创造的历史。这两种倾向根深蒂固，对学科的发展，影响大，延续时间长，苏先生称之为两个"怪圈"。为绕出这两个怪圈，先生坚持紧紧立足考古实践，又不懈进行理论探索，同时在方法论上时有创新。

其实，早在 20 世纪三四十年代苏秉琦先生主持陕西宝鸡斗鸡台先秦墓葬发掘和他的考古类型学奠基之作《瓦鬲的研究》中，就有了商周秦不同源、各有发展脉络的想法。20 世纪 50 年代初在西安附近考古调查报告中提出关中地区有别于其以东的河南后冈三叠层的文化一（仰韶文化）、文化二（相当于龙山文化）和文化三（周文化），将洛阳中州路两周时期墓葬在分期基础上进行社会变革的分析，都是这方面的尝试，不过真正"解悟"是此后对仰韶文化的研究。

在 20 世纪 50 年代末，仰韶文化是史前文化中发掘面积最大、材料积累最为丰富、讨论也最多的考古学文化，也是苏先生选择的重点实践对象。当时受"大跃进"形势波及，考古界有对陶器分类排比"见物不见人"的批判。先生于逆境中仍坚持类型学研究，在陕西华县泉护村等遗址纷繁庞杂的诸多内涵中，选择特征鲜明、变化幅度大、节奏快、序列完整的小口尖底瓶、彩陶中的蔷薇科和菊科花卉、鱼和鸟图案等 3 类共 6 种文化因素，进行综合的层位、类型学的排比，比较的结果是揭示出一幅动态的史前画卷：统一的仰韶文化可以划分为半坡类型和庙底沟类型，这两种类型既独立发展，各有自身特征、发展道路和渊源，又有相近的前后发展阶段和相同的分布中心地域，相互又紧密依存，是为史前时期活动在以华山脚下为核心的八百里秦川内外的两个平行发展的人们共同体；还分析出仰韶文化后期已出现氏族制由上升走向瓦解的大量因素和中心区东部发展快于西部的不平衡性现象。这就是苏先生那篇著名的《关于仰韶文化的若干问题》写作的背景和主要内容。收入本书的《中国考古学从初创到开拓》《给青年人的话》《考古漫谈》对此都有论及。

这不同于以往对考古文化遗存总停留在静态的定性描述，而是运用唯物辩证法把仰韶文化作为运动物质对待，进行定性定量分析，研究成果由具体的陶器和花纹的演变规律，深入到社会、人群活动与相互关系，从而得出历史唯物主义的解释，达到了由物见人的目的。先生由此领悟到，对辩证唯物论与历史唯物论的方法需要做深层理解，历史唯物论和历史科学的各专门学科理论并不属于同一层次，马克思主义哲学也不能直接回答研究中国考古学的方法论问题。把马克思主义经典作家论证关于社会发展史的有关章节、词句、论点和自己的研究论著镶嵌在一起的"生搬"不行；学习苏联初期经验，把考古学简单理解为物质文化史的"硬套"也不行。具体问题还得具体分析。结论只有一个：走自己的路，要在马克思主义指导下，创建本学科自己的理论和有中国特色的中国考古学体系。

从此，苏先生将考古实践与理论结合的探索推向全国范围。随着 20 世纪七八十年代各地考古调查、发掘和研究的开展，先生的足迹也踏遍大江南北和长城内外，先后对山东大汶口、龙山文化，广东石峡、江西印纹陶文化，江浙地区的河姆渡、马家浜、崧泽、良渚等史前文化，燕山南北地区的红山文化、小河沿文化和夏家店下层文化，以及江淮地区、内蒙古河套地区、甘青地区、四川等地古文化进行实地考察。并于20世纪80年代初正式提出考古学文化区系类型理论。

区是块块，系是条条。中国人口密集地区以新石器时代为主可以分为六个大区，但这一理论远不限于分区，其实质是在考古文化区划分和建立各自发展序列的前提下，揭示出各文化区的发展阶段、发展水平大致同步，又有先有后，相互交流，又有主有次的规律。中原以外地区先走一步，或较早产生先进因素的情况屡见不鲜。各区域的交流经常不是由中原向四周放射而是由四周向中原汇聚，这一文化发展态势和关系的导向，既见于史前和青铜时代，也见于先秦以后。这与以往以中原为中心、以王朝为中心、以汉族为中心的传统史学观有很大的不同，却反映出各地区、各民族共同为中华文化、中华民族和中华国家的形成发展做出的贡献。

由于这一理论是从几十年考古实践过程中归纳出来的，又适应了我国考古发现与研究由中原地区迅速向全国各地铺开的新形势和迫切需要回答的问题，所以一经提出，立即吸引了全国各地的考古工作者。在这一理论指导下，各地考古工作的发展明显加速，直接导致的就是从新石器时代晚期开始酝酿发生的社会大变革，从物质到精神领域在各区域陆续被辨认出来，文明火花在中华大地处处闪现，如满天星斗，遂促成了中国文明起源讨论的持续开展，至今仍方兴未艾。先生的考古寻根和文明观也得以逐年完善。这已如前述。

中国考古学实践与理论的有机结合也为考古方法论的不断发展和创新提供了条件。对此，苏秉琦先生经常引用《庄子》中的两句话做比喻，一是"其大无外，其小无内"（《庄子·天下篇》："至大无外，唯之大一，至小无内，唯之小一。"），一是《庄子·养生篇》中"庖丁解牛"的故事。前一句话是说，学科方法论上从微观入手，要做到如生物学那样的分子水平，到宏观思维如具中国特色的考古学理论的创建，这是衡量中国考古学是否成为真正科学的标准。后一句话是在比喻对中国古代历史文化的认识过程，目前已从"皆牛也"，认识到"无全牛"，要不断追求的目标是进入

"游刃有余"的水平和境界。其实，这也是对苏秉琦先生本人学术历程和在掌握考古方法论上已达到得心应手的境界的形象比喻和真实写照。

写到这里要提到的是，考古界内外都熟知苏先生摸陶片的"功夫"。每到那时，陪同者总会被他的专心致志和观察事物的细微所吸引，但有时不免又感到有些神秘。对此，收入本书的《给青年人的话》一文中，先生回顾他整理斗鸡台发掘材料时"如痴似呆"摸瓦鬲的经历，用哲学的思辨，回答了大家的不解："对于陶器，如果以为仅凭视觉观察到的印象可以代替手感的体验，那就错了。科学是以逻辑思维反映客观世界，艺术是以形象思维反映客观世界。根据我的实践体验，形象思维对于考古学研究的重要性决不下于逻辑思维，而手感对于形象思维的作用，绝不是凭视觉得到的印象所能代替的。"

阅读苏秉琦先生的文章，还有一个很深的感触，是先生始终重视学科发展的社会背景及与现实的关系。这同先生强烈的社会责任感是分不开的。收入本书的《斗鸡台考古见闻录》一文，记录了青年时代的苏先生对社会底层的细微了解、同情和"复兴国家与民族"的忧国忧民情怀，故早已立志于将个人与学科的发展融为一体，与国家的命运紧密相连的信念。随着在理论指导下学科的健康发展，先生的这一信念也越来越坚定。考古学文化区系类型理论刚创建时，先生就提出这一理论的最终目标"是为阐明把十亿中国人民凝聚到一起的基础结构"，从而为认识中华，加强全国各族人民的团结做出贡献。文明起源研究也不限于文明的标准和时间的讨论，其根本目的在于回答中华文明连绵不断的根本原因。在即将跨进 21 世纪时，先生提出"走向世界、面对未来"的学科发展方向，强调建设与五千年文明古国相称的现代化问题；从统一多民族国家形成看中华民族巨大的凝聚力、无穷的创造力和无限的生命力的民族精神和灵魂；中国考古学对当前面临的重建人类与自然界的关系也可提供完整的借鉴材料等。先生将这些思考和论述，归纳为古与今、中国与世界的"双接轨"，列入 1997 年出版的他的专著《中国文明起源新探》一书。

这里要特别提到，先生运用考古学文化区系类型理论方法研究中国与世界的关系，提出"区系的中国与区系的世界"和"人类文明一元性"这两个相辅相成的观点。从区系的中国看世界，是中国面向大陆和面向海洋的两大块，分别与世界的旧大陆和环太平洋的两大块相衔接；人类文明一元性，指地球是独一无二的，世界各个国家、民族，差别虽然多种多样，但发展阶段大致同步，发展道路有相近的一面，同时又相互交流，并不是封闭的。收入本书的《百万年连绵不断的中华文化——苏秉琦谈考古学的中国梦》一文的结尾也说到："中国的历史、世界的历史都告诉我们，人类必将对'地球村'的过去和未来取得共识，现实世界必将走向'大同'。"这篇访谈录刊于 1997 年 7 月香港《明报月刊》，是苏先生最后一篇著作，所以，"人类文明一元性"可视为先生最后的学术思考。

先生在晚年常常说道："我的大半生的经历、成长过程和这门学科、这个事业是同步的。因此，我有一个信念，把我一生所学、所知，所得的一切公之于世，这是我的职责。"先生重视考古的大众化，更强调大众化与科学化的辩证关系。

《大家小书》面向普通读者，通过这个平台把先生的学术成就与大众共享，会使读者对考古学有更多了解，对考古学重建的中国古史及其在世界历史上的地位，对考古学在现实与未来的作用，有更深入的思考与讨论，这也是苏秉琦先生为考古学科奋斗一生的最终心愿。

（原载于苏秉琦著《考古寻根记》，《大家小书》丛书，北京出版社，2019 年）

回眸二十年

——写在《中国文明起源新探》（繁体字版）再版之际

苏秉琦先生所著《中国文明起源新探》（以下简称《新探》）一书，由香港商务印书馆于 1997 年 7 月出版到这次再版，已经二十多年过去了。这期间，考古学科尤其是与文明起源有关的课题，不断有新发现、新研究成果和新领域的开拓，先生在《新探》一书中所阐述的学术思想仍在起着指导作用，具体观点也被反复印证。不仅历史考古界，社会学、民族学、哲学史、文学和区域文化史等学科也多所关注。许倬云先生于《新探》出版当年就以"一个新的学术主题典范"为题将《新探》向海外介绍（《汉学研究通讯》，1997 年），后又著文说苏先生的学术思想及其影响将引发"学科革命"（《论学不因生死隔》，2002 年）；费孝通先生说这本"用古代遗传的实物来实证中国五千年的文明发展过程"的著作是"中国人对自己文化的自觉"（《北大百年与文化自觉》，1998 年）；赵汀阳先生在为《满天星斗：苏秉琦论远古中国》（2016 年）一书所写的"代序"中依李泽厚先生对苏先生学术思想的推荐，说哲学史界在研究"天下"和"中国"概念时特别注意苏先生学术思想中的哲学分析和推想；金庸先生于 2007 年分别在北京大学国学研究院和香港中文大学讲座时，说他的作品以开放观点处理中华多民族关系，是从北大教授苏秉琦先生《新探》一书受到的启发；由中央文史研究馆主编、每省一卷的《中国地域文化通览》（2013 年）和袁行霈先生撰写的"总绪论"，也大都有对苏先生学术思想的理解和引用。《新探》一书也在香港商务印书馆出版之后，由内地三联书店（1999 年和 2019 年）、辽宁人民出版社（2007 年）和人民出版社（2008 年）连续出版，还出有日文版（2004 年）、英文版（2015 年）和韩文版（2018 年）。

2009 年中国大陆、中国香港、中国台湾和韩国、日本出版人组织的"东亚出版人会议"发起编辑东亚地区 20 世纪中叶以来人文思想文化 100 种优秀著作的《东亚人文 100》，《新探》作为中国香港地区推荐的六种书之一入选。

《新探》一书及苏先生的学术思想为什么有如此广泛、持续的影响力，这是我时常思考的一个问题。

就在 1996 年初《新探》在深圳写作之前，苏先生的第二本论文集以《华人·龙的传人·中国人——考古寻根记》为书名，于 1994 年 9 月先生 85 岁生日时由辽宁大学出版社出版。先生为文集撰写了前言"六十年圆一梦"，文中对考古学科的发展和个人学术生涯有这样两段回顾：

"前段时间主要精力耗费在两方面：一是绕出两个怪圈；二是找到新起点。两个怪圈之一是根深蒂固的中华大一统旧观念；之二是把社会发展史当做全部历史。新观念、新起点是什么呢？一是从一种古器类（瓦鬲）研究到一种考古文化（仰韶）研究，在中国考古学上具有奠基意义。30 年没白过。前后两个 30 年之间的转折点是 80 年代前后考古学文化区系类型说的提出。"

"80 年代我们揭开了一个'区系的中国'之谜，1987 年前后我们又对中国文明起源之谜取得瞩目成果。进入 90 年代初又在对中国文化与中国文明起源问题有了系统认识的基础上，重新审视世界、区系的世界、区系的世界之中的中国。我们似重新发现一个和已往心目中的世界与中国有所不同的图像。21 世纪的中国考古学已在眼前。"

可以看出，《新探》就是按照这个思路写作并有所发挥的。不过今天读来，对于先生总结的"揭开了一个'区系的中国'之谜"和"对中国文化与中国文明起源问题的系统认识"，以及在此基础上"重新发现一个和已往心目中的世界与中国有所不同的图像"，又会有什么新的认识呢？

正如《新探》一书中多个章节所述，考古学文化区系类型理论，远不限于划分区域，而是在建立区内考古文化各自发展序列，比较各区系大致同步又有先有后、有主有次的发展水平的前提下，更看重区内和区间诸文化的相互关系，即彼此频繁又多形式的交流，如裂变、碰撞与熔合的诸多实例；特别是强调中原以外地区先走一步，或较早产生先进因素的情况屡见不鲜，这直接导致各区域间的交流往往不是由中原向四周放射而是由四周向中原汇聚。如将龙山时代的陶寺文化分别来自东南和西北地区的诸多文化因素所具有的多元综合体性质形容为："很像车辐聚于车毂，而不像光、热等向四周放射。"并释史载"帝王所居曰'中'（国）"即汇聚为"中（国）"（《华人·龙的传人·中国人——考古寻根记》，1987 年；《新探》第六章）。还指出这一汇聚的主导方向，既见于史前时期，也见于夏商周三代："对于中原地区来说，夏商周都是'外来户'，大约先周与西部有关，夏则有源于东南方的线索，商人则认东北为老家。"（《新探》第四章），还见于先秦以后，如对燕山南北地区历史发展的论述："我国统一的多民族国家形成的一连串问题似乎最集中地反映在这里。不仅秦以前如此，就是以后，从'五胡乱华'到辽、金、元、明、清，许多'重头戏'都是在这个舞台上演出的。"（《燕山南北地区考古》，1983 年；《新探》第四章）。这些论述与以往以中原为中心，以王朝为中心，以汉族为中心的传统史学观有很大的不同，却以考古学为依据真实地反映出各地区、各民族共同为中华文化、中华民族和中华国家的形成发展做出的贡献，从而达到以阐明 56个民族十亿人民是如何凝聚在一起的基础结构的最终目标。

汇聚产生文明"火花"，这是苏先生多次予以强调的。陶寺文化如此，红山文化与仰韶文化的南北碰撞推动红山文化"坛庙冢"的出现，更具典型性，因为这是中华五千年文明起源的主要象征。所以，苏先生在"六十年圆一梦"中谈到文明起源突破口时所举的唯一考古实例就是：

"80 年代考古工作成果两大项：连接中原与北方两大文化区系（红山与仰韶）文化遗存的研究；二是辽西红山文化坛、庙、冢遗迹的新发现。"

要指出的是，对于仰韶文化与红山文化的关系，先生更多是作为他倡导"考古寻根"的主要依据提出来的，表述为这两支文化各自的主要标志物：仰韶文化彩陶主题——花（华）与红山文化玉器主题——龙，即"华山玫瑰燕山龙"或"华人与龙的传人"的结合。先生依据考古发现设想的仰韶文化与红山文化的南北交流路线图（各自的出发地、移动路径和接触点）及其与古史传说五帝时代诸代表人物活动轨迹的吻合，也是围绕追寻中华文化传统之源这一主题展开的。可见先生衡量区域间碰撞产生文明"火花"的标准，与这些文化因素在后世的传承有很大关系。

　　苏先生在文明起源研究中格外重视文化因素传承的想法，我最初是从他对辽宁喀左县东山嘴遗址的分析中领悟到的。

　　东山嘴遗址于1979年辽宁省文物普查时发现，1979～1982年发掘。遗址长不到60米、宽不到40米，但为石砌建筑群址，且南圆（祭坛）北方，依中轴线左右对称，又坐落在高岗，面向开阔河川和大山山口。遗址发现的消息传到京城，苏先生以高度的学术敏感性给予特殊关注，建议在考古工地召开现场讨论会，先生并冒辽西山区盛夏的炎热亲自登到现场考察。对于这样一个规模不大的遗址，先生为什么如此重视？这在东山嘴会前先生于1983年5月29日给我的一封信中有明确答案，信中谈到他在不久前于郑州召开中国考古学会第三次年会期间参观嵩山中岳庙时的感受：

　　"总的环境风貌是四周环山，北面嵩山高耸，中间有颍水从西向东，庙位置坐北向南，庙后是高高在上的一座方亭式建筑，庙前是长甬道通双阙……这多么和'东山嘴'位置、地形、地貌相似。"原来先生是从建筑的选址及组合与布局上，将始建于秦汉、清代重修的嵩山中岳庙建筑群与他尚待考察的东山嘴遗址进行比较的。

　　同年8月初的东山嘴会后不久，牛河梁遗址积石冢和女神庙发现。先生立即将新发现的这些红山文化祭祀遗存与东山嘴遗址一起，归纳为"坛、庙、冢"，以为这是活动于大凌河流域的红山人举行类似古人传说的"郊""燎""禘"等重大祭祀仪式活动留下的遗迹，并一下子联系到四五千年后明清时期北京的天坛、太庙和明十三陵："这种'坛庙冢'三合一的建筑遗址，有点类似于明清时期北京的天坛、太庙与明十三陵"（1986年7月25日媒体依先生观点对红山文化考古新发现的报道）。先生也先后著文说："坛的平面图前部像北京天坛的圜丘，后部像北京天坛的祈年殿方基。""发生在距今五千年前或五六千年间的历史转折，它的光芒所披之广，延续时间之长是个奇迹。"（《象征中华的辽宁重大文化史迹》，1987年；《新探》第五章）可知，当时先生把红山文化"坛庙冢"作为中华五千年文明象征时，更为看重的，是这些五千年前祭祀遗址的配套组合与布局对后世强大的传承力。

　　此后红山文化的一系列考古发现在进一步证明着先生的观点。如内蒙古敖汉旗草帽山在积石冢前（南）部布置有祭坛，朝阳市龙城区半拉山在积石冢的后（北）部发现庙宇线索，尤其是牛河梁第二地点的大型祭坛，位置在女神庙的正南部，为立石砌筑的不等距三层圆圜丘式，结构与历代王朝祭天的圜丘如现存的北京天坛的圜丘惊人相似，北庙南坛的布局，也为历代所长期延续，直到明清时期。

　　其实，早在考古学文化区系类型理论酝酿时期，先生就很注意不同文化接触产生具传承力的文化因素，如他将东南沿海和江汉地区大汶口、崧泽以及屈家岭等文化，由东南向西北影响中原仰韶文化的陶"鼎豆壶"序列，与中国传统礼制相联系："它们（指东南沿海地区——郭注）在这一期间对我国其余人中密集的广大地区的影响、作用是显而易见的。如流行全国广大地区的以'鼎豆壶'组合而成的礼器、祭器就是渊源于这一地区。"（《略谈我国东南沿海地区的新石器时代考古》，1977 年；《新探》第四章）；又如先生在"三北"（冀北、晋北、陕北与内蒙古中南部）地区的张家口蔚县和内蒙古准格尔旗辨认出中国古文化特有的三袋足器——陶鬲起源的标本，这类被誉为"中华古文化标准化石"，就是距今 5000 年前后的末期小口尖底瓶与尖底腹斝共生融合的产物，而"三北"地区正是北方与中原两个不同传统文化的交错地区，由此先生认为这一地带是由仰韶时代过渡到龙山时代大变革的"风源"所在，近年在陕北神木县石峁发现的大型石城址是进一步证明。先生还根据新的考古线索，把中国历史的基本国情归纳为："超百万年的'根系'，上万年的文明起步，五千年的古国，两千年的大一统实体。"（1992 年为中国历史博物馆建馆八十年题词；《新探》第七章）从而将中国历史和文化传统的根脉从五千年又上溯到上万年至百万年。最终在文明起源的系统理论形成后，先生正式将"民族文化传统"与国家起源即文明起源一起列为国史的核心："国史的核心问题：一是国家起源（即文明起源）；二是民族文化传统。"（为"海峡两岸历史与考古整合会议"撰写的《国家起源与民族文化传统》提纲，1994 年）

　　由于中华文明起源更看重文化的传承，文明起源的标准就不限于金属的发明、文字的出现与城市的形成等所谓的"三要素"，而主要是从中国考古的实际材料中"对中国文化传统（长期起积极作用的因素）如何从星星之火成为燎原之势，从涓涓细流汇成长江大河这个千古之谜，从考古学寻找'破密'的钥匙"（《向建立中国学派的目标攀登》，1989 年），这就将文明起源研究的重点放在中国和以中国为代表的东方文明起源的道路和特点上来，进而揭示中华文明连绵不断的根本原因。

所以此后先生提出从区系的中国到区系的世界，中国与世界和未来的接轨，已是水到渠成。因为古代中国不仅从时空范围具备了与世界比较和讨论相互关系的条件，而且突显出中国在"地球村"中"举世无双"和"中国是大头"的地位：

"世界上没有哪一个像中国如此之大的国家有始自百万年前至今不衰不断的文化发展大系。从超百万年的文化根系，到万年前的文明起步，从五千年前氏族到国家的'古文化、古城、古国'的发展，再由早期古国发展为各霸一方的方国，最终发展为多源一统的帝国，这样一条中国国家形成的典型发展道路，以及与之同步发展的中华民族祖先的无数次组合与重组，再到秦汉时代以后几次北方民族入主中原所形成的中华民族多元一体的结构，这一有准确时间、空间框架和丰富内涵的中国历史的主体结构，在世界上是举世无双的。……所以，中国史在世界历史发展进程中是大头。"（《新探》第七章）至此，"一个和已往心目中的世界与中国有所不同的图像"已跃然纸上。

写到这里，要作一点补充的是，先生关于"人类文明一元性"的论述。《新探》第七章提到这一观点但未展开。先生最早是 1993 年北京大学赛克勒博物馆建馆开幕致辞时，在谈到世界三大古文明中心——西亚北非、中国为代表的东亚、中南美，都经历过类似的从氏族到国家，而国家又经历过从古国到帝国的不同发展阶段之后，说到这"证明了人类社会历史的'一元性'"。三年后在深圳写作时，先生较多讲到这一观点。记得那年刚刚到达深圳尚未完全安顿下来，先生就谈到：世界各个国家、民族，差别虽然多种多样，但"还是从一元论考虑，因为地球是独一无二的"。隔天又进一步补充说："世界文明史一元化，指一个地球，发展阶段大致同步，发展道路有相近一面，同时相互交流，并不是封闭的。"此后的几天又不时谈到这个话题，并举满族为例，清初统一多民族的中华帝国的巩固和发展，就与以渔猎为本的满族所培育的"长城内外是一家"的理念有很大关系，还联系到现实如联合国的产生和最高理想等等。从深圳回京不久，先生在住所接受了香港《明报》的专访，专访结尾时先生再一次说到："中国的历史、世界的历史都告诉我们，人类必将对'地球村'的过去和未来取得共识，现实世界必将走向'大同'。"这次专访刊于香港《明报月刊》1997年7期，是苏先生发表的最后一篇著作，可知"人类文明一元性"应该是先生考古一生中最后的学术思考，同时也有对即将跨入新世纪的考古学寄予的希望，即考古学以实证材料参与研究"人类文明一元性"这个超越国家、民族认同，关系世界未来走向的命题，并不断取得成果，所以苏秉琦先生预言："21世纪的中国考古学已在眼前。"

（2020年3月写于海南省东方市八所镇剪半园村汇艺蓝海湾）

"苏秉琦与中国考古学：反思与展望" 开幕式致辞

　　1984 年由俞伟超、张忠培两位先生编辑的《苏秉琦考古学论述选集》在文物出版社出版，他们两位在书的"编后记"提出一个问题：新中国成立后的中国考古学，有历史唯物主义及爱国主义、民族团结等的教育和作为学科的指导思想，考古资料层出不穷，客观条件急需新观点、新的方法论，这个任务摆在全面考古界面前，为什么是苏先生贡献最大？影响最大？

　　十年后的 1994 年，北京大学考古文博学院为苏先生举办 85 岁生日茶话会，张忠培先生有个即席发言，进一步谈到这个问题，说苏先生是布衣教授，为什么会成为学科的指导者？他们对苏先生都有很深的了解，在这方面都有切身感受。

　　读苏先生的著作会体会到，先生一直是以在历史唯物主义和辩证唯物论指导下创建中国考古学自身的学科理论为使命的。在理论—实践—再理论—再实践的反复过程中，先生悟到，必须克服将经典作家的理论简单化的倾向，马克思主义与具体学科理论不是一个层次，要在马克思主义指导下建立学科自身的理论，为此，要坚持走自己的路，创建有中国特色的考古学。其实，先生早在新中国成立初就从全局看待学科建设，晚年更抓紧正面论述，同时在研究中从不墨守成规，不断吸收新材料和研究成果，调整和修正自己的观点。先生还十分重视学科史，高度评价前辈学者在以田野考古为主从而使考古成为一门独立学科方面所做出的开启性贡献。并一再强调，我们的成绩再大，也离不开前辈为学科打下的基础。就是古史重建，也可以说是"旧话重提"。

在这些前提下，先生回顾学科发展过程：可以 20 世纪 90 年代为界，之前两大步，先提出考古学文化区系类型理论，以"汇聚"为主要导向，从而达到以阐明 56 个民族十亿中国人民是如何凝聚在一起的基础结构的最终目标；在接着开展的中华文明起源讨论中，先生对文明起源的具体时间、标准未作回应，而是反复强调文明在于"传递"，以回答为什么在诸文明古国中只有中华文明能连绵不断。所以到 90 年代以后提出"重建古史"的号召，是建立在更高起点上的。同时提出的中国考古学与世界的接轨，是已在思考 21 世纪考古学的事情了。

关于中国考古学与世界接轨，可多说几句。先生提出以区系观点看中国，也以区系观点看世界，将中国与世界划分为面向欧亚大陆和面向环太平洋的东西两大块。其实，有关两大块的划分，早在考古学文化区系类型理论酝酿期间先生就已提出（见 1977 年南京"长江下游新石器时代文化学术讨论会"上的发言提纲），到即将跨入 21 世纪连续提出中国考古学与世界接轨时，先生已有了更深的思考，那就是"人类文明一元性"。这一观点最早是在 1993 年北大赛克勒博物馆开馆会开幕致辞时提出来的。1996 年到深圳写作时，先生又再三强调：世界各民族千差万别，但都经过类似的发展阶段和道路，因为地球是独一无二的，所以还是要从一元论考虑问题。史学家以超越国家、民族认同的"天下一家"为更高境界，对于这一世界未来走向的命题，既遥远又现实，还有不少疑虑，如能从考古学加以论述，可能更具可信度，苏先生已经点了题，希望有更深入的研究。

可见，先生直到他的晚年，一直是站在学科发展的第一线，把握着学科的发展方向。这使我又想到一件事。1997 年苏先生《中国文明起源新探》由香港商务印书馆出版。时任国家文物局局长张文彬同志向我要了一本，大约两年后，在沙滩红楼博协办公室，文彬同志约我谈他的读书体会，大体谈了三方面内容：一是说包括社会科学在内的每个学科都要有本学科的理论；二是并不是每个学科都已形成了学科的自身理论；三是考古学有苏先生创建的学科理论，至少可以使我们少走弯路。文彬同志也是从把握学科发展方向谈他的体会的，不过，他担任过河南省委宣传部长，能从更开阔的领域评价苏先生的贡献。对我们应有所启发。

苏秉琦学术思想是留给我们学科的一笔宝贵学术遗产。现在有边缘化、标签化的议论，这促使我们反思，如何将先生的学术思想一代一代传下去，北大这次会开得很有意义，深入研究、继承和弘扬"苏秉琦学术思想"，寄希望于年轻和更年轻的一代。

（此为 2019 年 10 月 12 日由北京大学考古文博学院和北京大学中国考古学研究中心主办的"苏秉琦与中国考古：反思与展望"学术研讨会上的开幕式致辞）

附 录

《斗鸡台沟东区墓葬》《苏秉琦考古学论述选集》《华人·龙的传人·中国人——考古寻根论》和《中国文明起源新探》是苏秉琦先生的四本重要著作。

2007年，由北京师范大学出版社出版，马宝珠主编的《20世纪中国史学名著提要》是一本评述20世纪中国史学名著的书，其中收录有张忠培、郭大顺撰写的此四书的提要。

著者介绍：

苏秉琦（1909～1997年），河北省高阳县人。1934年于北京师范大学历史系毕业后，到北平研究院史学研究所考古组工作，参加了陕西宝鸡斗鸡台遗址发掘并主持报告书的编写。新中国成立后随着北研考古组的合并，到中国科学院考古研究所任职至研究员，北京大学教授。1952～1982年兼任北京大学历史系考古教研室主任。从1986年起任中国考古学会理事长。他所创建的考古类型学、考古学文化区系类型理论和关于中国文明起源的系统论述，把中国考古学推向一个新阶段。

撰稿：张忠培　郭大顺

考古学研究的范例

——《斗鸡台沟东区墓葬》

概况：

《斗鸡台沟东区墓葬》，国立北平研究院史学研究所陕西考古发掘报告第一种第一号，1948 年由北京大学出版社出版。大 16 开本，正文 289 页，约 20 万字，卷首附图 13 幅（内彩图 3 幅），文中插图 120 幅，统计表 12 份。附录《瓦鬲之研究》一文，凡 18 页，约 2 万余字，插图 6 幅。另有《斗鸡台沟东区墓葬图说》，1954 年由中国科学院出版。

内容与思想的评价、影响：

这本考古报告书所包括的内容，除发掘报告本文以外，还收进了专著《陕西省宝鸡县斗鸡台发掘所得瓦鬲之研究》的摘要《瓦鬲之研究》作为报告的附录。由于出版时印刷困难，当时删掉了图版，直到六年后的 1954 年 3 月，才由中国科学院出版《斗鸡台沟东区墓葬图说》。这本图说既是《斗鸡台沟东区墓葬》一书的图版，也是一本自成体系的著作。

全书分为五章，除第一章"绪论"概述遗址与发掘区的选定以外，其余四章的写作程序是，先逐墓介绍发掘经过，墓的形制、葬式，随葬品种类、数量及其放置情况。第二步工作是在逐墓介绍的基础上，运用类型学方法，将全部墓葬各种内容的所有特点分解成 105 项、234 目，最后以墓为单位，据各项、目的结合关系，加以归类、排比，分为三大组、十一期。如第一组为瓦鬲墓时期，第二组为屈肢葬墓时期，第三组为洞室墓时期。其第一组又以陶鬲的形态变化为基准，再综合葬式、陶壶和铜戈的形制变化状况，按照这四项若干目的组合关系，分为锥脚袋足鬲期、折足鬲早期、折足鬲中期、折足鬲晚期、矮脚鬲期这五期。从而在缺乏地层关系的情况下，首次以类型学方法对周、秦和西汉墓葬做了合理的分期和分析，确立了它们的年代序列。

该报告介绍出土物的方法，也采用了这种极为细致的分析和全面介绍的方法，即分解每一种器物的诸特征，逐件加以记录，再综合各件器物特征的异同来确定其型、式。特别是瓦鬲的排队是这本发掘报告书的重点和切入点。在竖穴墓中的各类随葬品中，瓦鬲多达40件，且形制变化大，鬲的分类、排序是解决这批墓葬年代分期的关键。在报告中对鬲的分析是：先记录各鬲的形式、外表和制作方法的总面貌，再归纳成袋足、折足、矮脚三大类，并将袋足类分为锥脚袋足、铲脚袋足两小类，又进而分析各类鬲的器形、附饰和制作方面的细部，最后根据各种特征的结合状况，加以分组。将这40件鬲分为三大类、四小类、九组。

在寻找瓦鬲实际存在的几种形态并分别求其演变过程方面，以《瓦鬲之研究》中有更为明确的表达，那就是把鬲分为袋足、联裆、折足和矮足四类，将它们分别用英文字母 A、B、C、D 代表，在分析每类鬲的形态演化过程时，又用阿拉伯数字 1、2、3、4 来表示先后出现的几种形态或演化阶段，形成 A_{1-2}、B、C_{1-3}、D_{1-4} 这样的双层符号。前者相当于今流行使用的"型"，后者相当于今流行使用的"式"，而在《斗鸡台》报告中将袋足类分为锥脚袋足、铲脚袋足两小类，则相当于现流行使用的"亚型"。

此外，报告中还分析了陶鬲的制作工艺与形态特点间的必然联系。在《瓦鬲之研究》一文中，又根据陶鬲上遗留的痕迹，对各类陶鬲的制作工艺过程做了更深入研究，明确指出不同形态的陶鬲在制作技术上的原始性和相对进步性，并据以判断出陶鬲发展的总谱系中，分裆袋足鬲是最初出现的，联裆鬲和折足鬲是较后出现的，而矮脚鬲则是最晚才形成的。

报告还对各期之间变化的快慢程度及其原因、新旧因素的更替以至背后人的活动进行了有益的探索。《瓦鬲之研究》也对瓦鬲的发生，各类型鬲各自的分布和演化过程、各类型鬲之间的关系和相互演化过程进行了探讨，由于这是建立在对瓦鬲进行类型学分析的可靠基础上的，所以据此提出的有关历史文化方面的见解大多也是科学的。如作者提出，瓦鬲的发生与 A 型鬲（袋足鬲）的出现，当在仰韶期与龙山期之间的过渡时期内；瓦鬲的消失在于 D 型鬲（矮足鬲）向釜的演变过程中，时间在孔孟之间，即公元前第 5 世纪左右。而分布于不同地区的鬲各有各的发展脉络。尤其是报告中根据传世西周铜鬲等器物的形态，推断折足鬲墓同周文化可能有渊源关系，而锥脚袋足鬲，因制法不同于折足鬲，两者文化属性有别。因而在报告结语中指出，在时间上锥脚袋足鬲的形态属前一阶段，而使它转化为折足鬲的原动力，大约是受到外来的影响，即不是源自周文化的，而铲脚袋足鬲与锥脚袋足鬲之间，大约是很远的同宗，以后又经过长期独立的演化，从而在寻找陶鬲的发展谱系过程中，表达了商周不同源的想法。由此，提出陶鬲这种中国古文化所特有的、在古代中原和北方普遍应用、形制特殊、存在时间长久而又变化敏感的三足器，"不但可以目为中华古文化的代表化石，对于追溯中华古文化的始源与流变问题更具有特别意义"。因此，"瓦鬲的研究可以成为中国考古学上的一个单独课题"。这些观点经过几十年大量考古发现的验证，一再证明了其仍具有很高的学术参考价值。

《斗鸡台沟东区墓葬》是中国考古界第一次系统运用现已被广泛采用的将器物按其形态差别而划分为型、亚型和式别的分型分式法，从而也是第一次根据遗迹、遗物的共存关系来判断各单位的相对年代。地层学和类型学是近代考古学的基本方法。系统的类型学方法，是瑞典人蒙特留斯在 1903 年出版的《东方和欧洲古代文化诸时期》第一卷《方法论》中开始建立的。蒙氏提出了一种形态中可以分为若干演化系列的观念，但概念不够完整，也没有把这种方法在考古学上运用的必要性讲得很透彻。本书作者从中国考古的具体实际材料出发，正确运用和发展了这种方法论。对陶鬲等器物的形态，做了相当准确的型、式划分，被公认为中国考古类型学的典范之作。在此后的考古学研究中，皆以此为范例，形成普遍使用的型和式的概念。

由于这本考古发掘报告书对考古类型学做出了奠基性的贡献，所以作者也被誉为中国考古类型学的奠基人。

相关论著:

相关的考古类型学论著可举出《洛阳中州路（西工段）》结语部分①和《关于仰韶文化的若干问题》②。前文在对 260 座东周墓及随葬陶器按单元、组合、型与式给予逻辑性概括性表达的基础上，揭示出东周时期仿铜礼器使用情况及所反映的社会等级状况，从而把年代学研究上升到探索社会关系及其变化的高度；后文则是从仰韶文化最主要因素的排队中分析该文化的基本特征、源流、文化关系和社会发展阶段。它们都是作者对考古类型学方法加以不断发展的代表作品。

---

① 中国科学院考古研究所：《洛阳中州路（西工段）》，第 137 ~ 148 页，科学出版社，1959 年。
② 苏秉琦：《关于仰韶文化的若干问题》，《考古学报》1965 年第 1 期。

现代考古学的实践和理论

——《苏秉琦考古学论述选集》

概况：

《苏秉琦考古学论述选集》，1984 年由文物出版社出版，俞伟超、张忠培编辑。16 开本，338 页，40 万字。1994 年获首届"国家图书奖"。论文集收入作者从 20 世纪 40 年代到 1983 年的论著 23 篇，内容包括调查和发掘报告、考古类型学与考古学文化区系类型研究和考古事业建设共三部分。其中关于从田野考古实践中总结出的考古类型学和考古学文化区系类型理论自孕育到形成过程的论述，可视为本书的重点。

内容与思想的评价、影响：

编写考古报告是考古学的基础研究。本书第一部分"调查、发掘报告文选"中所收的《斗鸡台沟东区墓葬》（节选），是创造性系统地运用器物形态差别划分型、式的方法编写的考古发掘报告，是中国考古类型学的奠基之作；《洛阳中州路》结语部分对此又有进一步发展，主要是把单元、组合、型与式以严密的逻辑性给予清晰的概括性表达，将 260 座东周墓及随葬陶器分为四大组、七期、大中小三型，从中揭示出东周时期仿铜礼器使用情况及其所反映的社会等级状况的变化，并从各期变化程度的巨细中，发现春秋战国之际是发生重大社会变革的阶段，这就把年代学研究上升到探索社会关系及其变化的高度。在《西安附近古文化遗存的类型和分布》调查报告中，将以客省庄第一类型为代表的关中仰韶文化称为文化一，首次辨认出年代晚于仰韶文化的客省庄二期文化，称为文化二，将以客省庄第三类型为代表的关中西周文化遗存称为文化三，以与时代对应的后冈三叠层相区别，从而对当时颇为流行的仰韶文化起源于西方和龙山文化起源于东方，两者在中原地区汇合而形成"混合文化"的概念，提出了质疑。

本书第二部分"考古类型学与考古学文化区系类型研究文选"，作为本书的重点部分，收集了论文、讲授提纲、讲话记录稿共 14 篇。其中作者于1941 年完成的专著《陕西省宝鸡县斗鸡台发掘所得瓦鬲的研究》从未发表过全文，只是在《斗鸡台沟东区墓葬》发掘报告中以附录形式发表过经1948 年改订过的提要，本书将 1941 年的原稿做些删节发表，再附上 1948年的提要，又加上 1984 年新写的一个"补序"，略述最近对陶鬲研究的新认识是：经由仰韶文化小口尖底瓶的后裔底部构成新型的袋足斝类器，再转化为鬲形器。而原始鬲在此演化过程中分两路发展，分别代表了西辽河、海河水系的人们（包括商人）和中原地区居民（包括周人）走过的道路。同时，北方的鬲最后演变为"燕式鬲"，南方的楚式鬲的演变又不同于殷式鬲和周式鬲。这种不同地区的陶鬲演变为不同文化系统的观点，已是由对一种器物的研究深入到考古学文化区系类型的研究，是考古类型学的新发展。《关于仰韶文化的若干问题》是作者 20 世纪 60 年代的主要研究成果，文中将从仰韶文化众多特征中提炼出的小口尖底瓶、花卉纹彩陶图案、鸟纹彩陶图案等三类六种因素作为标准，将仰韶文化的中心区系限定在以华山脚下为核心的八百里秦川内并行发展的半坡类型和庙底沟类型，并从分子分析上归纳出它们各自的文化特征、发展道路和渊源、分布。在探讨社会发展阶段和文化关系时，通过与仰韶文化大约同时的东南沿海大汶口文化的比较，得出当时东部发展水平高于中原并对仰韶文化产生重大影响的新观点。这就找到了一条考察各种考古学文化的正确途径：对文化特征从定性描述到定量分析，在此基础上划分区域类型，按类型寻找来龙去脉，依期别分析社会面貌的变化，所以是研究考古学文化的典范之作。

考古学文化区系类型的研究是本书的重点。作者在 1977～1983 年发表的《略谈我国东南沿海地区的新石器时代考古》《关于"几何形印纹陶"》《石峡文化初论》《楚文化探索中提出的问题》《燕山南北地区考古——在辽宁朝阳召开的"燕山南北、长城地带"考古座谈会上的讲话》等文章中，对东南沿海地区、江汉平原及南方地区、燕山南北地区的新石器至青铜时代诸文化的区域类型特点、发展系列及相互关系，分别予以考察。在 1981

年发表的《关于考古学文化的区系类型问题》一文中，将中国人口密集地区的古文化分为六个大区，即：以燕山南北长城地带为重心的北方；以山东为中心的东方；以关中、晋南、豫西为中心的中原；以环太湖为中心的东南部；以环洞庭湖、四川盆地为中心的西南部和以环鄱阳湖—珠江三角洲为中轴的南方。阐述了各区之间发展道路各有特点、大致同步又相互影响的关系，首次提出了中国史前诸考古学文化渊源不同、谱系有别和相互联系的多元一体的"板块"结构学说。这既是对中国考古学文化的规律性揭示，又是一种极为重要的研究方法，从而为中国考古学文化研究提供了一把钥匙。所以这一理论从 20 世纪 70 年代后期开始倡导以来，已为考古界和有关学术界越来越多的人所接受，成为中国考古学具有指导性的理论体系。

作者一贯重视考古教学和其他学科建设工作。在本书的第三部分"关于考古事业建设的文选"中，1950 年 2 月发表的《如何使考古工作成为人民的事业》一文，开宗明义地指出考古学与金石学"二者并非是一脉相承的本家"，近代考古学是走上田野道路才形成的。在第一届考古培训班刚刚结束时发表的《目前考古工作中存在的问题》一文，针对考古干部极度缺乏的状况，强调应采取"在工作中培养干部，在工作中提高干部"和"从长期的学徒式改变为短期的速成"的方式，以"在最短期间内培养出大量合用的干部"。对于基本建设、田野考古和资料整理之间存在的矛盾，提出"改变工作方式，建立田野工作站，发展专门研究室"和"田野考古和室内研究既加以区分又互相紧密配合"的主张。作者作为新中国第一个考古教学阵地北京大学考古专业的主要创始人和掌舵人，引导大家坚持近代考古学道路，以马克思主义为指导，从具体考古资料出发，用符合中国实际情况的考古方法，进行考古教学和实践活动；他提出的建设田野工作基地的意见，适应了此后大规模开展的田野考古工作和人才培养的客观要求，已被各地普遍采用。

本书最后一篇文章《建国以来中国考古学的发展》，是 1981 年作者在北京市历史学会、中国历史博物馆举办的"纪念中国共产党成立六十周年报告会"上的讲话。讲话在阐述中国文化起源、中华民族的形成、统一多民族国家的形成这三大问题的考古研究的最新成果时，指出中国考古学已经远远超出了"证经补史"的范畴，而敢于去独立地探讨一些如中国古代社会历史基本面貌等重大的学术课题，并且已经有了略具系统的认识，从而响亮地提出："在国际范围的考古学研究中，一个具有自己特色的中国学派开始出现"和建设"具有中国特色的、现代化的中国考古学"的奋斗目标。这一在20世纪80年代之初社会科学界的思想解放刚刚开始时就已明确提出的以马克思主义为指导，立足于中国考古实践，用符合中国考古的方法和理论，去揭示中国历史面貌的学科发展道路，具有极强的预见性和指导性，已经成为中国考古学发展的长远追求。

本书因是作者第一本系统论述中国考古学、特别是考古学文化区系类型理论的论文集，出版后为海内外学者所广泛引用，在考古界影响极大。并于十年后的1994年获首届"国家图书奖"。

相关论著：

在1994年出版的论文集《华人·龙的传人·中国人——考古寻根记》[1]和1997年出版的专著《中国文明起源新探》[2] 中，对考古类型学、考古学文化区系类型理论的形成过程有系统的总结，并不断有新的提法和发展。

---

[1]　苏秉琦：《华人·龙的传人·中国人——考古寻根记》，辽宁大学出版社，1994年。

[2]　苏秉琦：《中国文明起源新探》，商务印书馆（香港）有限公司，1997年。

中国现代考古学的历程

——《华人·龙的传人·中国人——考古寻根记》

概况：

《华人·龙的传人·中国人——考古寻根记》，1994 年由辽宁大学出版社出版，郭大顺编辑。16 开本，262 页，40 万字。书名是作者 1987 年发表的一篇文章的题目。这本文集汇集了作者自 1984 年至 1994 年的论文共 60 篇（包括此前的两篇）。内容包括"区系考古的理论与实践""中华文明起源与重建中国史前史""世界的中国考古学""学会与学科建设"四部分，而以中国文明起源的论述为主。作者在自序《六十年圆一梦》中，对个人及考古学科的发展进程，做了简明扼要的回顾与总结。

内容与思想的评价、影响：

这本论文集收入了作者 1984～1994 年这十年的研究成果。包括对考古类型学方法和考古学文化区系类型理论的进一步论述；中国文明起源和重建中国史前史；中国考古学面向世界等内容。对中国文明起源的论述是本书的重点。

中国考古学从 20 世纪 80 年代开始，进入了一个新阶段。这一新阶段的标志，不仅在于各地都不断有前所不知的重大考古发现，更为主要的是以作者为代表建立起的学科理论和在这一理论与他本人亲自指导下的重大考古实践及学术专题会议。本书收入的文章绝大多数都是根据作者在第一线指导工作时的讲话整理而成的。

在"区系考古的理论与实践"部分和"学会与学科建设"部分收入了作者在山西晋文化会、山东环渤海考古会、太湖流域史前文化会、甘肃大地湾会、四川三星堆会上的讲话以及有关中原仰韶文化、山东古文化、燕山南北地区考古、西北地区考古的研究文章、讲话和通信。在这些文章中，对考古学文化区系类型理论提出的新观点主要有：在划分六大考古文化区系的基础上，围绕区内、区间不同考古文化之间的相互关系、相互影响、相互作用、相互补充，提出了如区间发展的同步性和不平衡性，对考古文化区间封闭性和开放性的估计，中心区及其变迁，区界和区间接触地带等深层次的认识，显示出这一理论继续保持着强大的生命力。其中，从20世纪80年代初开始，由作者亲自指导的燕山南北长城地带考古，是区系理论运用于实践的一个重要试点，所以有关论述较多，由此扩展到"三北"（东北、北方、西北）地区考古，并延伸出"环渤海考古"的新课题。

与此有关的是考古方法论上的论述，如定性定量分析对界定考古学文化的重要性；平面与立体的关系在地层学中运用的实际意义；在寻求运动规律中而不是在静态中认识考古学文化的特点；动态考古学的建立和考古学走向哲学化等，都是作者从多年实践中对考古方法论的总结和发展。为此，他在《中国考古学会第七次年会上的讲话》中，引用《庄子·养生篇》中"庖丁解牛"的故事，鼓励在各地区工作的考古学者对中国辽阔国土上自百万年至今不衰、丰富多彩又互有联系的古文化，做出从"皆牛也"到"无全牛"的认识，进而进行"庖丁解牛"式的分析，达到"游刃有余"的境地。

"中华文明起源与重建中国史前史"部分作为本书的重点，收入了作者这十年来有关中国文明起源的一些代表性文章，其中以《辽西古文化古城古国》一文最为重要。该文提出古文化与古城古国相联系的观点："古文化主要指原始文化；古城主要指城乡最初分化意义上的城和镇，并非指通常所理解的城市或都市；古国指高于部落的、稳定的、独立的政治实体。""三者联系起来的新概念是：与社会分工、社会关系分化相应的、区别于一般村落的遗址、墓地在原始社会后期、距今四五千年间或五千年前的若干个地点已找到了线索。"指出考古学文化区系类型是作为学科目标提出的，古文化古城古国则明确了工作的重点，"是把原始文化（或史前文化）和中国古城古国联系起来的那一部分加以突出"，着重探索各个文化区由氏族向国家过渡的具体途径，从而是把考古学文化区系类型的理论转化为实践的中心环节。该文是作者从考古学上探讨中国古代文明起源、形成和发展道路的首篇著作，发表于中国文明起源讨论刚刚兴起的 1985 年，从而及时指导了由他积极倡导的正在全国各地开展的关于中国文明起源、形成与发展道路的大讨论。与此同时，作者还提出了不必在文明概念上转圈子，而应多在理论联系实际上达成共识；文明起源是一过程，而文明起步已上万年；文明起源与民族文化传统起源的密切关系；文明起源的几种形式等新观点。

在文明起源讨论不断深入的过程中，作者于 1991 年连续发表的关于重建中国史前史的三篇文章把讨论引向一个新高度，那就是史前考古与史前史结合的问题。作者阐述了以史前考古学复原史前史的方法和任务，提出"史前史不是田野发掘报告的堆砌，也不是田野考古资料的总合。从史前考古学到中国史前史要有个升华过程"。指出如六大区系文化发展的不平衡性，考古与古史传说的结合重点在北部三大区系；五帝时代分前后期，与史前考古中仰韶文化后期到龙山时期的阶段划分、文化面貌及变革的对应关系，和这一时期文化发展的主要特点是文化的组合与重组等。作者于 1987 年撰写的《华人·龙的传人·中国人——考古寻根记》短文中，纵论从距今五六千年仰韶文化与红山文化这两个不同文化传统的共同体南北相遇、碰撞而迸发出以"花（华）与龙"为象征的文明火花，到距今四五千年陶寺遗址文化面貌具有的从燕山以北到长江以南广大地域的综合体性质，与史书记载尧、舜、禹时期的"中国"观念相对应，再到距今 4000～2000 年间夏商周三代各国的"逐鹿中原"，直至秦统一实现了中华一统而从"理想的中国"到"现实的中国"的转变的历史过程。这是从考古学上探讨文化上的多元一体发展为政治上多元一统的一次成功的尝试。此文也以"内容的科学性，语言的准确性和阐述的逻辑性"① 被选为 1988 年高考语文阅读试题。

理论上的建树是作者对中国文明起源研究的重点。从 1993 年起，作者连续发表文章，论述中国文明起源的"三部曲"和"三模式"。"三部曲"

---

① 见《光明日报》1988 年 8 月 17 日第 3 版。

指的是古国—方国—帝国。"三模式"指的是:"北方地区为'原生型',以五六千年的红山文化坛庙冢(最早的古国)、四千年前夏家店下层文化连锁式城堡带(长城原型)和两千年前秦始皇碣石宫(国门)为标志;中原地区为'次生型',以夏商周三代为中心,包括以前的尧舜,其后的秦,时间从四五千年间到两千年前,以重叠、立体交叉为特征;北方草原地区为'续生型',以秦汉以来先后入主中原的鲜卑、契丹、清朝为代表,两千年间同样是重复立体交叉形式。"至此,关于中国文明起源的系统理论已初显轮廓。

作者在不断完善考古学文化区系类型理论和文明起源系统论述的同时,还提出了中国考古学与世界考古学接轨的新课题。在"世界的中国考古学"部分,提出将六大考古文化区系划分为面向欧亚大陆与面向环太平洋地区的两大块和从区系的中国到区系的世界的新概念;重视"四裔"地区在中国与世界文化交流中的重要地位;在考古教学中应贯彻学科体系要上下理顺(指旧石器考古与新石器考古之间),内陆与边疆考古要均衡发展,中外考古学要并重的方针等指导性观点。

从 20 世纪三四十年代由一种器物(鬲)入手认识中国古文化,扩大到从世界范围认识中国古文化,中国考古学的成长是大跨度的。作者和他所创建的考古学科理论体系起到巨大的指导和推动作用。

本书出版的消息于 1994 年 10 月 15 日和 11 月 4 日分别由《人民日报》海外版和香港《新晚报》报道。书内所收《华人·龙的传人·中国人——考古寻根记》和《迎接中国考古学的新世纪》两篇文章的英译本被分别刊登在《古物学》(Antiquity)1997 年 3 月号和 Saffron 1999 年出版的《中国艺术和考古信息专辑》第一号(Exploring China's Past New Discoveries and Studies in Archaeology and Art)上[①]。

---

①　SU BINGQI:《Hua People—Descendants of the dragon—Chinese: an archaeological seeking after roots》, *Antiquity*, VOLUME 71 NUMBER 271 MARCH 1997 P37 – 39; SU BINGQI: A New Age of Chinese Archaeology, Exploring China's Past New Discoveries and Studies in Archaeology and Art, *International Serie in Chinese Art and Archaeology*. No1 p17 – 25, Saffron, 1999.

相关著作：

本书与此前出版的《苏秉琦考古学论述选集》①是年代相衔接的姊妹篇；此后出版的《中国文明起源新探》②则对本书所论述的问题，做了进一步的提炼和理论升华。

---

① 苏秉琦：《苏秉琦考古学论述选集》，文物出版社，1984年。
② 苏秉琦：《中国文明起源新探》，商务印书馆（香港）有限公司，1997年。

考古学研究与文明起源新探索

——《中国文明起源新探》

概况：

《中国文明起源新探》，1997 年 6 月由商务印书馆（香港）有限公司出版，内地版于 1999 年 7 月由生活·读书·新知三联书店出版，2001 年 1 月第二次印刷。32 开本，8 万字，插图 120 幅。这本书通过对作者六十多年实践中探索考古学科理论和方法所走过的艰辛道路的回顾和总结，从一个重要方面反映出中国考古学的成长过程和主要成就，同时又处处体现了作者最新的研究成果。

内容与思想的评价、影响：

全书共分为七章，以作者的考古生涯为一条主线，通过对他在六十多年实践中探索考古学科理论和方法所走过的艰辛道路的回顾和总结，从一个重要方面反映出中国考古学的成长过程和主要成就，特别是在探索中华文化起源和文明起源方面的成就。所以，这本书不仅是作者个人学术活动和学术思想的总结，也是对 20 世纪中国考古学的总结。

全书虽以回顾和总结的形式出现，却处处体现了作者最新的研究成果。如作者在第二章"学读'天书'"中，回忆了 20 世纪三四十年代通过整理陕西宝鸡斗鸡台上百件瓦鬲发掘材料，悟出了形象思维对建立以实物为研究对象的考古学方法论的重要作用。并于三十多年以后，在寻找到鬲起源于末期小口尖底瓶的证据后，提出鬲的雏形——斝、斝鬲和小口尖底瓶，是甲骨文中"丙"和"酉"字的象形字的本体，这就从 5000 年前中国古文化两种代表性器物小口尖底瓶和鬲的相互演变关系中，找到了这两个甲骨文字最初创意时的物证，从而把鬲的起源与文字的起源，也就是与文明起源的具体进程联系起来。至此，从一种典型器物（瓦鬲）到一种典型考古文化（仰韶文化），开拓了从考古学上探索中华文化起源和文明起源的新路子。

20 世纪 70 年代以来，考古工作在全国每个省区都蓬勃开展起来。作者经过多年酝酿，及时提出了中国考古学文化划分区系类型的理论。在本书第三章"条块说"中，以较大篇幅并配以图表，详细阐述了全国所划分的六大考古文化区系及每个考古文化区内部分区、文化系列、特征、发展道路、渊源和区间相互关系，揭示出夏商周三代文化以及春秋战国时期晋、楚、秦、齐、燕、吴越、巴蜀诸文化，从史前时期就已形成的文化渊源和传统，从而为秦汉统一大帝国的出现准备了条件。在论述这些重要观点时，贯彻着这样一个指导思想，那就是，中原地区与周围各大区各有自身文化的发展序列，相近的发展阶段，发展水平相近，影响也是相互的，并通过长期的交汇、撞击、吸收、融合，不断的文化组合和重组，使各区域文化之间你中有我、我中有你，最终殊途同归，才使得中华文化既丰富多彩又连绵不断，始终保持着旺盛的生命力、无限的创造力和巨大的凝聚力。

中国文明起源是中国考古学研究的首要任务，也是本书的重点。全书用了两个章节全面而系统地阐述了作者关于中国文明起源的最新观点：满天星斗说和三部曲、三模式说。

20 世纪 80 年代以来，作者作为这次文明起源讨论的直接指导者，于 1986 年依据红山文化坛庙冢遗址和玉器群的发现，提出"中华五千年文明曙光"；在文明起源讨论进入高潮时，作者又审时度势，提出"古文化古城古国"的著名论断，及时引导着讨论的深入。与社会分工、社会关系分化相应的，区别于一般村落的遗址、墓地，在原始社会后期、距今四五千年间或五千年前的若干个地点都已找到了线索。考古发现的大遗址规格就是古城古国所在，秦汉设郡都是以当地古国为基础的，在古文化充分发展的全国各地区，都有条件出现这种古城古国，所以中华文明火花绝不仅仅是一支蜡烛，而是如"满天星斗"，这是中国文明起源的一大特色。

正如各大区系发展有不平衡性的一面一样，中华文明起源也并不是完全同步的。在这方面，作者更重视北方、东南沿海和中原三大区的文明起源进程，从北方的红山文化与中原的仰韶文化接触，导致象征中华五千年文明的坛庙冢组合首先在辽西地区出现，到晋南陶寺文化汇聚了北方、东南沿海诸多先进文化因素，这一先南北后西北与东南的文化交流路线，与古史记载的五帝时代诸代表人物的活动轨迹有相吻合之处，这就使长期以来扑朔迷离的五帝传说，从考古文化的发展演变中理出了头绪，还因为这一南北结合强烈地体现为中华传统的初现，所以作者在书中称从北方到中原的这一地带是中华文化和文明起源的"直根系"。

由于不断赋予文明起源以新意，使有关中国文明起源的讨论持续十余年，至今不衰。在这方面，作者在不断吸收新材料、新观点的基础上，进一步提出中国文明起源和国家形成的"三部曲"和"三模式"的系统概念。三部曲即：古国—方国—帝国，距今四五千年间的各大文化区系都在经历这一过程。三模式指原生型（北方）、次生型（中原）和续生型（北方草原）。对于秦汉帝国解体以后周围地区出现的国家中，作者更重视北方民族的作用，以为"中国北方民族建立的续生型国家，虽然晚走一步，却是骑马得天下，统治的是汉族人，继承的是汉文化，汉文化从此也长上翅膀，更有活力了"。作者在书中多次举满族开国史为例。崛起于白山黑水的满族，历经古国—方国，以长城内外是一家的思想处理民族关系，最终实现了建立大清帝国的理想。以康乾百年经营的承德避暑山庄为标志，自秦汉统一以来以筑长城设重防，把北方民族与中原农耕民族对立起来的格局，彻底地、一劳永逸地解决了，其中所体现的历史使命感和一往无前的开拓精神，来自于渔猎民族与大自然的谐调一致和无地域概念更具开放的性格。至此，从万年文明起步到满族建立最后一个封建王朝，作者将中国文明起源的多元的历史进程贯穿到中国历史的始末，可以说是对文明起源讨论的一次总结。

本书最后一章即考古学与世界接轨、与未来接轨。由于中国五千年文明的重建，为中国古文明与世界古文明的比较及其相互关系的研究提供了必要条件。作者在这方面善于驾驭全局，他将中国六大文化区系归纳为面向大陆和面向海洋的两大块，它们正好与世界欧亚大陆和环太平洋的两大块相衔接，从区系的中国到区系的世界，是中国与世界关系的基本格局。由此也可见以中国为中心的东方文明在世界文明史的地位举足轻重，也表明东西方文明之间的关系，从其主流来看从来就不是封闭的，它们一方面各有自己独立发展道路、特征，同时又频繁交流，有着相近发展阶段和发展水平。书的最后还对从考古学上揭示人与自然的关系和民族文化传统与现代化的关系提出了独到的见解，作者认为人与自然和传统文化与现代化是跨入新世纪后考古学面临的两个重大任务和使命。

全书高瞻远瞩，含义深邃，处处新意，却又力求深入浅出，通俗易懂，这是作者一生追求使考古学走科学化和大众化相结合道路的一次成功的尝试。

本书于 1997 年 6 月在香港出版发行时，香港《明报》月刊以"中国考古学的世纪之作"为题予以介绍，1998 年《明报》月刊第 1 期又以书中第七部分从考古学上看人与自然的内容，组织了《以古鉴今：从考古学看人与自然》的专辑①；《明报》也以"考古学家的终极关怀"为题介绍了这组专辑。1999 年 7 月由三联书店出内地版时，在该社 30 种畅销书中排第 4 名，第一版 1 万册在 10 个月内售完，2001 年 1 月印刷的第二版 5000 册也早已告罄。是考古学书籍中发行量最大的一本书。费孝通评价此书："代表了北大对中国文化发展历程实事求是研究的传统，是中国人对自己文化的自觉，在中国人面临空前大转型的时刻，在学术方面集中了北大几代学者的研究成果，得出了这样一本著作，意义深长。"②

相关著作：

1984 年出版的《苏秉琦考古学论述选集》③ 和 1994 年出版的《华人·龙的传人·中国人——考古寻根记》④，对本书中某些课题有更为详细的论述。

---

① 见《明报月刊》1998 年 1 月号，第 54～72 页。
② 费孝通：《北大百年与文化自觉》，《光明日报》1998 年 6 月 8 日第 4 版。
③ 苏秉琦：《苏秉琦考古学论述选集》，文物出版社，1984 年。
④ 苏秉琦：《华人·龙的传人·中国人——考古寻根记》，辽宁大学出版社，1994 年。

后 记

　　2019 年 10 月在沈阳举办"又见红山"展览和"红山文化研讨会"期间，与应邀参会的文物出版社张自成社长谈起想将个人新近写的文章编辑出版事。自成同志坦诚地说，文物出版社作为文博考古界的专业出版单位，十分重视学术研究，有责任将学者们的成果向外推广。很快黄曲同志就来电话告诉我，社里已对编辑出版我的文集作了安排。

　　接着是整理材料。因为 2017 年由辽宁人民出版社编辑出版的我的考古文集，收入文章以 2013 年为限，2013 年以后这些年又有 20 多篇，其中部分未发表过，有的尚未完稿，待补充修改；记录苏秉琦先生学术活动和学习苏先生学术思想的研读笔记也已积累多篇。除此而外，还有历年对各位师长的回顾、考古随想、序文和海外见闻，这部分除了海外见闻尚不成熟外，其他内容也可编辑成册。于是就作了个出三本书的计划，对此，社里仍然给予了全力支持。

　　多年学习和研究的一个心得是，考古学文化区系类型理论揭示出中华古文化是以"汇聚"为发展交流主要导向的，从而在以实证阐明 56 个民族 10 亿人民是如何凝聚在一起的基础结构；中华文明起源研究重在"传递"，以回答为什么在诸文明古国中只有中华文明能连绵不断，所以论文集部分就以《汇聚与传递》为书名。《捕捉火花》是我陪同苏秉琦先生的切身体会，因为先生总是在忆人忆事、触景生情的气氛中不时迸发出思想火花。考古随想类以《山海为伴》为题，则是对牛河梁、姜女石和新近发掘的辽代帝陵等辽宁重要古文化遗址所具有的自然与人文景观高度融合特点的描绘，也是想表达文化遗产保护应越来越重视环境保护的愿望。

　　在这三本册子陆续出版之时，再次对文物出版社和张自成社长、张广然总编辑、黄曲责任编辑的支持和辛勤工作表示感谢。

2020 年 10 月于沈阳御林家园